ELITES
EMPRESARIAIS
PAULISTAS

DEPOIMENTOS À FGV

ELITES
EMPRESARIAIS
PAULISTAS

DEPOIMENTOS À FGV

CPDOC
EDITORA
EESP

Copyright © 2011 Centro de Pesquisa e Documentação de História Contemporânea do Brasil (Cpdoc)
1ª edição — 2011

Impresso no Brasil | *Printed in Brazil*

Todos os direitos reservados à EDITORA FGV. A reprodução não autorizada desta publicação, no todo ou em parte, constitui violação do copyright (Lei nº 9.610/98).

Os conceitos emitidos neste livro são de inteira responsabilidade dos autores.

As entrevistas que integram o projeto "Trajetória e pensamento das elites empresariais paulistas" foram editadas também em vídeo, e estão disponíveis na internet, no portal www.cpdoc.fgv.br/elitesempresariais.

ENTREVISTADORES: Américo Freire, Celso Castro, Fernando Lattman-Weltman, Letícia Borges Nedel, Ludmila Ribeiro, Mario Grynzspan, Nelson Marconi, Paulo Fontes, Paulo Gala, Regina da Luz Moreira, Robert Norman Vivian Cajado Nicol

FILMAGENS DAS ENTREVISTAS: Arbel Griner, Edgar Cunha, Eduardo Ferraz, Marília Arantes, Saul Nahmias.

EDIÇÃO AUDIOVISUAL DAS ENTREVISTAS: Ítalo Rocha, Tatiane Oliveira, Tereza Azambuja, Thaís Blank

COORDENAÇÃO DO NÚCLEO DE AUDIOVISUAL E DOCUMENTÁRIO DO CPDOC: Arbel Griner e Adelina Novaes e Cruz

SUPERVISÃO DO NÚCLEO DE AUDIOVISUAL E DOCUMENTÁRIO DO CPDOC: Thaís Blank

EDIÇÃO DAS ENTREVISTAS E PREPARAÇÃO DE ORIGINAIS: Dora Rocha
REVISÃO: Sandro Gomes dos Santos, Tathyana Viana, Carlos Eduardo de Abreu e Lima
PROJETO GRÁFICO E DIAGRAMAÇÃO: FA Editoração Eletrônica
CAPA: André Castro

**Ficha catalográfica elaborada pela
Biblioteca Mario Henrique Simonsen/FGV**

Elites empresariais paulistas : depoimentos à FGV / Cpdoc, Escola de Ciências Sociais. – Rio de Janeiro : Editora FGV, 2011.
298 p.

Pesquisa conjunta Cpdoc, Escola de Ciências Sociais e Eesp.
ISBN: 978-85-225-0952-2

1. Empresários – São Paulo (Estado) – Entrevistas. 2. Elites (Ciências sociais). I. Centro de Pesquisa e Documentação de História Contemporânea do Brasil. Escola de Ciências Sociais. II. Escola de Economia de São Paulo. III. Fundação Getulio Vargas..

CDD – 305.554

| Sumário

Apresentação | 7

Olavo Setúbal | 9

Boris Tabacof | 31

Jacks Rabinovich | 83

Abílio Diniz | 109

Paulo Cunha | 137

João Guilherme Ometto | 185

Eugênio Staub | 233

Paulo Skaf | 259

Apresentação

Este livro reúne um conjunto de entrevistas com importantes empresários que atuaram, ao longo de sua vida profissional, principalmente no estado de São Paulo. Trata-se de iniciativa de pesquisa conjunta de duas escolas da Fundação Getulio Vargas: a Escola de Economia de São Paulo (Eesp) e o Centro de Pesquisa e Documentação de História Contemporânea do Brasil/Escola de Ciências Sociais (Cpdoc).

O objetivo da pesquisa foi registrar, através da realização de curtas entrevistas de história de vida, passagens importantes da trajetória e do pensamento dos entrevistados. Os diálogos registraram também elementos da história das empresas e instituições às quais os entrevistados estiveram ligados. O intuito não era, no entanto, registrar histórias empresariais. Foram sempre privilegiadas as narrativas e as visões subjetivas dos entrevistados a respeito de suas trajetórias.

As entrevistas foram realizadas entre 2007 e 2011 na cidade de São Paulo e contaram com a participação de historiadores, cientistas sociais e economistas da FGV. Os depoentes foram contatados a partir de uma lista inicial que, além de incluir nomes óbvios pelo destaque público que tiveram, buscava também cobrir diferentes áreas de atuação econômica. Como toda seleção, esta também está sujeita a parcialidades, devidas tanto às escolhas dos entrevistadores quanto a fatores imponderáveis advindos da disponibilidade e do interesse por parte dos possíveis entrevistados em participar. Estamos convencidos, no entanto, de que é inegável a importância do conjunto de empresários aqui reunidos. Esperamos, ainda, que este seja o primeiro de uma série de livros que deem continuidade à pesquisa.

Partiu-se de um roteiro geral que foi adaptado à trajetória de cada entrevistado, mantendo-se assim tanto pontos comuns quanto específicos a cada entrevista. Todas as sessões foram filmadas e estão disponíveis para consulta no acervo do Cpdoc, em www.cpdoc.fgv.br/elitesempresariais. O material foi transcrito e enviado aos entrevistados para revisão. Em seguida, as entrevistas foram editadas para compor este livro.

Com este trabalho, a FGV preserva para a história e disponibiliza ao público um importante acervo que, desejamos, estimulará uma compreensão mais densa da história contemporânea do Brasil.

Yoshiaki Nakano
(Diretor da Eesp)
e *Celso Castro*
(Diretor do Cpdoc)

Olavo Setúbal

OLAVO EGYDIO SETÚBAL nasceu em São Paulo em 16 de abril de 1923. Seu pai era o poeta Paulo Setúbal (1893-1937), que foi membro da Academia Brasileira de Letras. Formou-se em engenharia em 1945 pela Escola Politécnica da Universidade de São Paulo, foi professor assistente da cadeira de eletrotécnica na mesma escola e engenheiro do Instituto de Pesquisas Tecnológicas (IPT). Em 1947, em parceria com Renato Refinetti, criou a Artefatos de Metal Deca Ltda. Na década de 1950 foi convidado pelo tio, Alfredo Egydio de Souza Aranha, para trabalhar na empresa Duratex, no Banco Federal de Crédito e na Companhia Ítalo-Brasileira de Seguros Gerais. Surgiu daí, sob sua direção, o Banco Itaú. Foi membro do Conselho Nacional de Seguros e vice-presidente da Fundação Anchieta. De 1975 a 1979 foi prefeito de São Paulo, nomeado pelo então governador Paulo Egydio Martins. De março de 1985 a fevereiro de 1986, no início do governo Sarney, foi ministro das Relações Exteriores. Em 1988 aposentou-se e passou a presidir a Itaúsa, *holding* que controla o Banco Itaú.

Casou-se aos 23 anos com Mathilde de Azevedo, conhecida como Tide Setúbal, com quem teve sete filhos. Viúvo em 1977, voltou a se casar, com Daisy Salles, com quem teve uma filha. Faleceu em 27 de agosto de 2008.

Sua entrevista foi concedida a Celso Castro e Robert Norman Vivian Cajado Nicol em São Paulo, em 22 de maio de 2007.

Lembranças de família

Gostaríamos, para começar, que o senhor nos falasse do início de sua vida, de suas lembranças de infância, de sua família, seu pai, sua mãe.

Meu pai faleceu quando eu tinha 14 anos. Quando se viu bem doente, ele me chamou e perguntou: "Meu filho, o que é que você vai estudar?" Respondi: "Vou ser engenheiro". Ele disse: "Não faça isso. É uma profissão de segunda". Uma vez contei essa história em uma entrevista, e um psiquiatra disse: "Nesse dia o senhor mostrou logo o que é. Um pai moribundo lhe diz para ir para outra profissão, diz que a sua escolha é de segunda, o senhor não dá bola e vai em frente. Demonstrou que tinha opinião já desde aquela época". E aí eu fui para a Poli.

Outras lembranças? Seu pai foi poeta, teve também uma participação na política...

Tive pouca convivência com meu pai, porque ele estava doente, tuberculoso, e ficou muito tempo em São José dos Campos. De modo que eu só passava lá as férias. A grande figura da minha vida foi minha mãe, mulher enérgica, muito atuante, presente na vida, católica fundamentalista, como se diria hoje em dia. Ela teve uma grande influência na minha formação, nos meus hábitos e no meu comportamento. Lembro-me dela lendo todos os dias um livro que se chamava *A preparação da morte*, que tinha 365 páginas. Ela lia uma página todo dia, e todo dia ia à missa.

Sua mãe vinha de uma família tradicional, não é?

Tradicional. Mas o dinheiro acabou antes de chegar nela, de modo que nós levamos uma vida modesta. Nem automóvel ela tinha.

Seu bisavô era marquês?
Não, esse era irmão do meu bisavô. Era um homem riquíssimo, mas a fortuna dele também acabou. Esse negócio de fortuna de brasileiro, algumas acabaram antes, outras acabaram em 1929, na crise do café.

Por curiosidade: quando o seu pai foi eleito para a Academia Brasileira de Letras, quantos anos o senhor tinha? Foi um acontecimento marcante?
Eu tinha uns 11 anos. Ele morreu uns dois anos e pouco depois. Foi marcante no sentido de que nós éramos notícia. Meu pai vestiu aquele fardão, que é impressionante. Foi marcante, mas não teve maiores consequências no meu dia a dia.

Em 1932 ele apoiou a Revolução Constitucionalista? Que lembranças o senhor tem da revolução?
Só me lembro de ouvir notícias de que meu pai fazia discursos. Para ele foi um problema muito sério. Ele agravou a tuberculose e veio a morrer depois, em consequência de ter tomado parte no movimento de intelectuais da revolução. Me lembro de ouvir falar no "ouro para São Paulo", principalmente depois, quando roubaram o ouro... Isso me deixou uma lembrança até hoje.

E sua mãe?
Minha mãe não tomava conhecimento da política. Pelo contrário, dizia: "Meu filho, nunca vá para a política. Eu acompanhei seu avô na velhice. Era horrível, porque ele ficou em uma decadência política total, ninguém ia visitá-lo, e ele ficou deprimidíssimo". Ficou no ostracismo, absolutamente abandonado.

E ela participava da vida empresarial, acompanhava?
Nada, nada. Ela queria salvar a alma para ir para o céu. A alma dela, a minha e a da minha irmã.

NA ESCOLA POLITÉCNICA

O senhor decidiu seguir a carreira de engenheiro por influência de alguém?
Não, de ninguém. Foi vocação real, pessoal. Acho que fui para a engenharia porque sempre fui atraído pelas ciências exatas e não tinha atração pela cultura geral, embora tenha tido uma boa cultura geral na minha infância. Por influência de minha mãe e de meu pai, tive cultura razoavelmente ampla.

Antes de entrar na Escola Politécnica, o senhor estudou no Ginásio do Carmo?
Sim, que era um ginásio modesto, de meninos, filhos de operários italianos. Lá se ensinava muito bem matemática, física e química. Tanto que saí de lá e entrei na Poli direto, em sexto lugar, em um concurso com 600 candidatos. Quando entrei na Poli, eu tinha 14 para 15 anos. Naquela época existia um curso de pré-engenharia, que era equivalente ao colegial de hoje. E a Poli teve uma enorme influência sobre mim, porque, diferente da minha casa, que era católica fundamentalista, o pré era feito por professores livres-pensadores. Eu me lembro ainda hoje de uma aula de filosofia em que o professor começou o curso dizendo: "Augusto Comte e a sua obra ciclópica..." Augusto Comte na minha casa era um pecador. Para minha mãe, é claro, porque, como disse, meu pai estava em São José dos Campos. Depois ele ficou religioso. Ele

descreve lá no livro dele, o *Confiteor*, a sua evolução. Mas o *Confiteor* só foi publicado postumamente. Ele escreveu e morreu.

Então o ambiente na Escola Politécnica ainda tinha essa influência positivista quando o senhor entrou?
Não sei se era positivista, mas era racionalista, profundamente racionalista. Eu entrei para o preparatório em 1938, e me formei em 1945. Foram dois anos preparatórios e cinco anos de curso. No começo, entrei para o curso de engenheiro civil, que era o mais comum. No fim de dois anos, passei para mecânico eletricista, porque eu já tinha como objetivo ir para a indústria. Era o início da industrialização no Brasil e do IPT. Tudo isso influiu na minha formação.

O senhor se lembra de alguns professores mais marcantes na Escola Politécnica?
Na Poli havia alguns professores magníficos. O Dr. Cintra do Prado dava aulas ótimas de física. Já falava em física atômica em 1939, 1940. Dos professores que se radicaram no Brasil, vindos da Europa, peguei só um. Os outros, a guerra já tinha eliminado. Peguei o Albanese, um italiano que dava geometria analítica no primeiro ano. Estive na Poli durante a guerra inteirinha, do primeiro ao último dia. Entrei no ano em que rebentou e saí no ano em que acabou a Segunda Guerra Mundial. Nessa época eu já tinha uma formação bem ampla, porque mamãe, embora fundamentalista, se preocupava com a cultura geral. Eu tinha aula de alemão, de francês, recebia revistas alemãs e francesas. Acompanhei a guerra de uma forma muito mais evoluída que os meus amigos da mesma idade. Eles diziam que eu era germanófilo, porque eu acompanhava muitas revistas alemãs e tinha uma clara visão da guerra – na época, extraordinária para um menino de 16, 17 anos.

O senhor teve alguma atuação ou simpatia política nessa época?
Nada. Fui apolítico até o dia em que o Paulo Egydio me convidou para ser prefeito. Não me interessei por política, e aceitei o convite para ser prefeito porque achava que era um cargo de engenheiro. A engenharia tem influência, mas, na verdade, o cargo de prefeito é profundamente político. Lá eu aprendi a convivência política.
Na Poli havia um movimento estudantil contra o Getúlio de caráter liberal. Mas não era demasiado intenso. Era muito mais intenso na Faculdade de Direito. Eu frequentava bastante a Faculdade de Direito e tinha muitos amigos envolvidos nesses esquemas políticos. Era tudo anti-Getúlio. A imagem dele era a de um ditador.

Como o senhor via, por exemplo, Volta Redonda, que foi um passo importante na industrialização do país?
Fui visitar Volta Redonda com toda a classe quando estava no último ano da Poli e, evidentemente, aquilo me causou um grande impacto. Naquele tempo, Volta Redonda, que foi um grande evento na história econômica do Brasil, estava construindo o primeiro alto-forno para mil toneladas por dia, o que dava 300 mil toneladas por ano. Hoje em dia, como diz o Gerdau, isso seria butique. E naquele tempo foi uma revolução no Brasil.

O senhor se lembra de amigos, colegas de turma?
Lembro dos que se formaram comigo. Um deles foi meu sócio, Renato Refinetti, que faleceu agora há pouco tempo. Trabalhamos juntos uns 40 anos. Ele foi meu colega de turma desde o Ginásio do Carmo, entramos juntos no pré e fizemos a Poli. Começamos a vida criando a Companhia Deca em um fundo de quintal. Ele tocou a Deca até morrer. E eu fiquei como sócio até hoje. Até hoje ainda sou acionista. Acho até que sou presidente

da Deca aí fora. Não tomo conhecimento, a não ser para assinar os livros de ata.

Primeiras experiências de trabalho

Ao terminar a Politécnica, o senhor ficou na escola como assistente da cadeira de eletrotécnica, não é?
Fiquei, durante uns dois ou três anos, como assistente do professor Jordão. Ele era neto do homem que fez Campos de Jordão. Eu me esqueço do primeiro nome dele. Até que um dia eu vi que não estava vocacionado. Não tinha preparado a aula, não sabia o que dizer. Larguei a Poli e fui me dedicar inteiramente à Deca.

E sua ida para o IPT, foi nessa época também?
Fui para o IPT quando ainda estava no terceiro ano da Poli. Fiquei lá durante uns cinco ou seis anos. Teve uma grande influência na minha visão tecnológica e industrial. Era um pessoal muito evoluído para a época. O diretor do IPT durante muito tempo foi Alberto Pereira, mas ele estava licenciado. Sou amigo do Alberto até hoje, e ele ainda está aí, com 90 anos, lúcido. O diretor na minha época era o Dr. Adriano Marchini, que era um engenheiro correto, muito dedicado ao IPT.

No IPT o senhor desenvolveu que tipo de atividade?
Eu era registrado no IPT como funcionário de tempo integral, engenheiro do departamento de metalurgia. E lá eu trabalhei com fornos elétricos. Escrevi um artigo sobre o tratamento matemático dos fornos elétricos de indução. Um dia fui ao IPT, porque me fizeram lá uma homenagem, me deram uma cópia desse trabalho e não entendi nada do que escrevi... Mas estava absolutamente correto. Nesse artigo eu já previa que íamos ter

fornos elétricos de indução de 65, coisa que na época ainda não havia e depois veio a existir.

E como surgiu a Deca?
A Deca surgiu do meu interesse em fazer fundição. Renato Refinetti e eu vimos em uma revista inglesa uma maquininha, que parecia uma máquina de costura, que trabalhava com fundição em molde sob pressão, *die-casting*. Por isso veio o nome Deca, de *die-casting*: *die* é molde e *casting* é fundição. Eram pequenas máquinas operadas manualmente. Compramos duas e montamos lá na rua dos Amores, perto da Vila Maria. Alugamos um barracão de 10 por 20 e começamos com dois operários. Um deles ficou conosco até agora. Morreu há uns dois ou três anos. Quando ele morreu, escrevi uma notícia. Curiosamente o diretor da Mackenzie, que estava nos dando uma assessoria, veio para mim e disse: "O senhor tem uma atitude extremamente construtiva. Essa carta marca a sua personalidade". Mas começamos com dois operários, e hoje o grupo tem 61 mil. É um crescimento, não?

Como era se tornar empresário no contexto pós-Segunda Guerra, no governo Dutra?
Foi exatamente no pós-Segunda Guerra, quando o Brasil inventou a palavra industrialização, com Volta Redonda. Já se começava a falar de indústria automobilística, embora o Juscelino tenha vindo depois. Estávamos em pleno modelo Vargas de industrialização, que perdurou até o Fernando Henrique.

Só que logo depois da guerra houve uma reversão desse processo de industrialização, na medida em que o Brasil importou muito produto industrializado.
Houve um momento em que importaram demais. O câmbio estava como agora, excessivamente baixo. E brasileiro com

câmbio baixo faz burrada que não tem tamanho. Já fazia naquele tempo. Isso durou todo o governo Dutra.

A que o senhor atribui o sucesso da Deca na época?

A Deca não teve sucesso nenhum. Teve só suor e trabalho. Era modesta e não teve maior sucesso que sobreviver dois ou três anos. Aí aconteceu que havia uma empresa, a Ferraresi, do encanador do engenheiro... Qual era o nome dele? Já não me lembro bem. Era um engenheiro muito conhecido aqui no Brasil. Ele tinha esse encanador e fundou uma fábrica de torneiras e de material de construção. Nessa fábrica andou o filho dele, que fez umas burradas e depois morreu em um acidente, de burrada também. Aí a fábrica foi vendida para um libanês do interior, que não entendia nada. Viu o anúncio "vende-se barato", veio aqui e comprou... Naturalmente que, seis meses depois, estava quebrado. O advogado dele, que era outro libanês, amigo de amigos meus, me fez ver a fábrica. Compramos a Taiá, e aí a Deca se expandiu fortemente. Assinei a escritura de compra da Taiá na véspera de fazer 22 ou 23 anos. Nem lembro mais direito. Sei que era véspera do meu aniversário.

O senhor se aconselhava com alguém da família nessa época?

Não. Quem era a grande figura, mas não era homem de dar conselho, era meu tio Alfredo Egydio. Era uma figura muito prepotente, muito atuante, com grande decisão, mas um mau empresário. Muito audacioso. Fundou o banco dele na cara e na coragem, mas não conseguiu desenvolver, o banco não crescia bem na mão dele. Era um típico, não diria executivo do mundo de hoje, mas líder empresarial, com personalidade forte.

Apesar de ser seu tio, o senhor não tinha uma relação próxima com ele?

Não tinha. Minha mãe me disse uma coisa que já me disseram que foi muito importante. Ela disse: "Olavo, você não pode trabalhar com o Alfredo, porque o Alfredo esmaga todo mundo que trabalha com ele. Você tem que esperar ser chamado por ele". E o velho Alfredo, quando ficou velho e estava em grandes dificuldades, me chamou. Aí eu fui trabalhar com ele, mas já com plena autoridade. Aí começou o Itaú, que chegou ao que é hoje.

Duratex e Banco Federal de Crédito

Mas em que ano foi fundado o Itaú?

O Itaú, a história é outra. O banco do velho Alfredo, Banco Federal de Crédito, foi fundado em 1º de janeiro de 1945. Mas aí eu não estava. Passados alguns anos, o banco ia mal, e aí o velho Alfredo me chamou e fui ser diretor. O banco continuou com grandes dificuldades, até que um dia eu propus a fusão com o Banco Itaú, que era dirigido por uns fazendeiros, todos muito velhos, tanto que morreram nos primeiros três ou quatro anos. Daí ficou o Itaú, e eu assumi.

Esses fazendeiros eram de São João da Boa Vista?

O velho Alfredo é que tinha fazenda em São João da Boa Vista. Eles eram de Itaú, em Minas Gerais – Itaú quer dizer pedra preta. Tanto é assim que eles tinham fundado o banco e depois um deles, que era engenheiro, fundou o Cimento Itaú, com o qual nunca cheguei a ter negócio. Compramos o banco e desenvolvemos o Itaú.

O conselho de sua mãe foi bom... Seu tio não tinha outras pessoas que pudesse chamar?

Tinha, os sobrinhos. Chamou, mas todos foram um fracasso horrível... Ele não tinha filhos. Adotou uma filha, que está viva até hoje, é a mãe da Milu Villela.

E como foi que ele o convidou?
Começou na Duratex. Chamou e disse: "Sobe lá e toma conta". Ele tinha o banco e a Duratex, que estava péssima. De tudo isso ele era sócio, nada era de propriedade dele. Ele tinha até poucas ações, mas era uma personalidade dominante. Dominava as empresas. Agora, o banco também tem uma história curiosa. Ele me convidou para ser diretor do banco e mandou embora um diretor muito incompetente, que anos depois escreveu as memórias dele, evidentemente metendo o pau no Alfredo: "Prepotente, me mandou embora para pôr o sobrinho no lugar". Mas ele era totalmente incompetente, um fazendeiro lá de São João da Boa Vista. São histórias. Na primeira reunião de que participei, o velho Alfredo disse: "Esta é a segunda reunião de diretoria e a última que eu vou fazer, porque estou muito mal e vou morrer".

O senhor, então, começou na Duratex e depois foi para o banco.
Comecei pela Duratex, depois fui para o banco e aí fui para tudo. Quando ele viu que eu tinha a personalidade adequada, me entregou a Duratex, o banco e a seguradora. Em três ou quatro anos acabei diretor. Quando ele faleceu, eu já era diretor de tudo.

E a convivência nesse período? Ele o deixou à vontade?
Muito à vontade. Não mexia em nada, fazia o que eu queria. Era daqueles que têm aquela máxima: "Ou eu comando, ou fico quieto".

Nessa época o senhor já havia casado com D. Tide?
Já. Casei em 1946. Tide era uma personalidade forte, foi muito importante na minha vida. Mãe dos sete filhos que tenho. O avô dela era um político. O pai dela tinha que ficar tomando conta da fábrica da família. Era uma ótima criatura, mas era

o oposto do velho Alfredo, um homem tímido e absolutamente cordato, de quem eu gostava muito.

D. Tide fez curso superior, não foi?

Ela fez o Sedes Sapientiae. Quando casei, ela tinha uma cultura geral muito melhor que a minha, de psicologia, de arte e tal. Melhorei minha cultura enormemente sob esse aspecto com a convivência com a Tide.

D. Tide acompanhava sua vida empresarial?

Não. Até um dia eu disse: "A Tide não apoiou nada a minha vida empresarial". Alguém respondeu: "Você está enganado. Apoiou enormemente, porque vocês tiveram um casamento feliz e ela lhe deu um apoio familiar ótimo, tranquilo, que permitiu a você se dedicar às suas atividades sem ter preocupações domésticas".

Com sete filhos, ela tinha bastante trabalho em casa. Ela era religiosa como sua mãe?

Muito religiosa. A família dela também era religiosa. De modo que eu saí de uma família fundamentalista e casei em uma outra família também muito religiosa. Na juventude eu também fui muito religioso e só passei a ficar agnóstico aos 50 anos. A vida foi evoluindo, acabei levando uma vida profissional, e um belo dia percebi que não era mais religioso.

Além de trabalhar, o senhor costumava viajar nas férias?

Sim. Viajar é o meu *hobby* até hoje. Naquela época eu trabalhava muito e comecei a viajar. Por causa da Duratex, fui à Suécia várias vezes. Eu me lembro até hoje da primeira viagem, em 1950. Tive uma grande impressão da Suécia. O engenheiro que me recebeu ainda está vivo, recebi uma carta ainda agora. Ele também está com os seus 90 anos. Sueco não morre. Realmente eles têm uma idade média muito maior que a dos brasileiros. Mas eu gostei muito da Suécia. Muito me impressionou a vida, os hábitos suecos. Eles já naquele tempo tinham uma estrutura de total liberdade sexual, padrão Brasil de hoje. Isso em 1960. Eram uma sociedade aberta, sem religião.

E o senhor viajava também pelo Brasil?
Pelo Brasil eu viajei depois, com o Itaú, para todo o país. Quando o Itaú ficou grande, andei pelo Brasil inteirinho, para visitar todas as agências.

O senhor acompanhava a vida política no Brasil? Vargas voltou em 1951, depois o país passou por algumas crises políticas, veio Juscelino...
Aí eu não tomei muito conhecimento. Quando eu tomei conta do banco, fiquei dedicado só ao trabalho. Outro dia um amigo meu me disse uma coisa de que eu nem lembrava: "Telefonei para você para fazer – nem me lembro mais que atividade – e você disse: 'Olha, eu só trabalho. Não quero fazer nada, nem de bem-estar, nem de benemerência.'" Eu trabalhava 12 horas por dia. Entrava no banco às oito da manhã, saía às oito da noite, e ainda levava coisas para a casa. Comecei a sair mais tarde, e a Tide começou a reclamar. Fizemos um acordo: das oito às oito. Obviamente que ela, criando os filhos, de noite estava desesperada para ir ao cinema, ao teatro. Saíamos muito, muito mais que hoje. Hoje eu tenho horror de sair.

O senhor mencionou que em sua época de estudante tinha a visão de Getúlio como um ditador. E quanto ao Getúlio que volta ao poder no início dos anos 1950 pelo voto?
O Getúlio de hoje. Hoje eu acho que Getúlio foi a grande figura do Brasil. Ele deu a unidade brasileira, quebrou, na verdade, com a política dos estados da Primeira República e do Império. No Império é uma outra história, mas na Primeira República

era a política dos governadores. Getúlio foi o homem que deu a grande unidade nacional depois do Império, a unidade política da República. E fez reformas importantíssimas. A CLT, que ele introduziu, superou sete, oito constituições e ainda está aí. Para surpresa da maior parte dos empresários, eu digo que a CLT foi ótima para o Itaú. Foi a CLT que permitiu montar o Itaú. Por quê? Pelo seguinte: se você compra um banco na Europa – nos Estados Unidos, não –, você não pode mandar embora os empregados, porque os sindicatos são muito fortes. No Itaú nós fundimos tudo, mandamos embora grande parte dos empregados e contratamos outros. O Itaú tem uma componente da CLT muito importante na sua formação.

Qual sua opinião sobre Juscelino?

Juscelino era o grande tocador de obra. Eu admirava a obra do Juscelino, mas nunca tive nenhum contato com ele. Nem o conheci pessoalmente. Hoje tenho uma visão bastante positiva a seu respeito. Ele abriu o Brasil. Sou favorável a ele ter construído Brasília, que eu acho uma obra-prima maravilhosa de arquitetura, embora economicamente seja duvidosa, com esses problemas das cidades satélites e a burrada de querer construir um metrô lá, que é uma loucura total. Mas loucuras o Brasil faz muitas.

E quanto a João Goulart?

Achei um bobo alegre, que caiu sozinho no famoso comício dos sargentos lá no Rio de Janeiro. Naquele momento eu tive a clara visão de que ele ia cair. Já que estamos falando do Juscelino e do João Goulart, um dia eu estava com o Tancredo Neves, de quem eu gostava muito, e fomos para um encontro no palácio do governo no Rio de Janeiro, lá em cima, o palácio que foi do Guinle...

Laranjeiras. Aí nós nos sentamos lá na sala do governador, e o secretário veio dizer: "Olha, o governador está um pouco atrasado. Pede para os senhores desculparem, mas ele vai demorar uns 10 minutos". Para mim foi uma maravilha, porque fiquei conversando com o Tancredo. Aí comecei a olhar os quadros, a sala, a decoração, e disse ao Tancredo: "Eu nunca vim aqui. É a primeira vez". Tancredo disse: "Na última vez que vim aqui, antes desta, eu estava sentado nesta escrivaninha com João Goulart. Foi em janeiro de 1964. João Goulart mandou me chamar e me perguntou: 'O que é que eu devo fazer, Dr. Tancredo?' E eu disse a ele: 'O senhor deve nomear o general.'" Como é o nome dele? Foi o primeiro da Revolução...

Castello Branco?

Castello Branco. "'O senhor deve nomear o general Castello Branco ministro da Guerra'. Aí o Jango disse: 'Mas isso é partilhar o poder'. Eu disse a ele: 'Ou o senhor partilha, ou o senhor cai'. E caiu. Nunca mais vi o João Goulart até o dia em que fiz o discurso no túmulo dele lá em São Borja". Essa é a história do João Goulart e do Tancredo Neves.

O BANCO ITAÚ

Após a fusão do Banco Federal de Crédito com o Itaú, em 1964, teve início a grande expansão do Banco Itaú, com novas incorporações realizadas no final dos anos 1960 e início dos anos 1970. Como foi esse processo?

A grande expansão do Banco Itaú se deu nessa época. Em dez anos, a partir da fusão com o BUC em 1965, que era um banco que quebrou e que o governo nos levou a comprar, foi construída a base do Itaú. Aí eu saí para ser prefeito, em 1975.

O governo os induziu a comprar o BUC?

Acontece o seguinte: nessa época nós fomos comprando o Banco Itaú, o Banco Sul-Americano, e aí o banco do Roberto Campos, Banco União Comercial, BUC, que tinha comprado o Banco Comercial do Estado de São Paulo, tinha entrado em dificuldades, e o Banco Central interveio. Eles não queriam que o Bradesco comprasse, para não ficar grande demais, e me chamaram para ver se eu queria comprar. Minha primeira reação foi dizer que não, porque era grande demais. Mas no final, o diretor de lá, que era o Paulo Lyra, me disse que eu tinha condições. A grande tacada do Banco Itaú foi a compra do BUC. O BUC era maior que o Itaú naquela época, apesar de termos comprado já vários bancos.

Quais foram eles?

O Banco Sul-Americano, o Banco da América. Houve a compra do BUC, e daí em diante foram várias compras: o Aliança etc. E aí eu saí e fui ser prefeito de São Paulo. Fiquei quatro anos fora do banco e nem pus o pé aqui. Quem ficou no Itaú tomando conta foi o Dr. Moraes Abrantes.

Se o senhor fosse voltar no tempo para escrever o "manual da fusão que deu certo", o que ensinaria?

Na época eu escrevi um manual da fusão que deu certo! Eram as providências burocráticas da fusão. Eu dizia que a fusão, para dar certo, tinha que ter várias condições. Primeira condição: escolher o presidente. Se o presidente é você, e um outro diz que sou eu, não se faz nada. A primeira regra, portanto, é acertar o presidente. A segunda regra é acertar o nome, para não dar confusão. A terceira é acertar a diretoria executiva. O resto é irrelevante. Essas regras deram sempre certo.

Simples. Agora, nessas horas, quando se vai aumentar, incorporar, fundir ou mudar a composição das diretorias, como é que fica a relação da família com a empresa? O senhor trazia pessoas da família para a empresa, ou não?
Não, família não. Os bancos que nós fundimos ou compramos também não trouxeram. Teve um banco do Nordeste, o Banco Aliança, que tinha um grande financiamento da família. No dia seguinte à fusão, todo o crédito rural entrou em *default*, porque era tudo dos fazendeiros deles lá. Foi uma coisa curiosíssima. Mas saiu imediatamente. Foi uma boa compra. Esse banco tinha sido de alemães e ainda tinha um diretor alemão. Quando nós assumimos, encontramos uma série de buracos. Houve uma reunião, comecei a relatar como íamos resolver os buracos, e o alemão levantou e disse, em um português com sotaque: "Não quero nem ouvir isso". E foi embora... Ao longo de 80 anos de vida empresarial e de vida política a gente soma uma quantidade enorme de histórias. Os meus filhos é que dizem: "A gente não pode contar nada para o papai, porque se não ele conta uma longa história a respeito. Ele sempre tem histórias a respeito de tudo".

Mas é bom contar histórias. Gostaria de lhe perguntar sobre dois assuntos. O senhor foi integrante do Conselho Nacional dos Seguros Privados em 1965, se não me engano. Como foi essa experiência?
Isso foi o seguinte: quando veio a Revolução de 1964, a situação dos seguros estava horrível, porque havia inflação e uma legislação de 1930 em moeda fixa. Então, era uma coisa inviável totalmente. Imagina uma legislação em moeda fixa com a inflação que havia naquele tempo! Aí o Paulo Egydio Martins foi nomeado ministro da Indústria e Comércio, e um dia ele me chamou: "Olavo, precisa ver como é que resolve esse problema

de seguro, porque está uma loucura". Foi feita uma comissão, formada pelo Fábio Comparato, por mim e uma terceira pessoa, que eu nem lembro mais quem era, fizemos uma proposta de reformulação dos seguros, e essa proposta foi adotada pelo governo. Criou-se a Susep, Superintendência de Seguros Privados. Essa foi a minha atuação.

O senhor também foi vice-presidente da Fundação Padre Anchieta.
Nisso eu não tive a menor influência. José Bonifácio Nogueira, meu fraternal amigo, era presidente e me convidou para ser vice-presidente para não fazer nada. Nunca fui lá, nunca tive qualquer atuação. Aliás, nunca fui lá, não: ia uma vez por ano, quando havia a leitura do relatório. Eu só me lembro de uma vez em que nós fomos lá, e ele passou um filme sobre como seria o futuro da ciência no século XX. Isso era ainda no século XX... Curiosamente, eu me lembro desse filme até hoje, porque o cientista dizia todo o tempo: "O futuro vai ser a biologia". Para mim, era uma surpresa total. E ele estava certíssimo. Disse: "Não vai ser mais a física, a química. Vai ser a biologia que vai revolucionar o mundo daqui para a frente". É a única lembrança que eu tenho da Fundação Padre Anchieta.

Foi ainda na década de 1960 que o Itaú comprou um quadro do pintor holandês Frans Post, que foi o início da Coleção Itaú, não foi?
Foi. Está aí até hoje. Foi mero acidente. Eu era muito amigo do Fernando Milan, que era *marchand*. Ele telefonou para mim e disse: "Olavo, você precisa comprar". Eu disse: "Mas Fernando, é muito caro". Custava cinco mil dólares. Para o Itaú daquele tempo era muito dinheiro. Comprei, e hoje vale um milhão de dólares. Daí começou a coleção do Itaú, que hoje é de boa qualidade, tem um acervo bastante bom.

O senhor tinha interesse especial por arte nessa época?
Não. Foi a Tide que me desenvolveu. Ela tinha muito interesse por arte. Foi ela que me levou a muitas exposições, conferências de arte e tal. Ela gostava de arte clássica. Depois abandonou completamente e só queria arte primitiva e arte... Como é que chama? *Naïf.* Morreu na arte *naïf.*

Ela acompanhou esse início da coleção de arte do Itaú?
Não, ela já tinha morrido. Não teve influência nenhuma nisso. Quando eu comprei esse quadro do Frans Post por cinco mil dólares, havia dois quadros dele à venda. Eu disse: "Vou ficar só com um, porque é muito dinheiro". Hoje os dois quadros valeriam US$ 1 milhão cada... Depois fui comprando outras coisas, vieram coisas dos bancos absorvidos. Curiosamente, quem trouxe uma coleção de primeiríssima ordem foi o Bank Boston. Curiosamente, porque é um banco americano. Tem Portinaris fantásticos e tem duas coleções que já estão aí: uma de cocares de índio, que são uma beleza, e uma de arte africana, também magnífica. Nunca pensei que o Bank Boston tivesse essas coisas. O diretor lá que adquiriu isso, ninguém nem sabe direito quem foi. Não foi o atual presidente do Banco Central.

E sua passagem da vida empresarial para a vida política, como é que se deu?
Da mesma maneira que um dia eu quis ser engenheiro, eu quis ser prefeito. E aí fui prefeito. Tive as minhas dificuldades, mas consegui executar a prefeitura de uma forma bastante razoável para a época. Outro dia veio aqui o João Brasil Vita e disse: "O senhor foi prefeito honesto naquela época. Foi quatro anos prefeito e nunca teve o menor sinal de dificuldade". E realmente eu pus uma disciplina boa na prefeitura. Mas o pessoal, a elite brasileira,

sonha com o Haussmann em Paris. Haussmann tornou Paris fantástica. Paris já era uma grande cidade, com um fantástico orçamento, e não cortaram o dinheiro da prefeitura. O que fez Paris foi o orçamento do imperador Napoleão III, que queria ir para a história como o grande reformador da cidade. Realmente, foi a única coisa de bom que ele fez. Foi uma revolução urbanística extraordinária. Haussmann e a reforma de Paris tiveram influência no mundo inteiro, porque até então Paris ainda era uma cidade do tempo da Idade Média, ainda era uma cidade toda fechada. Ele abriu os *boulevards*, as avenidas. Foi uma revolução extraordinária. Mas se nós formos falar de Haussmann, vamos falar horas... Tenho um compromisso às quatro horas. Como se diz na televisão, tenho mais cinco minutos para encerrar isto aqui.

Podemos marcar outra entrevista? Temos que falar da prefeitura, da sua experiência na política...
Na volta da Europa, porque agora eu vou para a Europa e só volto no dia 1º de julho. É melhor marcar para depois do dia 15 de julho.

Falamos com a sua secretária?
Se eu autorizar! Senão, ela não marca nada, a D. Claudina...

D. Claudina é que manda no senhor...
Manda mesmo! Sabe que, quando os diretores se aposentam, do que eles sentem mais falta é da secretária, porque a gente se habitua. Tudo é a secretária que faz.
[Entra D. Claudina] D. Claudina, depois do dia 15 de julho pode marcar a segunda sessão aqui para o pessoal. Aqui mesmo, no mesmo lugar. Estou nesta sala há 10 anos. Este móvel aqui tem uns 20 anos. E a mesa sempre limpa.

Quais são seus objetos preferidos nesta sala?
    Esses objetos, em geral, eu herdei. O de que eu mais gosto é desse Pancetti. Não fui eu que comprei, era de um dos bancos que nós compramos. Acho um Pancetti magnífico. Aquele é um Almeida Júnior, mas é normal, e este é um Di Cavalcanti, também normal. Agora, a grande peça da sala é aquela imagem de Nossa Senhora, que eu comprei em um leilão em Nova York. É um Aleijadinho que foi vendido em Nova York. É uma magnífica peça, catalogada como verdadeira do Aleijadinho.

Se o senhor tivesse que levar para a ilha deserta, como os jornalistas perguntam, uma única peça?
    Levaria a Nossa Senhora. Eu gosto muito de escultura e gosto muito de arte barroca. O segundo seria o Pancetti. Está bom?

Muito obrigado. Foi muito cansativo para o senhor? Exploramos muito sua memória?
    Não. Eu ainda me admiro que eu me lembre de tanta coisa. Afinal, estou com 84 anos, não é brincadeira.
    [Não foi possível realizar a segunda entrevista. Com a saúde debilitada, Olavo Setúbal faleceu em São Paulo em 27 de agosto de 2008.]

BORIS TABACOF

BORIS TABACOF nasceu em Salvador em 28 de julho de 1929, filho de imigrantes judeus oriundos do Leste Europeu. Militou quando jovem no Partido Comunista do Brasil (PCB) e em meados dos anos 1950 formou-se em engenharia civil pela Escola Politécnica da Universidade da Bahia. Iniciou então carreira empresarial no ramo da construção. A partir de 1964, foi chefe da Casa Civil e secretário da Fazenda nos governos de Lomanto Júnior (1963-1967) e de Luiz Viana Filho (1967-1971), e também professor da Faculdade de Ciências Econômicas da Universidade Católica de Salvador. No início dos anos 1970, foi contratado pelo Grupo Safra e mudou-se para São Paulo. Como diretor superintendente, foi um dos principais encarregados de expandir e consolidar o grupo no setor financeiro brasileiro. Em 1976, a convite de Max Feffer, migrou para o setor industrial, tornando-se diretor do Grupo Suzano, produtor de papel e celulose. Foi presidente do Banespa de 1988 a 1989 e, após esse breve período, voltou-se com a Suzano para o projeto da Bahia Sul como diretor superintendente. Hoje segue atuando como presidente do Conselho de Administração da Suzano.

Sua entrevista foi concedida a Paulo Fontes e Paulo Gala em São Paulo nos dias 15 de outubro, 8 de novembro e 4 de dezembro de 2007.

A família: da Europa Oriental para a Bahia

Onde e quando o senhor nasceu, como era sua família?
Nasci em Salvador em 28 de julho de 1929. Sou filho e neto de imigrantes judeus que vieram da Europa Oriental, da região que fica entre a Rússia, a Romênia e a Ucrânia. É uma região onde viveram milhões de judeus. Depois essa população imensa foi praticamente destruída pelos nazistas no Holocausto. Mas a motivação das emigrações que vieram em grande escala dessa região desde o fim do século XIX, primeiras décadas do século XX, foi o fato de que as famílias, além de sofrerem discriminação racial e perseguições, viviam praticamente em pequenas cidades, ou nos subúrbios das cidades maiores, e não tinham acesso a maiores possibilidades de vida, até mesmo de preparação educacional. Foram massas de milhões de emigrantes, que foram para os Estados Unidos, principalmente.

No caso da sua família, por que o Brasil?
Essa é uma pergunta que nós nos fazemos também. O irmão do meu avô, por exemplo, emigrou para os Estados Unidos. Já meu avô veio depois. Ele tinha um parente na Bahia. Não era nem na capital, era no Recôncavo, num lugar chamado Nazaré das Farinhas. Como ele foi parar lá é uma pergunta que não tem uma resposta precisa. O que havia era a busca de oportunidade de trabalho, porque praticamente eles chegavam sem nenhum recurso e com instrução de baixo nível, embora os judeus sempre dessem uma importância extraordinária à educação. Não existe judeu analfabeto. No mínimo ele tem que aprender a ler nos livros as rezas e todas as tradições. Mas, de qualquer forma, eles não tinham oportunidades nem educacionais, nem profissionais, e viviam em condições muito precárias. A América era a grande

bandeira, a grande atração. Por que os meus antepassados vieram para o Brasil? Eu imagino que, como havia um mínimo de desejo de ir para lugares onde houvesse algum parente, ou algum amigo, e como havia esse tio do meu pai que morava no interior da Bahia, isso pesou.

Primeiro, meu avô veio para o Rio de Janeiro junto com o cunhado em 1912, em plena epidemia de febre amarela. O cunhado morreu, e ele, apavorado, voltou para a Rússia. Ficou entre a febre amarela e o czar, e depois, os bolchevistas. Achou melhor voltar para o Brasil. Aí já veio para a Bahia, junto com meu pai, que era adolescente. Isso foi em 1922. Nossa família, então, se estabeleceu na Bahia. Várias gerações se radicaram lá, e parte da família ainda vive lá e se dedica mais a profissões liberais. Meu irmão, por exemplo, foi reitor da Universidade Federal da Bahia. Meu tio médico foi professor da Faculdade de Medicina. Meu pai teve que ter uma atividade comercial. Sem grande sucesso, mas deu para sustentar a família. Somos cinco irmãos. Eu sou o mais velho.

Seu pai logo se mudou para Salvador?
É, ele ficou muito pouco em Nazaré. Depois veio para Salvador. Já havia uma pequena comunidade de cento e poucas famílias, e como os judeus têm uma tradição gregária muito forte, até defensiva, e viviam um processo de isolamento, eles se organizavam. A pequena comunidade tinha uma escola, tinha uma sinagoga, um cemitério, um clube, e tinha uma atividade cultural, que veio da tradição europeia daquela região, onde a politização foi muito intensa naqueles tempos. Foi dali, inclusive, que surgiram os movimentos socialistas de toda ordem. Havia uma fermentação tremenda naquela região da Europa Oriental, com um processo de diminuição da influência religiosa propriamente dita. Meu pai já veio, com todo o respeito à religião, àquelas coi-

sas principais, muito voltado para uma visão laica e dando uma enorme importância à educação, ao estudo.

Na Bahia eles encontraram perseguição também?
Não, absolutamente não. Isso ficou para trás. A América era o sonho de milhões de emigrantes. E não só judeus. Gente de toda ordem chega aos Estados Unidos até hoje, a Nova York. Foi uma imigração, no caso dos judeus, motivada, além da pobreza, pelo problema da perseguição, da discriminação. Mas veio gente de toda ordem, de todo lado, da Itália, da Irlanda. Foi essa onda que bateu aqui nas nossas praias da América e, no caso da minha família, foi parar na Bahia. E lá, então, a nossa família se estabeleceu e foi ganhando a vida.

Que tipo de negócio seu avô iniciou na Bahia?
Ele tinha um pequeno comércio de prestação. Vendiam à prestação, e já meu pai abriu uma loja de móveis. Não era nada de muito moderno. Era num bairro mais popular de Salvador, chamado Calçada. Fica próximo da estação de trem. Naquele tempo os trens ainda eram um meio de transporte importante, não só para o Nordeste, para Sergipe e tal, como para o interior da Bahia e para os subúrbios.

Era no centro da cidade?
Era. Não propriamente na região que depois virou quase folclórica, do Pelourinho e adjacências, porque ali já havia uma tremenda decadência, pobreza, prostituição e tudo mais. Era mais no centro propriamente dito, rua da Misericórdia, casas que tinham lojas embaixo, com os andares divididos em apartamentos. Foi esse o ponto de partida para a escola, o caminho da universidade, o sonho.

Seu pai conheceu sua mãe em Salvador?
Sim. Ela veio também da mesma região, e se conheceram já em Salvador. Havia uma comunidade trazendo uma tradição e uma experiência de vida que não existia aqui, mas que eles viveram lá durante séculos, durante gerações, de discriminação, de falta de oportunidade. E esse estado de espírito prevaleceu pelo menos na primeira geração de imigrantes. Foi se diluindo ao longo do tempo, com uma integração cada vez maior com a comunidade local – a comunidade de que falo são os baianos de Salvador.

A inexistência de perseguição em Salvador devia ser muito valorizada por essas pessoas que vinham de uma situação oposta, não?
Muito, muito valorizada. A verdade é que o Brasil não conheceu isso, a não ser em pequenos bolsões muito reduzidos, principalmente com a influência do nazismo, do fascismo, na década de 1930, 1940, na guerra. Aí havia pequenos focos que eram racistas, baseados nas ideologias totalitárias europeias. Mas o Brasil realmente, desse ponto de vista, foi o paraíso, integração total, nenhum sinal de discriminação, mesmo em Salvador, que era uma cidade peculiar, porque tinha uma população basicamente mestiça, onde quem tinha a pele um pouco mais clara era branco e tinha preconceito contra os pretos. Esse fenômeno das elites baianas daquele tempo é uma coisa pouco estudada pelos historiadores e sociólogos, mas explica muita coisa da Bahia e do Nordeste. Existe toda uma tradição conservadora e elitista. Eu ainda conheci quase que os restos da escravidão, muito fortes na Bahia. Todo trabalho manual, todo trabalho mais pesado era feito por uma população em relação à qual a elite não se sentia absolutamente responsável.

Nos Estados Unidos, os judeus foram muito importantes na aliança com os movimentos negros, de direitos civis. Alguma coisa similar pode ter acontecido na Bahia? Havia uma simpatia?

Não, não. Do ponto de vista racial, do ponto de vista de afinidades étnicas, não. A minha infância, os primeiros anos da minha juventude, da adolescência, foram marcados pela guerra. Vocês jovens não têm ideia do que foi. Embora o Brasil estivesse tão distante do cenário da guerra, como se dizia, houve uma série de razões por que o Brasil demorou a se alinhar do lado democrático, e isso fez com que os judeus, embora aqui em pequenas comunidades – não me refiro só aos da Bahia –, sentissem pesadamente a ameaça nazista, mesmo que as notícias dos primeiros tempos não dessem conta do grau de destruição sistemática que atingiu milhões de pessoas. Naquela época ninguém tinha essa informação. Chegavam notícias aos pedaços. Depois foi que se viu a extensão terrível, talvez única na história, em que se promoveu uma destruição sistemática e científica de todo um povo. Mas, embora não se tivesse uma visão dessa extensão, dessa profundidade, nesse momento houve uma junção com outras pessoas de outras formações e, principalmente, do pessoal que tinha gerações e gerações na Bahia. Aí, sim, foi um processo de politização muito forte.

A guerra durou de 1939 a 1945. A partir de 1942, 1943, houve uma mobilização cada vez maior. E aí veio o fenômeno da propagação das ideias e projetos do Partido Comunista. Se isso ocorreu em relação aos democratas, aos antifascistas de todos os grupos sociais e políticos, no caso dos judeus isso era multiplicado pelo problema da ameaça física que o nazismo representava. Houve uma adesão de proporções enormes. Não necessariamente uma filiação ao Partido Comunista, embora muitos se filiassem, mas uma adesão que permeou toda a vida da sociedade. Na Europa, isso alcançou grandes proporções. Na França e na Itália os partidos comunistas eram majoritários. Não constituíram maioria parlamentar, mas chegaram a ter uma força enorme. Havia uma propaganda soviética imensa. Os soviéticos criaram a noção de que eles derrotaram a Alemanha nazista. O que virou o jogo mesmo na guerra foi a presença dos americanos, mas, sem dúvida, foi quando Hitler atacou a União Soviética que ele começou a declinar. E então a União Soviética ganhou a guerra psicológica e política. Não era uma questão só militar, ou político-partidária. Era toda uma visão de vida, de justiça, de igualdade, de sonhar com um novo homem. A propaganda era intensíssima. Depois isso tudo se esboroou ao longo dos anos.

Quer dizer que a influência do Partido Comunista na época da guerra chegou a Salvador? Chegou ao senhor?
Tudo isso chegou lá. A mim, chegou pelo ambiente familiar e pelo ambiente social. Ninguém ficava imune. Eu me dediquei nesses anos, muito jovem, adolescente, ao movimento estudantil, primeiro no velho Ginásio da Bahia, que era um ginásio público da melhor qualidade, onde os alunos tinham a melhor preparação e faziam um exame de admissão que era altamente seletivo e, depois, na universidade.

DE MILITANTE COMUNISTA A EMPRESÁRIO

Seu contato com o Partido Comunista já se deu então no ginásio? O senhor foi recrutado por alguém?
Meu contato foi muito cedo. E ninguém precisava recrutar. Era um ímã, uma atração, uma onda. E não foi só na Bahia, nem só no Brasil. Foi no mundo todo, principalmente na Europa, para não falar nos países que depois passaram para a cortina de ferro. Era uma visão de que todo o processo – e aí foi mais longe no caso

dos judeus – de antissemitismo, de perseguição, miséria e pobreza era causado pelo capitalismo. Os intelectuais da Bahia sempre se destacaram muito ideologicamente. Jorge Amado era o núcleo de um grupo de escritores, de artistas e pensadores francamente voltados para essa ideia da justiça, da igualdade, de acabar a exploração do homem pelo homem, que durou anos seguidos. Muitos da minha geração nos dedicamos a isso. Era um espírito de idealismo. Mas devo dizer que mesmo aí, curiosamente, já começou uma certa polarização. Dizer que todo mundo era de esquerda, estava no mesmo barco, não é verdade. A própria Igreja, que depois mudou, na época era anticomunista até a raiz dos cabelos. Um dos colegas de ginásio mais próximos a mim, amigo, era o Antônio Carlos Magalhães, que desde o começo foi de direita, embora ele jamais aceitasse isso. Milton Santos, que também era do meu tempo, um pouco mais velho, era da direita e depois migrou para a esquerda. Aconteceram fenômenos muito curiosos no tempo do movimento estudantil. Brigas homéricas dentro dos diretórios acadêmicos. Havia um lado católico, que era conservador.

O senhor chegou a militar no Partido Comunista?
    Cheguei a ser dirigente do partido, fui preso, passei por todas as peripécias que fazem parte dessa história. E afinal me afastei.

Com quantos anos o senhor entrou para o partido?
    Entrei para o Partido Comunista quando eu tinha 16, 17 anos de idade, em 1944, 1945.

Então o senhor pegou todo o período da legalidade, em que o partido ficou muito popular.
    Peguei aquele curto período. Exatamente. Elegeu deputados, Prestes era uma figura adorada...

E como foi sua ascensão no partido?
Em 1950, 1951, por aí, fui secretário de organização do comitê estadual da Bahia do Partido Comunista, que era o segundo posto da hierarquia. Muito jovem. Você vê o grau de fervor que eu dedicava a isso.

E qual era exatamente sua tarefa?
Era organizar o Partido Comunista. Viajar, ir para o interior... Imagine que achar operário, proletário, em Salvador não era fácil... O proletariado de Salvador eram têxteis e empregados da companhia dos bondes, da eletricidade, que eram multinacionais canadenses, se não me falha a memória. Depois havia ferroviários e depois uma massa quase que artesanal. E havia também a região açucareira. Em suma, o Partido Comunista tinha que trabalhar muito. Além dos poucos operários que encontrava, era muito voltado para estudantes, intelectuais. Eram bastante intensas as atividades.

Vou dizer a vocês algo que é chocante no contexto em que vocês estão fazendo este trabalho: certos métodos e formas de dirigir eu aprendi no Partido Comunista. Pode ser até chocante dizer isso, mas é verdade. Certos hábitos de disciplina, de planejamento, de foco, de prioridade, de modo embrionário e sem usar essa terminologia, eu aprendi lá. Já era uma prática de como você podia mover coletividades grandes com objetivos e dirigir tudo com pequenos núcleos de direção. O que é isso, no final das contas? É o que você aprende na escola de administração. Todo esse substrato – principalmente eu, que, não sei se para o bem ou para o mal, sempre levava isso muito a sério, me dedicava realmente –, essas técnicas, digamos assim, eram intrínsecas às estruturas de grupos humanos, e valem também para as empresas. Depois eu senti, à medida que fui me dedicando a atividades de gestão tanto na área pública quanto na privada, que essa experiência teve uma importância.

Outra coisa importante foi um enorme interesse intelectual, porque uma das tarefas do Partido Comunista, com muito pouco sucesso aqui no Brasil, era estudar. Tinha-se que estudar, fazer seminários, cursos, incutir as ideias marxistas e leninistas, todo um corpo doutrinário. Eu estou convencido de que boa parte do nosso problema brasileiro é a profunda incultura, o desprezo, inclusive, pela cultura. Lamento dizer para os meus colegas empresários que uma das razões de o desenvolvimento capitalista brasileiro ainda ter tantas deficiências é essa. Na verdade, meu interesse e vontade de ler, saber, conhecer, que veio dessa época, também marcou muito a minha vida até hoje.

Como sua família reagia a essa dedicação tão intensa?
O principal sentimento da minha família era o medo. Medo dos riscos que eu corria e que realmente se transformaram em realidade. Mas aquela pequena comunidade judaica de cento e poucas famílias já era dividida ideologicamente: eram os sionistas e os esquerdistas. Sionistas foi o movimento que conseguiu instituir o Estado de Israel. Mas os comunistas não achavam que a solução da perseguição milenar dos judeus, da discriminação, passava pela criação do Estado de Israel. Na cabeça dos que estavam sob a influência marxista, leninista, o racismo, a perseguição, era uma das formas de exploração capitalista.

Além de se dedicar ao partido, o senhor estudou engenharia, não é? Por que engenharia?
Porque só havia três profissões na época: direito, medicina e engenharia. O resto ou não existia ou era de segunda. Na Bahia daquele tempo o direito era símbolo da elite opressora.

Não havia bacharel defensor de direitos humanos. Isso tudo é coisa recente. Quem fazia carreira no direito, ou no Judiciário ou como advogado, eram pessoas do círculo dominante, das chamadas elites.

A engenharia era mais democrática?
Olha, eu não tenho muita explicação, não... Não obstante todos os meus ideais igualitários, eu também era bastante vaidoso. E era o vestibular mais difícil... Realmente era muito difícil. A Escola Politécnica da Universidade da Bahia é uma escola de primeira linha. No Nordeste havia essa escola, que era uma referência, e havia uma escola em Recife, que já não tinha essa referência e prestígio, e não havia mais nada. E só entravam 25 por ano. Então, aquilo foi um desafio. Mas aí eu deixei, e quando terminou o processo, prisão, todas aquelas encrencas, eu estava no Rio de Janeiro.

Quando o senhor foi preso?
Em 1952, 1953. Fiquei preso um ano, um mês, e uma semana. Por quê? A minha culpabilidade era que, entre outras tarefas, eu era o elo com a ação do partido no meio militar. Era um supersegredo. Eu agora estou revelando, porque isso depois ficou público. Mas isso era negado de pés juntos. Mesmo os comunistas nem sabiam que isso existia. Era uma organização que era feita do recrutamento de militares, principalmente sargentos. Afinal, um antigo cabo do Exército passou para o outro lado e denunciou essa organização, que era supersecreta. Fui solto depois de um ano de prisão, e ficamos aguardando julgamento. Houve o julgamento pela Justiça Militar e todos fomos absolvidos, inclusive porque houve um reconhecimento de tortura. Já naquela época. Depois que terminou, resolvi voltar para a Bahia e cuidar da

minha vida. E o que eu tinha a fazer era ir trabalhar com meu pai na lojinha dele. Foi aí que eu virei empresário.

Por que o senhor tomou essa decisão?

Tomei essa decisão, inclusive, porque o Partido Comunista também achava que aqueles que foram presos e assinaram confissões sob tortura tinham traído o Partido Comunista. Aliás, o Elio Gaspari escreveu muito sobre isso, que um viés dos comunistas, não só brasileiros, era que aqueles que tinham sido torturados em maior ou menor grau, e não se deixaram matar, eram traidores da causa. Era um negócio stalinista. Quem dirigia o partido aqui, que afastou o Prestes, era o Arruda Câmara, sujeito horrível, sinistro, com um bigodão igual ao do Stalin.

Essa virada na sua vida foi então em 1954.

Exatamente. Fomos presos, 30 e tantos militares e um civil, que era eu. Mas havia um tenente-coronel no meio. De acordo com as regras militares, ele tinha que ser julgado por superiores hierárquicos dele. Era preciso, então, constituir a corte militar com os generais. Aí só tinha no Rio. Na Bahia não tinha. Por isso fomos transferidos para o Rio. Mas eu resolvi, então, recomeçar a vida. Voltei e terminei o curso de engenharia, mas já trabalhando.

O senhor era solteiro?

Não, tinha me casado em 1950. Casei muito novo, com 21 anos. Mas aí, ao voltar para a Bahia, comecei um longo caminho em que tive sucesso. De pequeno empresário virei logo médio empresário. Não só desenvolvi o negócio do meu pai de móveis, mas quando começaram a aparecer os eletroeletrônicos, os primeiros fogões a gás, a eletrola, entrei nisso também. Aí terminei meu curso de engenharia e ainda no último ano comecei a construir. Eu não tinha capital praticamente, e organizei grupos de pessoas que tinham poupança. Não precisavam ser grandes capitalistas. Eu juntava quatro, cinco pessoas que tinham um pouco de dinheiro, organizava uma incorporação, comprávamos um terreno e eu fazia a construção. Eu não colocava capital, mas eu é que organizava e fazia. Aí me formei e construí vários prédios. Tudo em Salvador. O primeiro supermercado de Salvador fui eu que estruturei. Vendemos para o Paes Mendonça. Era no térreo de um prédio lá que a gente fez.

O que acontecia na época? O juro era barato, mas já havia inflação. A inflação era de 25%, 28% e começou a escalar. Percebi rapidamente o seguinte: vou formar o meu grupo, comprar o terreno e vender até a metade das unidades. Como não era suficiente para construir, pegava dinheiro em banco, dinheiro comercial, para 90, 120 dias, e como não havia correção monetária, o juro era muito menor que a inflação. Foi aí que eu me capitalizei.

Era um economista nato!
    Eu segurava metade aproximadamente das unidades para vender com apartamento pronto. Realmente, daquela situação minha de revolucionário, eu me enturmei, inclusive, com gente de banco, do antigo Banco da Bahia, que na época era do Clemente Mariani. Eu já estava navegando em águas bem mais prósperas. Construí uma belíssima casa, estava indo muito bem.

O senhor abandonou o mundo político. Ninguém o procurava, dos antigos militantes?
    Só fui procurado já em São Paulo, quando o Partidão virou PPS.

Então foi agora, nos anos 1990.

Agora. Um deles me procurou: "Não, o partido foi muito injusto com você, nós gostaríamos..." O que ele queria era dinheiro para a militância. Queria doação, ajuda financeira. Eu o tratei muito bem, mas não concordei.

Secretário da Fazenda na Bahia

E nos anos 1950 e 1960? Nada de política?

Pois é, veja como é o destino: eu não tinha absolutamente nada com política, embora sempre me interessasse e acompanhasse, mas não tinha nada a ver. Mas nós constituímos um pequeno grupo de amigos, um grupo de quatro ou cinco casais jovens, e tínhamos um convívio muito intenso. Um dos participantes desse pequeno grupo, em 1962, era o Alaor Coutinho, médico e professor, uma figura humana extraordinária, que morreu cedo. Nós nos frequentávamos, e comecei a perceber que o Alaor estava – o que não era dos hábitos dele – escrevendo coisas, lendo. Perguntei: "Que diabos você está fazendo?" Ele disse: "Eu tenho um parente que é candidato a governador da Bahia. É um dentista do interior da Bahia, que foi prefeito, chamado Lomanto Júnior". Lomanto Júnior era um político que veio da base, fez política em Jequié, era municipalista, tinha muita base no interior. O Alaor me disse que estava ajudando na campanha dele, escrevendo coisas, e perguntou: "Você não quer dar uma mãozinha?" Aí eu devo contar uma coisa: os comunistas estavam apoiando o adversário do Lomanto Júnior, que era o Waldir Pires. Lomanto era do PTB, e Waldir Pires era do antigo PSD, Partido Social Democrático, que reunia os mais conservadores da Bahia, Antônio Balbino, toda aquela turma tradicional da política baiana. Waldir era meio esquerda, e os comunistas o estavam apoiando. Então, eu não nego que disse: "Vou ajudar a dar uma surrazinha..."

A vida andou de tal forma que, por ter certa experiência política, por uma série de fatores, eu acabei, não vou dizer que articulando a campanha do Lomanto Júnior, porque a parte política propriamente dita ele fazia, mas ajudando toda a parte, digamos, intelectual, se é que existia isso... Naquela época não tinha pesquisa, não tinha marqueteiro, não tinha nada, principalmente na Bahia. Mas eu fiz toda a parte, digamos, intelectual da campanha do Lomanto. Fui me entusiasmando, escrevi discurso, plataforma, inventei um *slogan* horrível... Era "Lomanto Júnior tem cheiro de povo, Waldir Pires tem cheiro de perfume francês"... O Waldir era todo engomadinho, todo arrumado, muito bem cuidado. É o jeito dele, o temperamento dele, a educação dele. Era uma pessoa que se apresentava de modo diferenciado: nos ademanes dele, no cabelo, na roupa. E o Lomanto era o contrário. Resultado: o Lomanto ganhou a eleição. Isso foi em 1963. Foi a última eleição direta antes da Revolução, ou seja, da ditadura militar. A Revolução foi em março de 1964, e essa eleição foi em abril, se não me engano, de 1963.

No primeiro ano do governo do Lomanto, eu fiquei como uma espécie de assessor dele. Não deixei a minha atividade, não queria deixar. Mas tinha uma sala perto da sala dele, lá no Palácio, e no fim da tarde eu ia lá, dava uns palpites, escrevia coisas para ele. Isso foi no primeiro ano. E o governo do Lomanto foi constituído pelo que hoje se chamaria a base dele. A base era um saco de gatos. Ele era PTB, mas, para ter maioria na Assembleia, fez o que se faz hoje: dividiu tudo, secretarias, estatais...

Seus amigos acabaram indo para o governo também?
Entraram depois. Eles eram mais assessores, amigos e tal. Eu, como tinha mostrado mais cancha política, fiquei mais pró-

ximo do Lomanto. E o primeiro ano de governo dele foi muito difícil. Uma das minhas atividades – é uma coisa pitoresca – era escrever discursos para o Lomanto. No fim desse primeiro ano de governo, ele foi convidado para paraninfo de umas 15 turmas de formandos, de veterinários, professores, bacharéis e tal. E eu fazendo discurso: "É função do veterinário..." Eu dava palpites também. Mas o caldeirão estava fervendo. Não vou fazer crítica histórica, mas o Jango se entregou nas mãos dos adversários. Existiam facções militares, que eram chamadas de nacionalistas. Jango superestimou o apoio que ele tinha no meio militar e no meio político e cometeu erros gravíssimos. Já estava se formando uma oposição política. Por exemplo, em Minas Gerais, Magalhães Pinto, vários políticos importantes na época, que eram basicamente anticomunistas, empunhavam essa bandeira. E havia uma mobilização militar. Então, foi se radicalizando. E o Jango achava que tinha condições de resistir, dar a volta por cima e derrotar essa gente que queria derrubá-lo. Adotou teses do tipo reformas: reforma agrária, nacionalização de empresas estrangeiras, nacionalização de bancos... Mas sem base.

 Eu estava ali ao lado do Lomanto, e o Lomanto, além de ser do PTB, como todos os governadores, apoiava o Jango. O governo da Bahia tinha que apoiar o presidente, nem que fosse o demônio. Não tinha nada, não é? Isso hoje ainda é assim. Imagina naquela época. O Lomanto então acabou comprando aquelas ideias. Até que o Jango apelou para fazer comício com sargento. Houve um momento marcante, que foi o comício da Central do Brasil. Jango juntou milhares de sargentos e carregaram lá um almirante nas costas, tinha também fuzileiro naval. Eu não tinha dúvida de que ele não escapava dessa, porque eu conhecia a cabeça dos milicos. O militar pode aceitar tudo, mas hierarquia é fundamental. Ele é treinado para isso. Eu digo: "Ele está perdido". Aí comecei a segurar um pouco o Lomanto, para ele parar um pouco. No dia 31 de março houve o movimento. Não foi uma vitória instantânea. Sobre isso já tem muita coisa escrita. O que virou o jogo foi quando aquele general Kruel, de São Paulo, resolveu apoiar, e o general Castello Branco, que era o chefe do Estado-Maior do Exército, já estava com os rebelados. Mas na Bahia não se tinha notícia. Não davam informações para o Lomanto, não confiavam nele.

E os militares locais?

Os militares locais estavam completamente por fora. Na noite de 31 de março, lá pelas 11 horas da noite, chegaram os três comandantes militares, da Marinha, do Exército e da Aeronáutica, para fazer uma reunião com o Lomanto. O mais que conseguiram foi publicar uma nota, "A ordem será mantida", e uma série de coisas de quem está completamente fora. Mas aí o Lomanto, muito sem conhecimento de como funciona uma cabeça militar, coisa que eu conheci, recebe no Palácio da Aclamação o governador de Sergipe, um baixinho, esqueci o nome dele agora. Quando eu cheguei ao palácio, perguntei pelo governador e disseram: "Ele está com o governador de Sergipe". O governador de Sergipe era escrachadamente janguista. Aí eu pedi licença, pedi para o Lomanto dar uma saidinha para a sala ao lado, e disse, porque eu tinha muita intimidade: "O que ele quer?" "Ele está querendo que a gente faça aqui uma resistência no Nordeste, porque o Arraes vai se rebelar, vai resistir. Os outros governadores do Nordeste vão resistir, o Leonel Brizola vai resistir lá no Rio Grande do Sul, e nós vamos segurar". Eu disse: "Olha, Lomanto, você está cometendo um erro gravíssimo. Eu vou lhe dar um conselho: mande prender o governador baixinho, porque só você é que não está sabendo". Eu já tinha ouvido a notícia no rádio de que àquela altura Jango já tinha fugido, primeiro para Brasília e depois para Porto Alegre.

Aí o Lomanto se assustou e mandou o governador embora – esse negócio de mandar prender era força de expressão. E não houve resistência, nem coisa nenhuma. E aí o Lomanto ficou em xeque. Começaram a discutir se ele seria cassado ou não. Havia duas características para o sujeito ser cassado: comunista ou subversivo, e corrupto. Eram essas duas expressões. Na Bahia até se falava *corrute*. E ficou aquela dúvida, mas o Lomanto acabou sendo mantido. Aí é que entra como é que eu fui parar no governo. Lomanto foi mantido com uma condição: mudar todos os secretários de todos os partidos e fazer o que hoje se chamaria de governo profissional, e ele chamou de governo técnico. Lomanto não conhecia ninguém. Aí ele pegou a nós. Alaor Coutinho foi ser secretário da Educação e eu fui ser chefe da Casa Civil. Tinha um jurista muito famoso, muito sério na Bahia, Calmon de Passos, que foi ser secretário da Fazenda. Organizou ali um governo, uma vida nova e tal. Pouco tempo depois ele tentou reformular a secretaria e caiu, pediu demissão. Aí o Lomanto me chamou e disse: "Você vai ser secretário da Fazenda". "Eu? Está bom". Minha mulher Sulamita chorava: "Está louco! Aquilo é um ninho de cobra!" Nisso eu fiquei quase sete anos. Entrou depois um novo governador, Luiz Viana Filho.

E o senhor abandonou a sua vida profissional, os negócios?

Eu coloquei o meu cunhado, que era engenheiro, para olhar a parte de construção. Mas ela foi desmilinguindo. Não tinha como conciliar. Eu ainda dava uns palpites...

Como foi esse período na Secretaria da Fazenda?

Esse período correspondeu na Bahia ao período das grandes reformas que aconteceram no Brasil. Eu vacilo, porque sei que não é politicamente correto fazer referências positivas ao que aconteceu naquele período militar. Mas os primeiros tempos do movimento militar, sob a chefia do presidente Castello Branco, tiveram características diferentes do que foi acontecendo ao longo dos anos. O próprio problema das violências militares, das torturas, das perseguições, toda essa história sinistra que acabou acontecendo, isso não caracterizou os primeiros anos. Havia um espírito de reformas, de mudanças. Muitos oficiais, no Exército especialmente, e especialmente os mais jovens, tinham ideias de mudar o Brasil, de corrigir erros históricos. Na Bahia esse pequeno grupo de pessoas, do qual eu fazia parte, sentiu uma oportunidade. As coisas não eram muito claras na nossa cabeça, mas nós, que éramos das origens mais diferentes, alguns até descendentes de imigrantes, que nem eu, sentíamos que a Bahia, tanto na área econômica, como na área política e social, era comandada por velhas oligarquias que vinham desde o tempo da escravidão.

Essa foi a época das reformas econômicas de Roberto Campos e Octavio Gouvêa de Bulhões. Foi esse espírito que foi bater lá na Bahia?
Exatamente. Essa foi a grande oportunidade, especialmente na área econômico-financeira, pela qual eu fiquei responsável anos a fio tanto no governo Lomanto Júnior, como depois no governo Luiz Viana Filho, em cujo governo estadual eu continuei. Implantei muito firmemente todas aquelas reformas que ocorreram naquela época. A verdade histórica terá que ser estabelecida sem paixões, que ainda não serenaram até hoje. É compreensível que aqueles episódios daquele período não sejam visualizados com objetividade e predominem, por razões óbvias até, os aspectos negativos daquele longo período militar. Mas naqueles primeiros anos, exatamente com Roberto Campos e Octavio Bulhões, foram feitas reformas importantíssimas. Hoje se fala muito em reformas. Eu não quero ser saudosista e dizer que no meu

tempo as coisas foram diferentes, mas na verdade o último período sério de reformas que aconteceu no Brasil foi aquele. Essa é a verdade incontestável. São fatos.

Houve mudanças no sistema tributário...
No sistema tributário, criando-se o sistema de débito e crédito fiscal. O imposto sobre circulação de mercadorias, o ICM, que depois virou sobre mercadorias e serviços, ICMS, e o próprio imposto sobre produtos industrializados, que eram as principais receitas públicas, eram cobrados até então no que se chamaria hoje de cascata. Eram operações que iam se sucedendo nas várias etapas do processo produtivo e de distribuição. Hoje, o estrago que existe no sistema tributário brasileiro é devido às distorções que ocorreram ao longo das décadas. No nosso tempo lá na Bahia nós também fizemos rapidamente algumas adaptações, e o sistema tributário que foi implantado proibia todos os tipos de isenção ou vantagens tributárias. O sistema que nós criamos na época funcionou principalmente na questão da utilização dos créditos. Quem não pagasse o imposto estadual, devido ao sistema de débito e crédito fiscal, não tinha crédito fiscal na operação seguinte. Já na época nós éramos razoavelmente criativos. O ICM era recolhido, o dinheiro ficava no banco do governo do estado, e, mediante a apresentação de projetos, especialmente industriais, esses recursos eram entregues de volta ao contribuinte, desde que ele se comprometesse a fazer investimentos que gerassem renda, emprego. Esse é um dos exemplos importantes da reforma. Eu inclusive ajudei a implantar o ICM no Nordeste. Depois houve mudança de presidente, saiu o Castello, veio o Costa e Silva, e o ministro da Fazenda era o Delfim Netto. Aliás, o mundo dá muitas voltas... Delfim agora é presidente do Conselho Superior de Economia da Fiesp, do qual eu fui o presidente anterior; voltei

agora ao Conselho Superior de Economia, e tenho reencontrado Delfim, meu amigo há 30 e muitos anos.

Mas voltando àqueles tempos, no caso da Bahia houve não somente a implantação de novas políticas fiscais. O verdadeiro problema era que não se pagava o imposto, porque o grande privilégio, especialmente para quem estava associado ao poder estadual e municipal, era que praticamente não se fazia a cobrança. Os inspetores estaduais eram indicações dos deputados. Eu, na Secretaria da Fazenda, não só comecei a implementação de políticas, mas principalmente procurei mudar isso. A grande batalha, decisiva, foi a mudança dos inspetores regionais, que eram os verdadeiros executores da política tributária. Foi um período realmente que eu recordo com muita emoção, porque eu era bastante jovem na época – tinha 30 e pouquinhos anos – e tive uma coragem, uma disposição que eu não consigo explicar até hoje. Eu me sentia muito apoiado, é claro, não só pelos meus amigos que também estavam no governo, como, e sou muito franco em dizer, pelos coronéis do Exército. Eu não tinha contatos formais com eles, não recebi instruções, nada semelhante. Mas como eles estavam acompanhando o sistema de informações na época, não era preciso grandes espionagens para saber o que estava acontecendo, porque as coisas eram públicas. O fato é que era preciso tomar conta do poder na área tributária, e essa era minha função. E isso consistiu na derrubada sistemática de todas as indicações políticas nos postos-chave da Secretaria da Fazenda. Então, os militares certamente me viam como um aliado, ou até um executor dessa política de mudanças de que eles estavam imbuídos.

O senhor teria, para eles, um perfil mais técnico do que político?
É, a política na época estava inativa. Não havia política. O desafio era arrebentar realmente toda aquela situação, que não

era muito visível em Salvador. Mesmo em Salvador é claro que isso existia, mas se você fosse mais para o interior, principalmente para aquelas regiões que tinham mais desenvolvimento, que eram baseadas na agricultura, pecuária e em uma industrialização muito incipiente, havia aqueles grupos que tomavam conta. Quem estava do lado do governo nas disputas entre os vários grupos estava protegido de tudo, ficava acima da lei, inclusive da obrigação de pagar impostos e de receber fiscalização. Também por uma dessas coincidências, havia um amigo meu, de família, que era funcionário antigo da Secretaria da Fazenda, da área de fiscalização: Augusto Pugas. Eu era muito amigo dele, da família dele, e o coloquei em uma posição-chave: era ele quem ia dirigir toda essa área. E nós preparamos cuidadosamente uma lista de funcionários que mereciam mais confiança, ou que não estavam contaminados por aquele clima. Comecei a fazer essa substituição e recebi ameaça de todo jeito, de que iam me derrubar.

Mas então nós desmontamos esse esquema todo lá. Havia um esquema de isenções fiscais, que eram dadas a título de estimular a industrialização, mas de maneira precária, arbitrária, sem nenhum tipo de compromisso. O governador baixava decretos dando isenção eterna de pagamento de impostos estaduais. Um caso típico foi o de um moinho de trigo de um grupo local, que tinha recebido uma isenção desse tipo. Entre as medidas que ainda com Bulhões e Roberto Campos foram tomadas, atos considerados como de poder revolucionário, que não precisavam de aprovação legislativa ou judicial, uma foi um ato complementar que pura e simplesmente acabava com qualquer tipo de isenção, ou redução, ou benefício fiscal que tivesse sido dado até então. Eu me baseei nisso e fiz uma portaria estadual. E eu me lembro que os advogados desse moinho que tinha perdido a isenção por esse ato meu foram dizer que era um direito adquirido e que iam entrar na Justiça para revogar o meu ato. Eu disse: "Não tem Justiça, não tem mandado de segurança, e se o seu cliente não começar imediatamente a pagar os impostos, nós vamos ter que agir com mais energia". E de fato eu mandei cercar o moinho. Era outro contexto histórico. Hoje, até como membro das instituições empresariais, eu talvez fale uma linguagem diferente, mas na época eu organizava comandos mistos de fiscais de renda e da Polícia Militar... Os caminhões que entravam e saíam do moinho eram revistados por esse grupo de fiscais de renda e militares. Aí os donos do moinho entenderam que tinham que pagar e passaram a pagar impostos. A mesma coisa eu fiz no interior: cercava boiadas pelas estradas com esse tipo de ação. O governador Lomanto Júnior, que era daquela região de pecuária do sudoeste da Bahia, me chamava: "Mas como, você está perseguindo as pessoas lá? Você tem que aprender a ter uma pauta mais favorável, de valores mais baixos, para eles irem se acostumando". Eu realmente me sentia totalmente desprendido do cargo, estava sempre preparado para pedir o chapéu e ir embora. E nisso foram quase sete anos. Eu disse ao governador: "Olha, nós estamos conseguindo botar os funcionários em dia. Quando nós assumimos, estava atrasado uns quatro, cinco meses. Você quer voltar àquela situação anterior?" Aí ele: "Não, mas vai levando". Mas me apoiava. No final das contas, as coisas foram feitas.

Do ponto de vista da economia da Bahia, as coisas eram muito mais do que só essa ação fiscal e de recuperação das finanças públicas, de pagamento de funcionários, de começar a gerar recursos para investimentos, que há muito tempo não existiam. O que nós implantamos na época, que está lá até hoje e que se propagou até para outros estados, foi a ideologia do crescimento econômico. O que hoje é óbvio não era óbvio na época. O Estado, principalmente no nível estadual, se dedicava a prestar muito mal os serviços de saúde, educação, segurança, e os investimentos eram praticamente feitos em estradas, rodovias, uma ou outra obra pública. Mas já começava a haver um pensamento – isso é importante historicamente – que era representado por Celso Furtado, em nível baiano pelo Rômulo de Almeida, de que o Estado devia estar lá comandando o crescimento, intervindo diretamente. O processo de crescimento da economia brasileira foi obra do Estado. Desde a década de 1940, 1950, todos os grandes empreendimentos do país, que foram a base, o fundamento do desenvolvimento da economia, foram promovidos pelo Estado.

O senhor diria que o regime militar, do ponto de vista econômico, deu continuidade ao programa de desenvolvimento de Vargas?

Ah, certamente! E era uma contradição dentro do governo da República, porque Roberto Campos e Bulhões tinham um pensamento liberal. Roberto Campos promoveu uma série de movimentos para minar o poder das estatais. Mas, ao mesmo tempo, com medidas como, por exemplo, a reforma do sistema financeiro. Foi nessa época que foi criado o Banco Central. Foi isso que levou a que eu, depois, viesse para São Paulo e assumisse a direção do Banco Safra nos primeiros tempos da sua implementação, baseada exatamente na reforma do sistema bancário. Mas naquele período na Bahia nós nem admitimos discussões ideológicas sobre o tamanho do Estado, sobre a intervenção do Estado, porque era óbvio que tinha que haver uma dinamização, tinha que haver um centro dinâmico, um centro de comando de investimento. E isso era papel do governo estadual.

Em São Paulo, no Banco Safra

O senhor teve essa experiência de sete anos no serviço público na Bahia. O que o fez deixar a área pública e, como tantos conterrâneos seus, migrar para São Paulo?

Devo dizer que eu nunca me senti sendo uma pessoa da área pública permanentemente. Por várias razões pessoais, psicológicas, eu não me enxergava para sempre na atividade pública, que necessariamente acaba virando uma atividade política, porque quem está na área, mesmo que venha por razões profissionais exercer funções mais executivas, mais cedo ou mais tarde tem que migrar para a política propriamente dita. A participação na mesa pública será sempre, por definição, passageira. A não ser que você entre para o serviço público para fazer a chamada carreira de Estado, que não era a minha ideia. Com uma família numerosa – tenho cinco filhos –, eu achava sempre que não só ainda tinha um longo espaço pela frente, como também, para formar a família, teria muito mais oportunidades deixando o serviço público. A primeira ideia foi ir para o Rio de Janeiro, mas acabei vindo para São Paulo, também por essas circunstâncias aparentemente casuais, difíceis de explicar puramente por ordem racional.

Já quando o Luiz Viana Filho assumiu o governo da Bahia, sucedendo ao Lomanto Junior, eu ensaiei não ficar. Luiz Viana me convenceu, e no fim acabei ficando. Quando faltavam seis, sete meses para o fim do governo, quando já estava escolhido o sucessor do Luiz Viana, que seria o Antônio Carlos, eu já estava realmente cansado, desgastado, e avisei para uma das pessoas muito ligadas ao Roberto Campos, especialmente na área empresarial, o Ademar de Souza, que já faleceu há muitos anos, que eu finalmente ia deixar o governo. Luiz Viana queria que eu ainda ficasse, ficou me levando por algum tempo, mas a minha decisão era definitiva.

O fato de ser Antônio Carlos o sucessor pesou de alguma forma?
    De certo modo pesou, porque, como eu conhecia bastante o Antônio Carlos, eu disse: "Eu não vou conseguir ficar livre dessas injunções políticas contra, a favor". E a ideia de iniciar vida nova fora da Bahia era uma ideia que eu já vinha cultivando havia tempos. Mas de início eu não imaginei ser executivo em São Paulo. Inicialmente, eu pensei no Rio de Janeiro. Comecei minha atividade como executivo, como dirigente profissional de empresa, também como passagem, como transição para retomar a minha atividade de empresário. Tanto que nos primeiros anos aqui em São Paulo eu até tinha investimentos na área de construção, porque eu tinha um amigo meu lá da Bahia que tinha uma pequena construtora. Minha ideia era justamente cuidar do meu patrimônio, me familiarizar com os ambientes empresariais de negócios em São Paulo, e retomar minha vida de empresário. Mas acontece que eu fui muito bem-sucedido na atividade profissional e fui adiando sempre, até que desisti da ideia de me dedicar como empresário pessoalmente.

Quando o senhor saiu da Bahia, já veio com algum convite, alguma coisa?
    Não, eu tinha duas oportunidades, que eu vinha cultivando para o Rio de Janeiro. Uma era um empreendimento hoteleiro e da outra já não me recordo mais. Quando pedi demissão e saí da Bahia, vim passar uma temporada no Rio para cortar aquela coisa que se criou lá, de "Saiu? Não saiu? Por que saiu?", e foi aí que eu recebi um telefonema do Ademar de Souza, que era homem de confiança do Roberto Campos. Ele perguntou: "Você conhece os irmãos Safra?" Eu: "Conheço. Eles tiveram lá um projeto na Bahia, se associaram a uns japoneses em um projeto têxtil, de fios de poliéster, algo assim". Ele: "Você então vem a São Paulo e

eu vou lhe apresentar aos Safra". Por que os Safra? Roberto Campos tinha sido embaixador do Brasil em Washington, e Edmundo Safra, que foi o mentor e o iniciador dos grandes negócios da família no mundo e no Brasil, era amigo do Roberto Campos desde a época de Washington e Nova York. E o Safra pediu a ele que indicasse alguém para tocar o banco, que mal estava começando. Roberto Campos tinha me indicado. Pode ter indicado outros nomes também. O fato é que fui conversar com o Joseph Safra, e a proposta que ele me fez, que era irresistível e que eu aceitei, mudou o caminho. Eu me lembro até hoje que saí da conversa com o Safra, minha mulher estava no Rio, e eu disse a ela: "Nós vamos virar paulistas..."

O Grupo Safra tinha começado no Brasil como uma grande financeira para financiamentos de automóveis. Era uma atividade que não era ainda bancária propriamente dita. Com a reforma do sistema financeiro em 1967, se não me engano, os irmãos Safra viram uma grande oportunidade, porque o que a chamada reforma bancária fez naquela época foi refundar todo o sistema, a começar pela criação do Banco Central e pela concessão de cartas patentes para diversas atividades que eram exercidas pelos bancos comerciais. Daí foram criados bancos de investimento, financeiras, sociedades de crédito e financiamento, corretoras distribuidoras, crédito imobiliário. Foi criada uma constelação de entidades financeiras, uma série de instrumentos que não fossem só banco comercial. O banco comercial é o clássico: recebe depósitos, faz empréstimo e faz as operações básicas, tipo câmbio, cobranças. Essa foi a chance que o Safra viu: estabeleceu um banco de investimento, uma financeira, uma corretora, uma distribuidora, uma central de crédito imobiliário, e fez isso com pequenas estruturas básicas. O banco tinha somente três agências, que tinha comprado na época. A estratégia do Grupo Safra era criar uma rede bancária incipiente, partindo de três agências, quando já havia um grande Bradesco, um grande Itaú – não tinham a escala que têm hoje –, além de outros bancos grandes também, que depois tiveram problemas. Alguns saíram, fecharam e tudo mais. A política bancária, financeira do país, era ir limpando o sistema, era não dar mais cartas-patentes para agência bancária pura e simples, ou autorizações para criar essas outras instituições financeiras especializadas. Já começou o embrião do mercado de capitais, que teve até uma bolha naquela época. Esses *IPOs* que estão acontecendo hoje, *initial public offerings*, tiveram um pequeno espetáculo naquela época. Eu me lembro que o Banco Safra começou a fazer um pouco essas atividades, a participar de alguns lançamentos. Cresceu muito no financiamento de veículos. Começou o *boom* da indústria automobilística, aqueles fusquinhas todos, tudo financiado. Era o sistema em que você captava recursos com a chamada letra de câmbio. As concessionárias de automóveis e todas as lojas de eletroeletrônicos que realizavam operações de venda a prazo, elas agrupavam contratos e em cima disso emitiam uma letra de câmbio, que você vendia. Então, você empacotava 50 carros. Vamos dizer que fossem 200 mil da moeda da época. Em cima daquilo – o Banco Central fiscalizava e você tinha que mostrar que houve aquela venda – você emitia um papel chamado letra de câmbio. E você vendia essa letra de câmbio. Eram colateralizados de automóveis. Havia repasses de Finame, uma série de linhas de crédito, havia muito estímulo governamental, do BNDES, do BNH, havia um monte de coisas que você repassava, e depois começou a se desenvolver o mercado de capitais, com emissão de ações na Bolsa, corretoras. O mercado financeiro começou a tomar forma, e em cima disso o Banco Central.

Nesse contexto, Joseph Safra o convidou para fazer exatamente o quê?

Ele me chamou para tocar o banco, para ampliar e profissionalizar o banco. O banco era dos irmãos Safra: Edmundo, que era brasileiro, mas já nem morava aqui, se dedicava mais ao banco em Nova York e na Suíça; e Joseph e Moise, que ficaram no Brasil. Mas não dava, eles não eram de origem brasileira, eram quase *outsiders* no ambiente brasileiro. Acredito que o próprio Roberto Campos deve ter influenciado bastante o Edmundo, porque eles tinham muito claro que, sozinho, o grupo familiar não conseguiria – eles tinham vários parentes que também tinham emigrado do Líbano, da Síria, junto com a mesma geração deles. Foi aí que nós começamos a constituir um grupo de brasileiros, quase todos engenheiros, porque a ilustre profissão de economista e de administrador era incipiente. Havia engenheiro civil e engenheiro de produção. Estão lá até hoje. Agora é que esse pessoal está começando a se aposentar.

E novamente se repetiu a história. Quer dizer, eram tipos de instituições que existiam em outros lugares do mundo e que aqui não existiam. Era a grande chance de fazer o negócio crescer sem precisar de uma grande rede bancária comercial, de abrir agências de grande escala. Essa é que era a estratégia: crescer em cima de atividades financeiras não propriamente dependentes da agência bancária. Mas é claro que você tinha que ter uma base. E aí tinha que comprar cartas patentes, porque o Banco Central não dava autorizações novas. Você tinha que comprar outros pequenos bancos, agências, remanejar, juntar três do interior, abrir uma ou duas agências em uma capital, em São Paulo. Isso fui eu que fui conduzindo. Ao mesmo tempo, era preciso recrutar gente. Recrutamos gente em São Paulo, pessoas que até depois fizeram carreiras independentes. Um deles, que eu me lembro, foi o Clóvis Carvalho, que foi ministro da Casa Civil do Fernando Henrique. Outro foi o Oded Grajew. Começou como meu funcionário. Eles vinham pelos amigos, e tal. E tinha-se que treinar essa gente para profissões novas. Para onde nós íamos buscar profissionais experientes era para ser gerente da agência bancária. Mas para ser dirigente de banco de investimento, ou de financeira, você tinha que inventar. E não éramos só nós, não. O sistema total cresceu em cima disso. Agora, na agência bancária, você tinha que ter bancários experientes e que conhecessem o lugar onde você ia abrir a agência. Havia também o seguinte: quando nós definíamos onde abrir a agência, primeiro tínhamos que escolher o modelo. Os dois grandes paradigmas eram o Banco Itaú, que era o banco de engenheiros, a começar por Olavo Setúbal, e o Bradesco, que era o banco povão, que se fingia de caipira, mas de caipira não tinha nada. Era um banco supermoderno, o primeiro que desenvolveu o sistema de automação bancária, uso de computadores e tudo mais. É claro que nós preferimos o modelo dos engenheiros. Palavras como planejamento, marketing bancário, foram coisas que nós é que inventamos na época. Chamar uma letra de câmbio, ou financiamento de automóvel, de produto, fui eu o primeiro que chamou. O pessoal dizia: "Você é maluco. Você veio de onde? Isso daqui não é produto, é negócio, é operação financeira".

A nossa estratégia era que cada agência do Banco Safra tinha que ter um gerente profissional bancário. Aí eu mandava o meu pessoal de recursos humanos, que se chamava na época simplesmente departamento de pessoal, identificar os melhores gerentes dos bancos das vizinhanças e fazia propostas irrecusáveis para ser gerente do Banco Safra, um banco pouco conhecido. Fazíamos a proposta para levar mesmo. Alguns fizeram carreiras bem-sucedidas, outros nem tanto. Mas cada agência – essa é que era a novidade que nós inventamos – tinha um gerente geral, que era um bancário e tinha que trabalhar para o banco ser um banco com depósito, cliente, desconto de duplicatas, financiamentos e tal. Mas, dentro de cada agência, havia um gerente da financeira, que procurava clientes para fazer financiamentos de bens duráveis, principalmente de automóveis e de eletroeletrônicos, havia um gerente da sociedade imobiliária, que fazia operações de financiamento, captação da caderneta de poupança, que foi inventada naquela época. Havia um gerente de Finame, que era uma operação de repasse de recursos do BNDES... E aí o banco começou a tomar forma. E depois tudo isso passou a ter nomes. Isso depois passou a se chamar estrutura matricial. A estrutura matricial tinha um gerente, que era hierarquicamente responsável por toda a atividade daquela agência naquele bairro, naquela cidade, e tinha os gerentes de produto. Um cuidava de vender letra de câmbio, o outro cuidava de fazer operações de repasse de Finame, outro cuidava de câmbio. Eles tinham um reporte para as diretorias da matriz especializadas, e localmente eram coordenados pelo gerente. Houve uma série de desenvolvimentos desse tipo que marcou realmente um novo momento da vida do país.

Isso foi até o final dos anos 1970, mais ou menos?
    Isso foi de 1970 até 1976. Foram seis anos. Em 1976 eu já estava vindo para a Suzano. Já estava saindo do banco. Naquela época se falava que tudo na vida tinha um ciclo de sete anos...

Uma pergunta de caráter mais pessoal: como foi a mudança para São Paulo para o senhor e a família? Foi fácil? Foi difícil?
    Essas considerações a gente sempre faz *a posteriori*. Na hora em que você mergulha na situação, não está nem muito consciente de que tem esse problema. Minha mulher Sulamita ajudou bastante nisso, porque ela é muito sociável. Eu nem tanto. Foi aí

que aconteceu a nossa aproximação com a família Feffer. Dona Antonieta Feffer, esposa do Leon Feffer, fundador da Suzano, dirigia uma entidade feminina de caráter nacional, e minha mulher já tinha conhecimento dela. Começou a andar nesses círculos dessas entidades filantrópicas e assistenciais e foi desenvolvendo esses relacionamentos. Quando chegamos a São Paulo, fiquei uns tempos em apartamento alugado. A primeira residência nossa, da família, foi no Pacaembu. Compramos uma casa lá.

E o senhor estranhou muito a vida em São Paulo, comparada ao que era em Salvador?

Eu, pessoalmente, nem tanto. As amizades e o ambiente que você tem no lugar em que você nasceu são únicas. São únicas e não se reproduzem nunca mais. São Paulo, visto pelo "neochegante", era, vamos dizer, 20 cidades de Salvador, uma junto da outra. As pessoas *não moram* em São Paulo. Você vive e trabalha no seu bairro e no seu ambiente de trabalho, ou no ambiente social que você cria – pode ser futebol, podem ser associações profissionais. Eu nunca tive uma atividade social intensa, pessoal. Não sou chegado a movimentos sociais, esse tipo de coisa. Mas sempre me dediquei a atividades institucionais. Por exemplo, havia uma entidade criada pelos bancos de investimento, a Anbid, Associação Brasileira dos Bancos de Investimento e Desenvolvimento, e comecei a atuar nela. E você vai criando o seu ambiente. Eu, inclusive, fui vice-presidente da Anbid. O presidente era o Casimiro, que era, acho, do Banco Comércio e Indústria de São Paulo, já não me recordo direito.

Mas então, na vida em uma cidade como São Paulo, você tem círculos. Pode ser no seu bairro, pode ser até entre os *oriundi* lá de onde você veio, porque existe isso. Quer dizer, com os imigrantes que vieram, você sempre mantém contato. E no seu ambiente profissional, do trabalho. Você não vive no meio desse povo de 20 milhões de pessoas. As pessoas vivem nos seus círculos. E, diferentemente da Bahia, mesmo o convívio de bairro, da classe média em diante, não existe. Em São Paulo você não tem convívio no lugar onde você mora. O conceito de vizinho não existe aqui. Eu morei durante anos em casa, depois fui morar em apartamento. Você nem conhece, nem sabe. Tem um vizinho lá no prédio que eu nunca vi. Às vezes encontrava no elevador. Quer dizer, é diferente. Provavelmente, nos bairros mais periféricos, você tem essa coisa de vizinho.

No Grupo Suzano

Em 1976, portanto, o senhor deixou o setor financeiro e foi para o setor industrial, no Grupo Suzano. Como foi esse processo?

Minha migração para o setor industrial se deu por razões pessoais e por razões ligadas aos momentos dos dois grupos, o Grupo Safra, do qual me afastei, e o Grupo Suzano, no qual me integrei. Foram situações muito especiais. Cada um desses grupos pensava no seu processo de estruturação, de profissionalização, e realmente a família Feffer, com quem eu tinha uma relação pessoal, conseguiu me convencer de que eu teria uma oportunidade muito importante na minha carreira, na minha vida, fazendo essa mudança. Inclusive porque o ciclo ao qual eu me dediquei na época do Grupo Safra estava se completando, e o Grupo Safra já estaria entrando em outro momento, com mudanças maiores na sua forma de gestão, participação maior de pessoas da família. E eu me senti bastante atraído pelo que se oferecia na época em relação ao Grupo Suzano.

O Grupo Suzano é um grupo familiar que soube aproveitar as várias oportunidades que aconteceram no Brasil naquelas décadas que marcaram o grande salto brasileiro para a industrialização e que se caracterizaram muito pela substituição das importações. Naquela época, havia um reconhecimento claro de que o Estado brasileiro deveria ser o condutor desse verdadeiro salto que o Brasil teria que dar em termos de industrialização. Inclusive, impulsionado pelas próprias dificuldades: crises cambiais constantes, dificuldades para o país se abastecer – houve períodos em que até faltava gasolina –, para se conseguir licenças cambiais para importação... Isso são coisas que parecem tão distantes no tempo, mas que aconteceram há relativamente pouco tempo. O mercado doméstico passava por crises constantes, a luta contra a inflação resultava em medidas que faziam com que a economia doméstica praticamente ficasse estagnada. Foi todo um quadro em que, com certeza, o Estado brasileiro foi o condutor de um processo de colocar o país em um novo estágio.

Foi o período dos planos econômicos. Houve planos econômicos para diversas atividades – siderurgia, bens de capital – e mais especificamente eu me refiro ao setor de celulose e papel, onde houve dois grandes planos econômicos. O mais importante, e que teve maior efeito, foi o II Plano Nacional de Desenvolvimento do Setor de Celulose e Papel, II PND, que ocorreu no período do governo Geisel e ofereceu uma série de metas. Hoje, é difícil até imaginar isso. O governo dava metas de produção para os vários segmentos industriais – metas detalhadas, anuais inclusive – e fornecia elementos, especialmente financiamentos, em condições bastante favoráveis. Uma avaliação histórica desse período mostra que, diferentemente do que se imagina – que houve uma série de proteções a determinadas empresas ou segmentos –, o campo estava aberto para as várias iniciativas dos vários grupos.

O exemplo da petroquímica é claro. O modelo tripartite, de que a Suzano participou, no Polo Petroquímico de Camaçari, também no governo Geisel, estava aberto para qualquer grupo privado brasileiro. Os vários projetos eram definidos por um programa governamental. As indústrias que foram criadas na época, tanto de centrais petroquímicas, que faziam os insumos básicos a partir da nafta, como depois, já no segundo *downstream*, no segundo escalão, que era a fabricação das resinas, isso tudo era planejado pelo governo.

O governo chegava para os empresários e dizia "a meta é esta", ou havia um diálogo entre os empresários e o governo? Porque era um regime militar.

O poder político fundamental era detido pelos militares, mas na área da gestão pública propriamente dita havia um espaço muito grande para a implementação de planos econômicos e de políticas econômicas. Havia o paradoxo de que, exatamente porque era um governo forte, que pouco dependia do jogo político, dos equilíbrios legislativos e de todos esses interesses que se chocam e que são naturais da vida democrática, você enxergava claramente o centro de poder. E no nosso caso o centro de poder não era o centro político-militar, era justamente a parte que se referia a políticas econômicas e financeiras. Então, o papel do setor público se encarnava em determinadas figuras e em determinados ministros, e toda a estrutura governamental se articulava em função desse centro de poder.

O planejamento tinha muita força na época, não é?

O planejamento era muito forte. E não havia, na verdade, uma distância visível entre o Ministério da Fazenda e o Ministério do Planejamento. Era um centro único. As decisões eram centralizadas. Como era a relação com os empresários? Com todo o sistema de censura e de limitação da informação via imprensa, o planejamento econômico era amplamente divulgado. E, além disso, havia realmente contatos pessoais muito intensos. Havia aqueles empresários que tinham uma percepção mais clara das oportunidades que se apresentavam. Apesar de ter havido eventualmente alguma distorção ou alguma preferência, havia, na verdade, quase que uma igualdade de oportunidades. Não havia uma discriminação prévia. No fim do processo, começou-se a perceber que havia ganhadores e perdedores. Mas, digamos, em princípio, um órgão muito importante em Brasília, que era o CDI, Conselho de Desenvolvimento Industrial, do Ministério do Planejamento, era um centro de onde nascia esse planejamento. Havia a irradiação disso e havia a apresentação de projetos. Não eram só políticas gerais no que se refere a crédito, a câmbio e tudo mais; havia políticas que chamaríamos hoje de verticais. O governo escolhia até o local, as metas, os recursos e mobilização de todos os meios, especialmente os financiamentos do BNDES, os vários incentivos fiscais, especialmente no Nordeste e em outras regiões, onde havia praticamente uma isenção de impostos por longos anos, e tudo isso era alcançável pelos grupos empresariais. Muitos tiveram êxito, e muitos mais talvez não, em razão até da forma inadequada com que atuaram.

No que se refere à vida empresarial, apesar desses parâmetros claramente definidos de cima, a competência e a capacidade de se estruturar tinham um peso. E o grande desafio – esse foi o meu desafio inicial no próprio Grupo Suzano – foi como estruturar os investimentos que tinham se originado na coragem e na visão empresarial de vários grupos, que eram grupos familiares, que tinham se habilitado nesses processos, que tinham obtido aprovação de projetos, que tinham obtido financiamentos, que tinham se alavancado – como está na moda dizer hoje; naquela época, se dizia que estavam endividados, não é? –, e tinham rapidamente galgado níveis de capacidade de produção muito altos, com respostas quase sempre positivas dos mercados, mas não tinham se estruturado do ponto de vista organizacional e do ponto de vista financeiro. Durante muitos anos, esse foi o caminho crítico dos grupos empresariais brasileiros. Muitos tiveram visão, tiveram coragem, pegaram recursos, investiram, construíram fábricas, produziram, mas não se organizaram. Mantiveram uma estrutura familiar, em que as características da gestão eram baseadas em linhas familiares, de pai para filho, com a divisão de poder entre filhos. Alguém me disse, com certo humor: "Sócio a gente escolhe, mas cunhado a gente não escolhe". Isso me ficou na memória. Quer dizer, o acesso aos cargos de gestão importantes, críticos, nas empresas não tinha muita relação com competência, tinha a ver com a divisão familiar.

Alguns grupos perceberam que tinham que se estruturar, não necessariamente afastando os familiares. Não era uma regra. Eu costumava dizer que o que caracteriza as empresas profissionalizadas não é o fato de que é vedado que membros da família participem da gestão. Eles podem participar, contanto que sejam competentes. E tem algo que eu definia: normalmente, o executivo familiar – e aí entra, para mim, a grande diferença – não presta contas do que faz. Ele é *non-accountable*, como se diz em inglês. Eu até, para quem me ouvir em algum momento, com esse trabalho que vocês estão fazendo, vou dizer o seguinte: a questão do grupo familiar *versus* grupo que se organiza profissionalmente não é "é proibido ter membros da família", ou "tem que ser só profissionais". O que caracteriza as pessoas que ocupam qualquer cargo, em qualquer lugar em uma hierarquia é que elas têm que prestar contas. Elas têm que performar. Têm que ser cobradas por resultados. E o viés do membro de uma família que participa da gestão é que ele se sente além disso. Isso, do ponto de vista não só prático como até psicológico, faz com que a estrutura, a organização não funcione.

A grande prova de fogo de inúmeros grupos familiares foi essa prova, que talvez tenha feito com que muitos grupos soçobrassem, mais do que sobrevivessem e crescessem. E foi essa percepção que a família Feffer teve. Quando vim para o Grupo Suzano, não vim salvar ninguém, porque o grupo estava em condições econômicas muito boas, tinha uma estrutura produtiva muito bem montada, recente. E as áreas industriais, naquele tempo, avançaram muito na frente. Avançaram muito, porque a aquisição de conjuntos de equipamentos trazia o *know-how*. Você comprava o equipamento – muitas vezes, importava conjuntos inteiros de equipamentos que não eram produzidos no Brasil – e obrigava a vir a caixa-preta. Como é que opera? Qual é a tecnologia que embasa esses equipamentos? Então, nessa parte, a indústria brasileira, naquelas décadas, avançou, estimulada por toda uma política de Estado, por oferta abundante de recursos e de incentivos fiscais. Mas mais cedo ou mais tarde chega a hora da verdade. A hora da verdade é se estruturar e pagar as dívidas. Ninguém se engane, houve muito calote e muita coisa ruim na época no que se refere a financiamentos públicos. Mas, no grosso, eu posso afirmar que a questão era: investimos, crescemos, temos uma capacidade forte e temos mercado, mas precisamos nos estruturar e fazer planejamento financeiro. Eu costumo dizer que o setor financeiro foi o caminho crítico. Eu tenho o meu viés profissional nisso, mas foi aí que houve a migração de profissionais da área financeira, que passaram a ser chamados e recrutados pelos grupos industriais.

Só para relembrar, o processo da formação da classe dos executivos profissionais foi: primeiro, a migração de pessoas formadas na área pública, que migraram para os próprios grupos financeiros, e depois, dos grupos financeiros para os grupos privados industriais. É claro que estou simplificando. Havia muitas outras necessidades: políticas de marketing mais claras, definição de produto. O que não havia como desafio na época era competição de fora. Era um mercado fechado, protegido, e você tinha até um certo espaço para cometer erros, porque não existia o que existe hoje, e já existe pelo mundo afora, a competição violenta, global. Não havia isso na época. Você competia em termos muito favoráveis. O grau de competição, na época, era pequeno. O maior adversário dos grupos era a capacidade de se estruturar, de planejar a sua organização com níveis de responsabilidade, hierarquia, organograma. As coisas mais básicas tinham que ser feitas.

Inclusive porque eram grupos grandes, não é?
Eram grupos muito grandes. Eles não tinham uma estrutura clara. Você não enxergava os vários níveis de responsabilidade, as definições claras de alçadas, de responsabilidades. Quer dizer, a pirâmide empresarial era, muitas vezes, uma pirâmide invertida. E, principalmente, esse amadorismo quase que contaminava as organizações. Porque era a velha história: havia homens com verdadeiro carisma, visão, aqueles grandes empresários daquela época que tiveram a audácia e a coragem de aproveitar as grandes oportunidades, começaram a construir organizações importantes, poderosas, mas, à medida que as gerações começaram a se suceder, isso foi se esvaindo. Esse foi um momento crítico realmente, nas décadas de 1960 e 1970, e se propagou inclusive já também um pouco pela década de 1980. Foi esse período que marcou a formação dos grupos industriais brasileiros. E aí havia o problema de como você podia planejar uma empresa, inclusive

traduzir o planejamento em termos financeiros, em um regime de constantes crises – inflação, crises cambiais...

Eu peguei períodos, por exemplo, na implantação da Bahia Sul, que foi um grande projeto que marcou um salto para o Grupo Suzano passar para um novo patamar, já virado para o mercado internacional, em que você tinha filas enormes para conseguir licença de importação de equipamentos ou de insumos, porque o país estava em constantes crises cambiais. Como é que você, em um quadro desses, de incertezas, de políticas de crédito oscilantes e todo esse quadro quase caótico, ia estruturar uma empresa, especialmente o planejamento? Foi um período muito difícil. Por outro lado, havia grandes oportunidades. Porque havia aí, durante muitos anos, incentivos fiscais, havia créditos em condições muito favoráveis... Havia mercado. Você, para não acertar, quando lançava produtos, tinha que errar muito.

O que acontecia, simplificando excessivamente, era: determinados produtos, insumos, equipamentos eram importados. No momento que o empresário brasileiro construía uma fábrica, uma unidade de produção, baixava a cortina de ferro, fechava. Praticamente o ingresso de produtos do mercado internacional não seria mais possível aqui, seja via tarifa, seja porque não havia câmbio. Então, o empresário brasileiro tinha um mercado cativo. E mais. Isso que é da maior importância. Eu costumo dizer: os projetos pouco tinham a ver com marketing. Não com marketing nesse conceito usual, mas com pesquisas de mercado. Hoje, para você fazer um projeto, você tem que fazer um cuidadoso, um meticuloso estudo do mercado que você tem, interno, global: qual é a competição que você vai encontrar, qual é a capacidade que você tem de oferecer produtos que sejam competitivos em qualidade e custo. Isso pouco existia na época. Produtos que você, quase que intuitivamente, sentia que teria condições de vender no mercado brasileiro, você começava a fabricar, e se você fizesse uma pesquisa de mercado, o mercado era muito pequeno. Mas é porque o produto não existia, a não ser importado, com todas essas dificuldades que mencionei.

Vou dar exemplos. Na área petroquímica, por exemplo, os produtos chamados de plásticos, feitos a partir de resinas, especialmente o polietileno e o polipropileno, já estavam muito difundidos pelo mundo, mas no Brasil pouco havia. Havia alguns tipos antiquados de produtos plásticos na época, mas, para a imensa gama de produtos petroquímicos, que já estava se espalhando pelo mundo, só começou a se criar mercado aqui à medida que houve a oferta dessas resinas no mercado brasileiro e que os fornecedores surgiram e começaram a fabricar produtos a partir daquilo. Foi aí que cada vez mais, por exemplo, os automóveis começaram a usar produtos, especialmente o polipropileno. Hoje, um automóvel tem, dependendo do modelo, de 50 a 60 quilos de produtos plásticos na sua estrutura, na sua montagem.

No caso do nosso segmento de papel e celulose, vou dar dois exemplos: o papel chamado cartão, que é esse tipo de cartolina branca de boa qualidade, que pega uma boa impressão e é basicamente usado para embalagem, como também às vezes é usado para capa de livro, *displays* e assim por diante, ele quase que não existia. Até que a Suzano resolveu instalar uma máquina. A gente costuma até numerar as máquinas. No caso da Suzano, essa máquina foi chamada de B6. Foi uma máquina pioneira no Brasil. É uma máquina de grande capacidade para fabricar cartão. Era para fabricar cartão, mas, enquanto ela não atingisse sua capacidade plena, você poderia fazer o que se chama "secar a celulose". Porque a celulose que sai de uma linha de produção de celulose, quando a fábrica é integrada e tem máquina dentro dela, você já leva a celulose em estado líquido para as máquinas de papel, que vão então fazer o papel a partir da celulose. Se você vai vender para fora essa celulose, você tem que secar a celulose. Então, essa máquina B6 podia fabricar cartão, e a capacidade excedente seria para secar a celulose. Pois bem, ela nem chegou a secar celulose, tamanha a demanda que foi criada pela disponibilidade de cartão. Essa máquina é fabricada no Brasil por grupos internacionais. Ainda hoje é a Voith, que é uma indústria de origem alemã, mas que está instalada no Brasil há muitos anos.

O outro exemplo é o do papel *couché*, que é esse papel brilhante de melhor qualidade que é usado para publicações de luxo, para revistas. Também começou a se desenvolver esse mercado na medida em que havia a oferta. Outro caso é desse papel cortado, que é chamado de A4, que é o *cut size*. Quem primeiro lançou esse produto no Brasil foi uma multinacional, a Champion, que hoje é a International Paper. Mas a Suzano teve a coragem de desafiar a Champion. E, contra todas as probabilidades, a Suzano resolveu também fabricar esse papel, esse formato, que é uma das histórias do papel. Quando se dizia que os computadores iriam eliminar o uso do papel, porque todo mundo ia ler na telinha, o que aconteceu foi que a produção e o consumo de papel cortado explodiu, e continua crescendo. Porque junto de cada computador tem uma impressora. Aliás, antes da impressora veio a xerox. "Tira dez cópias xerox. Imprime aí essa coisa que apareceu na tela". Isso dá uma demanda muito grande.

Bom, mas então foi esse período que marcou a ascensão de vários segmentos. Hoje já estamos em outro momento, o da globalização das empresas, e eu estou contando histórias daquele tempo.

Na época em que o senhor foi para o Grupo Suzano já começou a surgir algum tipo de discussão de caráter ambiental? Porque o setor de celulose e papel é estratégico nessa discussão.

Já. São Paulo é um estado que saiu na frente na questão de políticas ambientais públicas. A Cetesb, Companhia de Tecnologia de Saneamento Ambiental, partiu muito cedo na definição de padrões ambientais para a concessão de licenças ambientais, isso que depois passou a ser difundido pelo Brasil afora, por todo lado. Aqui em São Paulo, justiça se faça, havia um grupo de profissionais de alta competência que começou a definir padrões ambientais. A indústria de celulose e papel e outras indústrias tiveram que fazer enormes esforços para se adaptar a regulamentos cada vez mais rigorosos. Isso desde os anos 1970, com ênfase já nos anos 1980.

Isso fez com que as indústrias mais antigas tivessem problemas. Que tipo de problema? As fábricas tinham realmente problemas ambientais: de efluentes líquidos nos cursos d'água, porque a fábrica de celulose capta a água para o seu processo e depois joga essa água de volta; de emissão de gases, de poluentes na atmosfera... Problemas desse tipo. Gradualmente foi-se criando um quadro de exigências cada vez maiores. E aí eu vou dizer que a Suzano foi emblemática nisso. Talvez outros grupos pensassem que esse problema ambiental era uma moda passageira e que era só ir levando a coisa com jeito. Aí entrou o grau de informação nosso. Um dos segredos da boa gestão é a informação, e é a informação global. Max Feffer e eu, nós tínhamos muita informação, muito acesso a publicações internacionais, e sabíamos e tínhamos certeza de que isso era para ficar. E foi o que aconteceu. O resultado é que as fábricas brasileiras, hoje, estão na ponta em termos ambientais globais. Não só foram feitos grandes investimentos nas unidades mais antigas, como, também, toda essa ascensão rá-

pida em capacidade produtiva, com novas fábricas, todas obedecendo aos padrões mais adiantados. Nós não temos nada a dever a ninguém. Tanto que os nossos produtos são todos certificados por certificadoras internacionais. Porque se isso não acontecesse, como acontece em outros países periféricos que entraram no negócio de celulose, nós teríamos sérias dificuldades para vender os nossos produtos nos mercados maduros.
Essa fase foi primeiro na área industrial, e depois, na área florestal. Até hoje, inclusive, nós sofremos ataques, que são muito mais de cunho político e ideológico, porque muita coisa que se alega, em termos de que o plantio de eucalipto é nocivo para o ambiente, não tem fundamento verdadeiro, científico. Inclusive porque o modo com que as indústrias plantam os seus maciços florestais é bastante avançado, com talhões, com reservas, com manutenção. Faz-se não só preservação de áreas nativas como recomposição de maciços florestais de espécies nativas que tinham sido destruídos. Então, realmente esse é um desafio, e no caso brasileiro, dentro do possível, nós viramos isso como um fator competitivo da indústria brasileira. Hoje, é uma condição indispensável para você vender seus produtos nos mercados mais desenvolvidos, especialmente na Europa e nos Estados Unidos.

Algumas fábricas entraram em conflito com as novas exigências?
Houve alguns conflitos e encrencas. Mas para aqueles grupos que enxergaram, como nós, que esse processo era irreversível, de natureza global, e só poderia se intensificar, foi um problema que virou uma oportunidade. Você vê que hoje o nosso setor não tem problemas ambientais. Mesmo nas comunidades onde há fábricas. É claro que hoje você não vai construir mais uma fábrica de celulose dentro de uma cidade, ou de um aglomerado urbano. As fábricas são situadas fora do espaço urbano. Até porque elas

têm que ficar próximas das plantações de eucalipto. Você tem que ter extensões muito grandes de terras e, obviamente, você não pode fazer isso em áreas urbanas ou próximas de centros urbanos. Bom, mas eu participei desse processo de reestruturação da Suzano. Fui o primeiro profissional realmente que passou a atuar no primeiro nível da companhia. E, de fato, do ponto de vista tanto da Suzano como da inserção do nosso setor no mundo, outro *plus* nosso foi enxergar o mercado global. As coisas não são tão simples. Não é dizer: um dia eu acordei e achei... Não. Foi um processo dialético, porque você encontra obstáculos e, ao mesmo tempo, vê que pode encontrar saídas também e transformar isso numa vantagem. É o caso da exportação. É outro capítulo da maior importância que caracteriza o setor brasileiro de celulose e papel. O ano de 1978 foi um marco. Em 1978, pela primeira vez, nós obtivemos um saldo positivo da balança comercial do setor. Foi o ano em que nós passamos a exportar um pouco mais do que se importava. O que se importava até então? Importava-se basicamente celulose. A ponta do crescimento do consumo se dava – porque o consumo não é a celulose, é o papel – na medida em que os investimentos predominantes na época eram em máquina de papel, os produtos os mais variados de papéis: papéis de imprimir, de escrever, de embalagem, sanitários... Houve uma multiplicação muito grande da demanda e da oferta de produtos, e todos dependem da matéria-prima, que é a celulose. Então, se importava celulose e se importava uma variedade muito grande de produtos acabados de papel. Mas a verdade é que aí, também, houve uma mistura de problema e de oportunidade vista. A indústria, que dependia sempre de importar alguma coisa, toda vez que havia uma crise cambial, tinha problema, parava, não conseguia ter produtos. Isso foi a gênese, inclusive, em muitos momentos, das constantes crises de consumo interno. Constantemente o mercado brasileiro parava. Vocês são mais novos, não têm a memória disso, mas de repente – e às vezes, nem tão de repente – o mercado sumia. Hoje, o nosso setor já não depende disso. Só para adiantar a história, os grandes projetos que foram feitos nos últimos anos, todos foram dirigidos para a exportação já deliberadamente, para aproveitar o alto grau de competitividade da indústria brasileira de base florestal, por causa do eucalipto principalmente, que é altamente competitivo.

TRANSMITINDO EXPERIÊNCIA

Nos anos 1980 e 1990, sua inserção nas entidades de classe começou a ganhar força. Poderia nos falar sobre isso?
Sempre tive uma inclinação por uma atuação política. Na minha história pessoal isso é evidente. Eu não vivo em ambientes onde se cultivam relações pessoais, em que as pessoas se tornam visíveis nas colunas sociais, nos eventos sociais. Aliás, devo dizer que os verdadeiros empresários aparecem cada vez menos nessas colunas e nesses eventos. Eles estão cada vez mais discretos, porque não é por aí. Mas, de qualquer forma, essas redes pessoais, eu não sou muito forte nisso. Mas tenho, paradoxalmente, um interesse muito grande em uma atuação direta nas entidades. Como já contei, ainda na época em que eu estava no Banco Safra, fui vice-presidente da Anbid, Associação Nacional dos Bancos de Investimento e Desenvolvimento, representando os bancos privados de São Paulo. Já na área industrial, comecei desde logo a atuar na antiga Associação Nacional dos Fabricantes de Papel e Celulose. Ela veio passando por muitas transformações, e mais recentemente passou a chamar-se Bracelpa, Associação Brasileira de Celulose e Papel. Participei quase que constantemente da di-

retoria, em vários cargos, e quando fui presidente promovi uma certa concentração dessas entidades, porque havia uma certa dispersão – havia uma associação paulista, havia a associação nacional, havia a Associação Brasileira dos Exportadores de Celulose. Então, nós promovemos na época uma integração em uma única entidade, que é a Bracelpa, que passou por um longo período, também, de evolução na sua forma de atuar. Essas entidades representativas de segmentos industriais, na verdade, hoje, é onde reside a verdadeira representação industrial brasileira. Eu também, desde cedo, comecei a participar da Federação das Indústrias do Estado de São Paulo. Foi quando o Mario Amato ganhou a eleição para presidente da Fiesp. Durante esses anos todos participei ativamente, não só representando o segmento de celulose e papel como, também, órgãos dessas entidades, principalmente ligados à área econômica – fui diretor do Departamento de Economia, fui presidente do Conselho Superior de Economia. Embora possa parecer que isso, obviamente, seja o centro do interesse das entidades industriais, que é exatamente política econômica, não é. Na prática, acaba não sendo. É mais um departamento na atividade dessas instituições. Há um monte de outras atividades que muitas vezes não têm muito a ver com interesses focados do segmento industrial.

O senhor também teve uma experiência no Banespa, não?
Sim. Em 1989, o Mario Amato, que era presidente da Fiesp, a pedido do governador Quércia, que desejava colocar um empresário na presidência do Banespa, sugeriu o meu nome, inclusive porque eu era um dos pouquíssimos que tinha experiência bancária. Fiquei menos de um ano e procurei desenvolver uma política basicamente empresarial para o banco, em termos de desenvolvimento de negócios com empresas. E devo dizer que, no meu período, a

dívida do estado ou das entidades estaduais para com o Banespa diminuiu. Não houve qualquer tipo de operação bancária envolvendo o Banespa com o endividamento do estado. Fiquei pouco tempo, até porque o meu compromisso era de fato de ficar um pequeno período, para dar uma deslanchada, procurar identificar os quadros mais competentes, mais capazes do banco, e colocar nas posições-chave. Antes do fim do ano de 1989 eu pedi demissão, inclusive porque o projeto da Bahia Sul, que a Suzano estava liderando, demandava a minha presença direta.

Eu não estou convencido de que a existência de bancos estatais seja nociva em si.

Pode ser benéfica?

Se houver políticas adequadas. Acredito que bancos com missões específicas, voltadas para um financiamento em condições mais favoráveis e com instrumentos, inclusive, de política econômica, a exemplo do BNDES, são úteis. Mas o BNDES não é um banco comercial, e nem pode ser, porque não tem rede. Mas isso é uma consideração, hoje, fora da realidade. O processo de privatização dos bancos estaduais foi irreversível.

Como o senhor vê o Brasil hoje no contexto da abertura da economia, da identidade global?

Nesse contexto da capitalização das empresas brasileiras via mercado é que se explica a minha participação no Conselho de Administração da Embraer. Eu fui convidado como conselheiro independente para o Conselho de Administração, justamente como parte do enorme avanço que a Embraer realizou e realiza como empresa de capital pulverizado – porque ela é verdadeiramente uma empresa participando do chamado Novo Mercado: todas as ações são ordinárias; os antigos controladores abriram mão do seu controle. Hoje, de fato, o Conselho de Administração da Embraer é todo ele independente. Foi uma experiência nova, fascinante para mim, inclusive porque – a minha vida toda participando de empresas e organizações privadas e um pouco também de estatais e atividades nesse nível – a lógica do convite que me foi feito foi baseada na necessidade de ter uma empresa absolutamente transparente, com uma governança experiente e dedicada basicamente à perpetuação e ao melhor aproveitamento dos recursos via mercado de capitais. A inovação e a alta tecnologia exigem recursos crescentes para manter uma posição competitiva no mercado global.

Esse, aliás, é o novo momento do Brasil. Eu costumo fazer uma comparação muito simples. Eu conheci, quase que a vida toda, grandes empresários dizendo: "Esta é a minha fábrica. Este é o meu banco. Esta é a minha fazenda. Esta é a minha estrada de ferro". Era a visão patrimonialista. Hoje é difícil você encontrar um verdadeiro empresário, um líder empresarial que coloque as coisas dessa forma. O capitalismo patrimonialista no Brasil, que teve sua validade e teve sua fase histórica, da maior importância, com o seu pioneirismo, com a sua visão de arrancada para novas áreas, novos níveis, hoje está caminhando para – não sei se é uma expressão precisa – para o capitalismo de mercado. Hoje, o capitalismo baseado no conceito de dono, de patrimônio, de propriedade de patrimônio está sendo substituído por um conceito de que o valor das empresas depende do mercado de capitais. É o acesso a capitais praticamente sem fim. Em tese, hoje, uma empresa bem-sucedida tem um acesso quase ilimitado a capital. Não obstante essas crises que estamos passando no momento – porque isso faz parte também do capitalismo, que não se cansa de se reinventar – exatamente no campo financeiro, são adotadas novas medidas. Outro dia, eu estava lendo que alguém disse que no fim é tudo sempre a mesma coisa. Essas crises se sucedem porque há aqueles elementos que enxergam possibilidades de rápido enriquecimento, esses colapsos que acontecem pelos excessos de expansão do mercado financeiro, que vão se tornando cada vez mais especulativos, cada vez mais o efeito rebanho que vai acontecendo, o efeito manada, e faz com que a euforia cresça, e depois, na hora de fugir, há um efeito manada também. Mas, na verdade, não há possibilidade, no mundo de hoje, de você ter empresas, já nem digo apenas globais – de globais, nem se fala! –, mesmo empresas nacionais, em um país grande e importante como o Brasil, que não se alimentem do mercado de capitais. Esse é o momento que nós vivemos hoje. Sem qualquer conotação pessoal de qualquer espécie, obviamente, eu tenho um certo parâmetro, que é a lista dos bilionários da revista *Forbes*. Durante muitos anos, havia cinco pessoas ou famílias bilionárias no Brasil. Na última contagem eram 16. Essa diferença deve-se a que quase todas vieram da rápida capitalização de empresas que foram bem colocadas no mercado de capitais, em suma, nas bolsas. E o Brasil está conquistando uma posição no mercado internacional que eu espero que se consolide.

Nós abrimos o capital da Suzano em 1982. Foi, na época – isso já é um fato histórico –, para resolver problemas de distribuição de capital entre interesses familiares. Daí em diante, com altos e baixos, a Suzano ficou nesse mercado acionário, e nos últimos anos essa passou a ser realmente a grande alavanca para o nosso crescimento. É claro que é preciso ter uma competência de gestão financeira bastante grande e diversificada. Hoje, há uma variedade grande de instrumentos financeiros à disposição da gestão financeira, na qual eu tive origem. Mas com certeza o caminho do crescimento, o caminho de ocupar espaços, de estar na ponta, de ter os meios de inovação, de crescimento, passa, necessariamente, por esse mercado. E é o momento que estamos vivendo hoje. Esperamos atravessar mais ou menos incólumes essas tempestades globais do momento sem prejuízos. Porque sempre vai haver pioneiros. Sempre vai haver pessoas, indivíduos que têm uma ideia, que batalham por aquela ideia, que são inovadores, e mais cedo ou mais tarde eles terão que se estruturar e se capitalizar para que aquela ideia passe a se constituir em um sucesso empresarial.

Eu virei administrador de empresa, empresário profissional, por necessidade de criar a família e de ganhar a vida. Sempre tive muito interesse nisso, até fui professor, por um certo período, na Universidade Católica da Bahia, e me sinto muito à vontade e muito motivado para poder transmitir essa pequena experiência minha, que não é grande coisa, mas pelo menos é diversificada. Espero que tenha sido útil.

Jacks Rabinovich

JACKS RABINOVICH nasceu em São Paulo em 20 de setembro de 1929, filho de imigrantes judeus russos. Em 1952 formou-se em engenharia civil pela Universidade Mackenzie. Um ano antes de se formar, começou a trabalhar na Fiação e Tecelagem Campo Belo S/A, empresa de seu pai, Sam Rabinovich. Em 1954 especializou-se em engenharia têxtil no Lowell Institute, em Massachusetts, Estados Unidos, e em 1956 assumiu a direção geral da Campo Belo. Em 1965 firmou a primeira parceria com Mendel Steinbruch, fundando a Têxtil Brasibel. Dois anos depois, os dois acertaram a compra do Lanifício Varam, então o maior da América do Sul, e criaram a Vicunha, que em pouco tempo se transformou no maior grupo têxtil do Brasil. Em 1993, o grupo Vicunha adquiriu 9,1% da Companhia Siderúrgica Nacional (CSN). Jacks Rabinovich tornou-se então membro do Conselho de Administração da CSN, e vice-presidente da empresa a partir de 2001. Atualmente é diretor-presidente da Vicunha Siderurgia. Sua entrevista foi concedida a Américo Freire e Robert Norman Vivian Cajado Nicol, em São Paulo, em 23 de outubro de 2007.

DA RÚSSIA AO CAMPO BELO

Qual é a história da sua família, das suas origens?
   Meus pais vieram da Rússia. Meu pai saiu da Rússia no começo do século XX, em 1904 ou 1905, com 14 anos de idade, sozinho. Decidiu se aventurar e foi para os Estados Unidos, Nova York – todo emigrante queria ir para Nova York, ainda mais judeu. Contava que no começo dormia nos bancos dos parques, até que um patrício ficou com pena e o deixou dormir junto com os cavalos... Afinal ganhou o equivalente a um milhão de rublos, se achou milionário, comprou um fraque, uma cartola, e voltou para a sua cidadezinha. Dizia que, quando chegou lá, viu que a aldeia era tão "grande" que, quando ia parar a charrete, já estava fora da cidade. Pensou: "Não é para mim". E voltou para os Estados Unidos.
   Minha mãe saiu da Rússia com dois anos de idade. Em 1902 a família chegou a Buenos Aires. Você vê que ninguém é perfeito... Meu pai trabalhava com frutas e resolveu ir à Argentina negociar. Passou por aqui, se encantou pelo Brasil, mas como a passagem era até Buenos Aires, foi para lá. Fez amizade com um rapaz que lhe dava aula de espanhol e o convidava para almoçar em casa. Esse rapaz tinha uma irmã, e os dois se casaram. Meu pai detestava a Argentina, mas minha mãe tinha a família toda lá, pai, mãe e irmãos. Esse meu tio e minha mãe eram temporões. Meu pai finalmente convenceu meu tio, e vieram os três para o Brasil: minha mãe, Olga, meu tio, Naum, e meu pai, Sam Rabinovich. Vieram para São Paulo, e meu pai se encantou. Aliás, ele nunca admitia que se falasse mal do Brasil perto dele. Dizia que eu tinha sorte, porque nasci aqui, e que ele era inteligente, porque tinha escolhido o melhor país do mundo, o Brasil. Aqui trabalhou e para cá trouxe da Rússia toda a família: pai, mãe, muitos irmãos.

Vieram todos para a casa dele, em São Paulo. Não era o irmão mais velho, mas era o chefe da família.

Seu pai trabalhou com o quê, ao chegar ao Brasil?
Trabalhou com um pouco de tudo, mas, basicamente, com uma empresa que se chamava Sam Rabinovich e Cia., que fazia malharia e guarda-chuvas: fabricava o tecido, a armação e os cabos. Era uma fábrica integrada, acho que a maior fábrica de guarda-chuvas que havia no Brasil. E trabalhou também com peles. Tinha a Peleteria Wulff e a Peleteria Americana, na Barão de Itapetininga, que ficou com meu tio. Meu tio afinal se aposentou e vendeu aquilo. Na época da guerra meu pai mudou para o Rio – eu morei no Rio – e também declarou: "Estou aposentado". Mas chegou uma hora em que minha mãe disse a ele: "Ou você trabalha, ou nos separamos, porque eu não aguento mais homem em casa". Ele então decidiu fazer uma fábrica em São Paulo e conseguiu. Era muito amigo de um cavalheiro que era ministro da Guerra naquela época, e arrumou uma carta de prioridade, dizendo que a fábrica era de interesse nacional. Aquela história... É a nossa terra, não é? Era a Fiação Campo Belo, onde eu comecei a trabalhar.

Em que época, mais ou menos, foi criada a Fiação Campo Belo?
Quando acabou a guerra. Na época do Dutra. O ministro de quem meu pai era amigo era Goes Monteiro. Escreveu uma carta dizendo que era prioridade, e a nossa foi a primeira fábrica que chegou ao Brasil depois da guerra. Aquela época foi uma loucura, todo mundo queria comprar equipamento de qualquer coisa, reconstruir fosse o que fosse. Meu pai conseguiu trazer o equipamento, e foi montada a fábrica, que ficava no bairro de Campo Belo, daí o nome. Em 1947 ele construiu, e me lembro

que a primeira produção foi em maio de 1948. Meu pai sempre foi um homem que viajou muito e conhecia as coisas. Começou logo a trabalhar com fibras artificiais, coisa que no Brasil não existia, era importada.

A Rhodia não produzia? Em 1948, 1949, ela já estava aqui.
Estava aqui, mas fazia filamento de rayon, lança-perfume, acetona... Eu sempre brincava com o pessoal da Rhodia que o capital inicial deles foram dois navios de lança-perfume... Eles ficavam indignados, mas não negavam. Fabricavam filamento de acetato e filamento de rayon. Eram a Rhodiaceta em Santo André e a Rhodosa em São José dos Campos. Quando meu pai começou a importar, Matarazzo e Rhodia começaram a fazer fibra de viscose, que é um xantato de celulose, celulose recuperada. Era a primeira fábrica, nunca se havia trabalhado com isso no Brasil. Evidentemente meu pai conseguiu ganhar dinheiro. E eu me lembro que, como houve uma inflação muito grande nos Estados Unidos, o dinheiro que meu pai tinha acabou no meio. Ele conseguiu trazer todo o material para a fábrica, havia toda a preparação para um volume de 15 mil fusos, mas ele tinha só cinco mil funcionando. Faltavam 10 mil, que era só colocar. Já tinha tudo atrás para funcionar. Aí ele fez uma sociedade com a Orquima, que trabalhava com areias monazíticas, para eles comprarem o equipamento. Eu me lembro que o mercado estava muito ruim. Eu estava terminando a Escola de Engenharia – sou engenheiro civil, formado pela Mackenzie em 1952 –, e em 1951 meu pai disse: "Escuta, você não é engenheiro? O técnico está indo embora e eu não tenho dinheiro para contratar outro. Você entra aqui e toca". Eu disse: "Mas eu não entendo nada...". Ele: "Aprende!"

APRENDENDO E ENSINANDO

O senhor não pensava em trabalhar na fábrica?
  Não. Eu queria ser especializado em mecânica dos solos. Queria ir para o Texas, onde estava o professor Terzaghi, que foi quem basicamente inventou a mecânica dos solos moderna. Queria ser engenheiro técnico, mas não deu. Fui então para a fábrica e me apaixonei. Me apaixonei realmente, porque, com bom senso – eu era muito jovem –, em pouco tempo consegui melhorar tremendamente, consegui aumentar a produção em quase 50%. Com meu pai a fábrica fazia 40 e poucas toneladas por mês, e eu passei para 60. Ele disse: "Você quer me quebrar? Não vê que não vende?" Aí o que eu fiz? Ele me deu uma malinha, uma lista de clientes e um mapa de São Paulo: "Vai vender". E eu, com as amostras, ia vender os fios. Já que sabia produzir, tinha que saber vender. Nós tínhamos seis meses de produção em estoque, e a dúvida era saber se quebrava esta semana ou semana que vem. Não havia dinheiro para a folha, para as duplicatas, para comprar o selo para o IVC... Você vendia e não podia faturar, ou tinha que penar para faturar. Aí, em 1952/53, veio a guerra da Coreia e vendemos tudo. A fábrica já estava muito boa. E eu virei um bom técnico. Entrava na fábrica às sete, sete e meia da manhã, e ficava até uma da madrugada. "Nós vamos quebrar, perder tudo? Não, eu não quero!" Com bom senso e com um livrinho que eu tinha, fiz melhorias grandes.

Seu pai continuava trabalhando?
  Meu pai era o chefe. Finanças, era tudo com ele: comprava a matéria-prima, via os produtos, bolava as coisas. Aí eu decidi o seguinte: "Já que vou ficar aqui, quero entender melhor o que estou fazendo". E fui para os Estados Unidos, para o Massachusetts

Technological Institute. Como eu não estava interessado em título, cheguei lá e disse: "Quero fazer só a parte de fiação. Não vou fazer tinturaria, a parte de tecelagem, nada disso". Fiquei um ano, trabalhei em algumas fábricas, acho que aprendi, e voltei. Quando voltei, eu achava que era o maior do mundo. Meu pai um dia chegou para mim e disse: "No dia em que você souber menos, vai saber mais". Fiquei bravo, mas acho que ele era um homem muito inteligente. E o que ele disse é verdade.

Seu pai tocou a fábrica durante esse período em que o senhor esteve nos Estados Unidos?

Tocou a fábrica. Em equipe, com a diretoria e tudo mais. E eu realmente, então, depois que voltei, sabendo o que estava fazendo, comprei equipamentos para fazer coisas diferenciadas. No exterior já havia fibra sintética, mas no Brasil, não. Comprei equipamentos adaptados para fibras sintéticas, para o dia em que houvesse esse tipo de produção aqui. Fui ampliando a fábrica, já com conhecimentos técnicos, e o negócio ia bem. Como era uma fábrica não muito grande, não podíamos fazer o feijão com arroz. Fazíamos produtos diferenciados, e acho que éramos muito bons em criatividade: fio com bolinha vermelha, fio com bolinha branca, fio com isso, fio com aquilo. Eram fios diferenciados, muito desenvolvidos lá fora, que nós criávamos.

Vocês viajavam muito?

Eu estive esse período nos Estados Unidos, e naquela época qualquer fábrica estava aberta para você visitar. Os americanos estavam numa crise tremenda, porque foi a época em que a indústria têxtil mudou-se da Nova Inglaterra para o Sul, para Tennesse, Carolina do Norte, Carolina do Sul e Geórgia. As fábricas ficavam abertas, porque, quem sabe você não vai comprar alguma coisa? Os caras produziam três, quatro dias por semana, e ficavam parados o resto. Foi muito útil. Mas meu pai viajava muito. E tinha amigos, que traziam amostras de tecidos. "O que você acha disso?" Ele dizia: "Bom, eu faço o fio e você faz isso". Eu fazia o fio. Foi interessante, um período ótimo. Tudo se estabilizou, e comecei a ficar sem ter muito o que fazer. Me meti então no nosso sindicato têxtil e ajudei a criar o primeiro curso de engenharia têxtil na FEI, Faculdade de Engenharia Industrial.

Quem mais participou da criação do curso?
Éramos Ernesto Diederichsen e mais Gian Paolo Zanotto e eu. Nós criamos o curso com máquina emprestada aqui, máquina doada ali. Estive na França, fiz um convênio com a École de Filature d'Epinal para montar o curso, definir as matérias e tal. Foi bem feito, funcionou. Funciona até hoje.

O senhor chegou a dar aulas também?
Não. Deixei para os outros... Pus um engenheiro técnico alemão da fábrica e disse: "Você vai dar aula lá". Ele: "Mas eu não falo português!" Eu disse: "Não faz mal, vai dar aula, sim". Eu não pensava em dar aula, gosto realmente de criar. Gosto do dia a dia também, evidentemente, mas não teria paciência para dar aula.

Esse curso deve ter sido bom para a criação de quadros para a própria empresa, não é?
Foi. Foi bom para o próprio Brasil, porque todos os técnicos eram importados. Eu achava que o Brasil tinha uma indústria têxtil razoavelmente grande e tinha que ter suficiência tecnológica. Hoje existe, além da FEI, uma escola muito boa no Rio, no Senai, de engenharia têxtil.

Com os Steinbruch, na Vicunha

Como se iniciaram as relações de sua família com a família Steinbruch?

Um irmão do meu pai, Samuel Rabinovich, casou-se com Alegria, irmã de Mendel e Eliezer Steinbruch. Samuel e Alegria foram com um casal de amigos para Israel e faleceram num desastre de avião na Grécia, em 1948. Durante 20 e poucos dias nós não sabíamos se eles tinham morrido ou não, o que tinha acontecido. A família de Alegria já tinha vindo do Sul e todo dia ficava todo mundo junto. Viramos uma família só. Durante muitos e muitos anos Rabinovich e Steinbruch eram uma família só.

E isso se traduziu também em negócios comuns.

Sim. Como disse, eu fabricava fios especiais, diferenciados, e naquela época existia um produto que se chamava "camisa volta ao mundo". Era uma camisa de malha de náilon, uma coisa horrorosa de se usar. Mas todo mundo usava, porque não transpirava, ficava molhado para dentro. A entretela do colarinho tinha que ser feita com um fio especial que só eu fabricava, e Mendel, que era meu contraparente e amigo, virou o maior cliente desse fio. Até que um dia ele disse: "Jacks, vamos montar uma fábrica só para fazer esse tecido?" Deu sorte de encontrarmos uma tecelagem pronta para alugar, alugamos e começamos a fabricar só essa entretela para colarinho com o fio que eu fazia. Só eu conseguia fazer. Tinha que ser bom em alguma coisa, não é?

De repente o mercado parou completamente. E o fato é que ficamos com a fábrica alugada, e tínhamos que pagar o aluguel. Pensamos: "O que mais vamos fazer?" Resolvemos: "Vamos fazer tergal verão!" Como nós tínhamos uma relação de intimidade com a Rhodia, pedimos uma cota de poliéster e começamos a fabricar. Quem fabricava o fio era a Campo Belo. Na época, quem dominava o mercado era o tal de nycron, da Sudamtex, aquele "senta, levanta". E aí nós começamos. Nossa tecelagem era de um metro de largura. Servia perfeitamente para fazer entretela, mas não para fazer tecido masculino – tergal é um tecido masculino. Mas como nós conseguimos fazer um produto que ninguém tinha, incluindo nossos concorrentes – a Nova América e a Gaspar Gasparian não conseguiram fazer –, vendemos tudo.

Isso já nos anos 1960?
Foi em 1966. Aí começamos a procurar um tear largo, de no mínimo 1,50 m, que era o que se usava para tecido masculino. E aí apareceu o Lanifício Varam. Eles estavam chateados, porque deviam dinheiro, não iam bem. Produziam lã, e lã estava complicado. Começamos a negociar, e em abril de 1967 compramos. Decidimos comprar só os teares e alugar o prédio, mas compramos tudo. Era o maior lanifício da América do Sul na época. Entramos lá, e me lembro: por tradição nada começa na segunda-feira, e nós entramos no sábado. Puxa vida! Era melhor do que pensávamos! Conseguimos vender o estoque barato, porque para nós entrou pelo custo de balanço, que era um custo histórico, vendemos tudo rapidamente, entrou dinheiro, e ficamos com um capital de giro que não tínhamos. Tocamos o negócio, modernizamos, ampliamos, e foi assim que nasceu a Vicunha. Era o Lanifício Varam. Trocamos o nome da empresa. Tivemos que trocar. Que nome colocar? O produto que eles fabricavam era uma lã boa, a vicunha. Vicunha é um animal dos Andes, mas eles chamavam o tecido assim.

E como se deu o avanço da Vicunha? Parece que vocês avançaram pelo Nordeste, não é? Como foi essa chegada ao Nordeste?

Como eu morei nos Estados Unidos na época em que a indústria mudou-se do Norte para o Sul porque a mão de obra era mais barata – o contrário daqui –, eu disse: "Mendel, um dia nós vamos ter que ir cair fora de São Paulo". Ele: "Você está louco!" Aquela história de que você precisava ver a fábrica, precisava ver tudo. Mas acontecem essas coisas na carreira. Na época havia uma vantagem, de que, por 25 ou 30% do seu imposto de renda, você podia ir para o Nordeste. Eu disse: "Vamos fazer um projeto. Vamos fazer um negócio lá em cima". E fomos lá ver. Do Natal de 1969 até o fim do ano, ficamos eu e o Mendel visitando Ceará, Rio Grande do Norte, Paraíba, Pernambuco e Bahia. E aí apareceu um grupo no Ceará que já tinha um projeto pronto. Precisava ser modificado, mas era razoável, e estava aprovado. Eles também tinham o terreno comprado. Fizemos então uma associação com esse grupo, das famílias Baquit e Otoch, do Ceará. E em 1970 eu já fui para a Europa com um técnico meu para comprar equipamentos. Comprei todos os equipamentos para montar essa fábrica em Fortaleza e para modernizar São Paulo também.

A fábrica de Fortaleza era a Finobrasa?

Era a Finobrasa, que começou, trabalhou, foi muito bem. Aprendemos a organizar melhor, porque estava à distância. Foi uma das grandes vantagens que tivemos: aprender que não precisa estar do lado. Você treina gente, o pessoal toca, e você controla. Naquela época era meio incomum. "Você não pode fazer isso. Imagina!" Foi a primeira fábrica do Brasil que trabalhava 24 horas por dia, sete dias por semana.

Começou com quantos empregados?
Com 400, 500. A mão de obra era mais barata do que o custo de capital. Nos anos de 1970 ainda não era aquela inflação, mas o custo de capital era enorme. Então, trabalhando 24 horas, sete dias por semana, você acabava economizando 1/7 do investimento. Eram 16% que você economizava. "O pessoal aqui não trabalhava em três turnos, trabalhava em dois". Conseguimos autorização do Ministério do Trabalho e começamos a trabalhar em quatro. Aqui em São Paulo conseguimos fazer a mesma coisa, depois de aprender direitinho lá no Nordeste. Trabalhando sete dias por semana, 24 horas por dia, a produção, em relação ao capital investido, era grande. Conseguimos vender a produção, logo ampliamos a fábrica, e aí eles quiseram que nós fizéssemos uma tecelagem. Porque lá no Nordeste é o seguinte: o que sai do estado é exportação. Você chegava lá no Ceará, e o governo dizia: "Exportamos tanto". Eu comigo: "Puxa vida, o Brasil não exporta tanto quanto esses caras!" Virgílio Távora começou a insistir que queria que fizéssemos uma tecelagem, "não, vocês precisam exportar menos fio e exportar tecido", e eu disse: "Então, está bom". Ele estava fazendo o distrito industrial de Maranguape e queria que nós fôssemos para lá. Perguntei: "Mas o que eu ganho fazendo a fábrica aqui?" Discuti com ele, e entramos no incentivo fiscal. Ele fez uma lei, que passou na Assembleia, dando incentivo de prazo no pagamento de ICM – naquela época ainda não era ICMS. Você tinha um prazo para pagar 50% sem correção. Era uma vantagem que compensava. Foi o início dos incentivos fiscais no Nordeste, que foi forçado por mim. A Assembleia aprovou, fui à assinatura, e ia toda hora para o Ceará.

Aí começou a Vicunha no Nordeste. Comprei todo o equipamento e começamos a fabricar índigo, o tecido que faz o jeans, com um sistema não convencional. Naquela época, existia cota para o corante índigo. Tinha índigo vindo de três partes: da Buffalo, dos Estados Unidos, da ICI, da Inglaterra, e da Basf, da Alemanha. Eu fui para a Basf na Alemanha e a duras custas consegui uma cota. A fábrica começou a funcionar no tamanho e na época que eles determinaram. Começou a operar em 1985 para fabricar um milhão de metros por mês, que era o tamanho da cota que eu ia receber. Fizemos 1,2 milhão de metros, e começou a fabricação nacional do corante índigo.

Acontece que existem muitas fábricas no mundo, e eu vi que o sistema tradicional de tingimento era extremamente complicado, porque se pegava o fio, se colocava em cordas, se tingia as cordas, depois tingia de novo, tinha que voltar para fazer o rolo de urdume – você sabe que o tecido é feito de urdume e trama, o urdume é contínuo e a trama vai e vem. E eu vi que, nas fábricas que trabalhavam com o que eles chamam "em aberto", eu não conseguia entrar. Eles diziam que era muito bom, mas não deixavam ver. As outras deixavam. Finalmente, na Itália, fui ver um fabricante de equipamento para o sistema "em aberto" e comprei o equipamento para trabalhar naquele sistema, que para mim é mais lógico e mais econômico. Porque o tingimento de índigo é o seguinte: se você pegar o jeans e cortar o fio, você vê que no meio é branco. O tingimento é só por fora, é pura impregnação. Você impregna por 11, 12 segundos, deixa oxidar por 60 segundos, impregna de novo, por 10, 11 segundos, deixa 50, 60 segundos no ar... Faz isso quatro, cinco vezes, dependendo do tipo de corante que você está usando, da concentração. Nesse sistema que nós adotamos, isso já se faz no fio da forma, no rolo que vai para o tear. É um sistema interessante.

Então, começamos a trabalhar, e eu parti do princípio seguinte – o Ceará, o Nordeste, para mim, era o fim do mundo, não é? Pensei: "Então, eu vou treinar todo mundo". Criamos um concurso em Fortaleza. Apareceram 1.100 candidatos que nunca tinham trabalhado no setor têxtil. Fizemos duas turmas de 60, fiz um acordo com o Senai de Recife e pus as duas turmas estudando lá, ganhando um salário mínimo, com alojamento e comida, para estudar. Desses 120 saíram 42. Eu trouxe para São Paulo e treinei em São Paulo os 42. Levamos para a Vicunha do Nordeste os supervisores e pegamos o pessoal para trabalhar nas máquinas. Isolamos uma máquina – custava caro um tear, cento e poucos mil dólares – numa sala com um professor que veio da Suíça, e ninguém entrava, nem contramestre, nem mestre, nem tecelão entrava na sala, sem ser treinado. Treinamos todo mundo. Depois, evidentemente, esse suíço foi substituído por um brasileiro, um cearense. Todo mundo, então, foi sendo treinado. E começamos a trabalhar já com um certo grau de eficiência e qualidade. E foi crescendo a fábrica. Eu estava treinando a terceira turma, quando veio o Plano Cruzado. "Para tudo!" Parou. Mandei embora a terceira turma, que estava começando. Poucos meses depois, eu disse: "Pode pegar a terceira turma de volta!"... Sei que nós fomos crescendo, o produto foi bem aceito no mercado e, quando me aposentei, acho que fabricávamos 12 milhões de metros/mês.

Vocês fizeram uma associação com a Renner também...
Nós tínhamos um negócio junto com a Renner, que era uma fábrica de cobertores. Imagina no Brasil uma fábrica de cobertor!... Aqui no Brasil é o seguinte: você compra quando precisa. Então, o pessoal compra perto do inverno, se fizer frio. Você fica nove meses estocando, para vender em três, *se* fizer frio. Se não, o sujeito compra e te devolve, não paga. Eu me lembro que fui para a Europa, comprei os melhores equipamentos para fazer um cobertor maravilhoso. Depois não tive nervos nem saúde para aguentar isso. Vendemos! E a Renner tinha uma

confecção também. Ficamos com a confecção. Eles tinham uma associação com os americanos da Lee. Estavam apertados, mas entraram com 25%, nós com 25% e os americanos com 50%. "É preciso levar esse negócio daqui para o Nordeste. Não dá certo aqui no Rio Grande do Sul. A mão de obra é cara. Vamos para o Nordeste?" "Vamos para o Nordeste!" Nesse meio-tempo o Renner pediu para cair fora. Caíram fora, ficaram 50% nossos e 50% dos americanos. Depois compramos a parte dos americanos e depois vendemos para os americanos. Confecção é complicado. Fibra é diferente.

Nós fomos também para o Rio Grande do Norte e lá montamos uma fábrica ultramoderna. Foi outra em que eu comprei todo o equipamento para fabricar brins coloridos. Porque o jeans vai junto com o brim. Ou é azul, ou é de cores. Fizemos uma fábrica que se chamava Vicunha, evidentemente, que fabrica esses tecidos de algodão. Sempre em torno do algodão. É tinto, tem um tingimento contínuo, ultramoderno. Nossa produção dobrou, todas as fábricas aumentaram. Eu só esqueci de mencionar uma coisa: comecei a minha vida com artificiais e sintéticos. Tanto a Campo Belo como a Vicunha, em São Paulo, trabalhavam com 100% sintético. E mudamos para 100% algodão.

Isso não foi uma tendência global, a mudança do sintético para fibras naturais?

Foi depois. Nós mudamos antes, porque existia algodão no Nordeste. Então, vamos pôr a fábrica para usar a matéria-prima local. Só que o algodão do Nordeste acabou, e nós mandamos para lá o de São Paulo, o de Goiás, o do Paraná. É tudo ao contrário da lógica. O Nordeste tinha o algodão de fibra longa, que desapareceu, e tinha o algodão de fibra curta. Tinha os dois. Agora voltou o da Bahia, de fibra curta. Nós chegamos a ter uma plantação de algodão no vale do Açu, no Rio Grande do Norte. Fabricava um algodão maravilhoso, de fibra longa, mas custava mais caro do que você podia comprar. E nós não precisávamos de um algodão tão bom. Começou também a dar problemas por causa do solo arenoso. Hoje a produção lá é de manga. Parou o algodão e foi aumentando a manga.

Manga? Vale a pena? Dá dinheiro?
Eu acho que não, não é?... Mas coisa que não dá dinheiro às vezes dá prazer. Bom é quando você junta os dois.

Vocês também estabeleceram negócios em Buenos Aires, não foi?
Buenos Aires foi o seguinte: foi uma forma de vender. Nós montamos uma empresa, a Brastex, que teoricamente não podia ser ligada ao Brasil. Então, a colocamos sei lá onde, no Panamá, ou em qualquer lugar, porque senão se pagaria um imposto que para a Vicunha, na época, seria absurdo. Demos um *by pass*, com o governo sabendo, evidentemente. E começamos a vender o nosso tecido em pronta entrega. Vendemos bastante, mas os argentinos não pagavam. Foi uma história de altos e baixos, mas vai bem até hoje.

Mas vocês pensam em criar fábricas em Buenos Aires?
Eu estou fora. Quanto ao grupo, não tenho ideia. Se comprar, vai ser alguma coisa no Equador.

E nos Estados Unidos, vocês têm alguma coisa?
Não. Chegamos a ter um escritório. Também para fazer a mesma coisa: internar tecido e vender lá. Mas lá é mais complicado. Tem proteção, 18% de direitos e tal. E brigar com a China não dá. Para mim, o setor têxtil no Brasil só vai ficar com espe-

cialidades, porque você tem a China e tem a Índia, que ainda não começou a se manifestar com produções enormes. A mão de obra na Índia eu acho que é mais barata do que na China. A China está crescendo ainda. Então, é uma briga desigual. É você com canivete e o cara com espada.

A indústria têxtil no Brasil

O senhor acabou de dizer que o setor têxtil no Brasil só vai ficar com especialidades. O que são especialidades?

Produtos diferenciados. O setor têxtil é um setor de alta criatividade. Eu me lembro que, quando eu vendia fio, vendia fio para um cara e ele ganhava uma fortuna, mas vendia para o outro e ele quebrava. Então, fazíamos tecidos diferentes e o mesmo com confecção. Você pega o mesmo tecido, vai para uma confecção que faz uns babadinhos, umas coisinhas assim, e vende tudo. O outro faz não sei que lá, o pessoal não gosta, e não vende. É um setor que dá vazão à criatividade. É conectado com a moda, com o gosto, com oportunidades... Eu me lembro quando saiu aquele filme em que usavam roupas grudadas no corpo... Como era o nome? É um filme de jovens, com música. Quem começou a fabricar naquela época tecidos de helanca, que grudavam no corpo, ganhou uma fortuna. O cara que correu na frente e fez, ganhou. Depois foi todo mundo, e aí já não dava tanto lucro. Também é um setor em que você tem que ter nariz, tem que ter sensibilidade, tem que ter bom gosto e tem que ter velocidade. Eu me lembro que, quando só existia a Campo Belo, eu fabricava fios diferentes, e até o cara me copiar eu já estava fazendo outra coisa.

E quanto à lã?
A pura lã acabou no Brasil. Por causa do poliéster. Eu fui o primeiro no Brasil a fabricar fio de poliéster e lã. Quando estive nos Estados Unidos, já comprei equipamento especializado para trabalhar com fibras sintéticas. Não se fabricava no Brasil, a Rhodia ainda não fabricava o tal do tergal, e nós importamos da Inglaterra fibra de poliéster. Fui vender isso para um tradicional fabricante de lã, e ele disse, muito *british*, um lorde inglês: "Nós só trabalhamos com pura lã". Eu: "Mas o mundo todo está com poliéster-lã..." Ele: "Não, nós só trabalhamos com pura lã. Isto aqui é pura lã. Pura lã!" E daí? Mudou o mundo. Houve uma evolução muito grande. No clima brasileiro, com o preço em que estava a lã naquele momento – tudo é questão de momento –, tudo passou a ser só sintético. Agora voltou o algodão, voltou a lã, voltou tudo.

Realmente, nós fomos pioneiros em várias coisas do setor têxtil, seja em fiação, seja em tecelagem. Como estudei nos Estados Unidos, aprendi que o ideal é você ter um tecido cru e tingir. Aqui todo mundo trabalhava com fio tinto. Então, eu misturava poliéster, poliéster-viscose, viscose pura, fazia o tecido e tingia as fibras diferentes. Fazia xadrez em tecido cru. A Vicunha ganhou uma nota com isso, porque nós conseguíamos fazer tecidos que para os outros custariam muito mais caro. Se tingir o fio, sempre sobra fio, tem isso, tem aquilo. Nós acabamos tingindo em peça a cor que nós, ou o cliente, quiséssemos. Tingíamos os tecidos. Saíam três, quatro cores, dependendo da matéria-prima que usávamos. Isso pouca gente conhecia no Brasil. Depois, evidentemente, passa um certo tempo e todo mundo acaba aprendendo, não é? Mas nós estivemos uns dois, três anos em vantagem sobre o resto do mercado.

Houve um encolhimento do leque de produtos que a indústria têxtil oferece no Brasil, não é?
    Sim. Por causa da China. Primeiro foi a Coreia, depois a China. Em sintéticos os coreanos são imbatíveis. Existem fábricas que vão da refinaria do petróleo até o tecido. Então não adianta você querer competir. São coisas que hoje em dia é questão de volume. Escala.

E com relação às máquinas e equipamentos? Por que todos são importados?
    Questão de escala também. No Brasil havia duas fábricas. Havia a Howa, que é japonesa, que fabricava maquinário de fiação e teares, mas teares obsoletos. E havia um grupo nacional, que fabricava equipamento também, mas não aguentou. Hoje em dia, nem na Europa há muitos fabricantes. Fabricam os suíços, os alemães, os italianos, os japoneses, e acabou. Americanos e ingleses caíram fora do mercado, espanhóis também. Hoje não há tantas opções de compra de equipamentos têxteis como havia antes. Há equipamento belga, alemão, francês e japonês. É complicado. Um é em euro, outro é em iene. Mas os grandes fabricantes de equipamentos têxteis eram da Inglaterra e dos Estados Unidos, onde começou. A revolução industrial começou na Inglaterra com a indústria têxtil. Então, você tinha grandes fabricantes na Inglaterra, que sumiram. Hoje em dia você tem outros, diferentes.

E como os italianos mantêm a indústria têxtil deles a pleno vapor?
    Criatividade. Eles são extremamente eficientes. Eu vi uma fábrica na Itália e outra na Suíça com o mesmo equipamento. O italiano é mais eficiente do que o suíço. Superautomatizadas as fábricas na Itália, muito boas. Você tem a criatividade, a qualidade, e tem o nome também. O nome vende. Por que você compra

Armani? Porque atrás tem escrito Armani, não é? Eu brigo com a minha mulher todo dia... Eu sei que é tudo igual, porque nós vendemos tecido para o cara do Brás e para a Diesel. O mesmo tecido que vai para o cara no Brás, que vende uma calça por seis dólares, vai para a Diesel, que vende por 150 dólares ou mais. É o mesmo tecido! O cara faz mais bem feito, investe em propaganda... Acho que o que conta mais é marca. Qual é a diferença de um Rolex para outros relógios? São os milhões de dólares gastos em propaganda.

Uma vez eu me lembro que queriam baixar o imposto de importação do tecido, porque o nosso tecido é muito caro e tal. Fomos convocados a Brasília, e houve uma reunião. Pegamos um metro de tecido, e compramos em várias lojas calças jeans de várias marcas a vários preços. "Está aqui. O mesmo tecido. Quanto é que tem? X de tecido, e isso daqui é tudo lucro". Por que os caras estavam reclamando do preço do tecido? Acabou a reunião! A arma que nós tínhamos era essa. Usamos a arma, e ninguém falou nada. De qualquer forma, hoje é tudo preço internacional. Aí não tem muito o que falar. O Brasil exporta tecido.

E confecção?

Confecção não, porque é uma questão de volume. Devido à economia informal, você não tem uma confecção grande no Brasil. É tudo pequena ou média. A economia informal mata todo mundo. É complicado, bem complicado. Quanto maior for o imposto, maior a sonegação.

Mas há gente no Brasil fazendo roupa de baixo, meia...

Tem tudo. Mas em que escala? Nos Estados Unidos e na Europa, os volumes são muito maiores, tem fábrica que fabrica o que o Brasil fabrica. Porque lá elas competem em igualdade de condições. Você aqui tem imposto, ICMS, tem PIS, COFINS e CPMF. Dá 20 e poucos, 23%, 24%. Aí o sujeito vende com meia nota. O lucro dele está aí. Não dá para competir. É um grande problema que o Brasil tem. É o problema da economia informal, que mata a chance de criar as empresas grandes. É o Brasil, não é?

O senhor defende uma política industrial com incentivos fiscais?
Não, os incentivos fiscais têm que ser dirigidos, como na Europa. Por exemplo, eu conheço uma empresa austríaca que fabricava fibras de viscose que era concorrente da Fibra – nem falei sobre ela, é uma empresa que nós compramos. Conversei com eles como colegas, não concorrentes, e soube que quando eles fizeram uma fábrica nova, em outra região da Áustria, ganharam o terreno, isenções disso e daquilo, e 50 ou 60 milhões de euros a fundo perdido. Esse é o mundo. Você quer desenvolver uma região? Você ajuda, como faz o sul da Itália, faz a Áustria, fez a Irlanda, como fazem vários países. Tem que ser específico e dirigido. Não é incentivo a olho.

Incentivos para desenvolver o Nordeste, por exemplo. Lá se desenvolveu? Se desenvolveu. Teve muita sacanagem? Teve. Teve muita coisa que não deu certo? Teve. Mas se fosse feito certo, daria tudo certo. A indústria têxtil dos Estados Unidos saiu da Nova Inglaterra e foi para o Sul porque lá tinha mão de obra e energia elétrica mais barata. Chegou para eles. Isso é um fenômeno que acontece no mundo todo, mas tem que ser muito bem pensado, muito calculado. Política industrial é uma coisa que tem que ser feita com cabeça. Você veja o caso da política do Brasil em relação à Coreia. A primeira fábrica de tubos de TV foi aqui no Brasil. Foi uma fábrica de fundo de quintal chamada Invictus. Conversando com meu amigo Eugenio Staub, ele me disse que na Coreia todo mundo começou igual, fundo de quintal. No Brasil existe um ódio ao lucro.

Se você desse incentivo, o cara ia ganhar dinheiro, como ganhava na Coreia. Determinadas famílias ganharam dinheiro e ficaram na Coreia. Havia lá uma política industrial que não permitia a entrada de automóveis estrangeiros. Os automóveis sul-coreanos hoje são bons no mundo inteiro. Quer dizer, o governo deu dinheiro durante um período, as famílias ganharam dinheiro, mas ficaram na Coreia. Aqui não se dá incentivo por *n* razões, mas uma delas é que é feio ganhar dinheiro neste país. No resto do mundo parece que é bonito, principalmente nos países anglo-saxões, Inglaterra, Estados Unidos, Holanda, Alemanha. São países de outra mentalidade, onde quem ganha dinheiro é quase herói. Aqui é bandido: roubou, fez mamata com o governo... Não pode ser porque trabalhou 14 horas por dia, como eu trabalhei, durante não sei quantos anos. "Teve sorte". "Algum rolo..." É o que falam, não? Isso está mudando um pouco agora, felizmente.

Tenho que contar para vocês que no meio do caminho nós compramos uma indústria italiana, a Fibra, de Americana, que fabrica náilon, fabricava rayon e fibra de viscose. Em 1982 nós compramos essa empresa, numa operação bastante complicada, porque metade foi financiada pela Medio Banca e metade ia ser financiada pelo Banco do Brasil. Aí veio o Outubro Negro, e o Brasil não financiou. O banco brasileiro deu US$ 7,5 milhões. O empréstimo era de US$ 75 milhões e depois nós não tivemos o dinheiro. Aí fizemos horrores para conseguir pagar. Compramos, ampliamos bem a fábrica, chegamos a fazer uma associação com a Du Pont, no náilon, e depois a empresa ficou para eles. Nós ficamos fora. E a fábrica está aí hoje, fazendo fibra de viscose, filamento de poliéster, que nós instalamos depois, e filamento de rayon. Em Americana. Ela comprou na Bahia as instalações, que eram da antiga Celanese para fabricar o filamento de poliéster.

Hoje nós estamos com várias fábricas em vários estados. Existem as multinacionais e as multiestaduais. As nossas empresas são multiestaduais. Tivemos fábrica no Rio Grande do Sul, tivemos por um período uma fábrica em Minas – estávamos fazendo uma fábrica em Minas, que acabou não vingando. Tínhamos fábricas na Bahia, Pernambuco, Rio Grande do Norte, Ceará e tivemos no Maranhão também, que acabou, fechamos. Chegamos a ter 19 ou 20 mil colaboradores. Quando eu saí, em 2005, deviam ser uns 14 mil.

Qual era a porcentagem da produção que era exportada?
Acho que chegou a ser de uns 15%, o que era muito naquela época. Minhas primeiras experiências com exportação foram interessantes. Apareceu aqui um pessoal da União Soviética. Eu chamava de Rússia e eles ficavam bravos. Não podia falar Rússia... Mas eles compravam fio de lã, e o Lanifício Varam fabricava fios de lã. Então, nós exportamos fios de lã para a União Soviética. Exportávamos nós, exportava a Paramount e exportava a Lutfala. Acho que só nós três. E eu me lembro que fui à União Soviética junto com a Paramount. A intermediária era a Kreklinger, uma *trading* belga que devia vender uns 25, 30% do consumo de lã bruta da União Soviética, que vinha da Austrália e da Nova Zelândia. Então fomos lá, e os caras nos trataram muito bem, nos levaram para o Bolshoi e tal. Mas sair da cidade não podia. Isso era 1972. Precisava de visto por cidade. Nós dissemos: "Já que vamos ficar aqui uns dois dias, vamos visitar outra cidade". Cinco dias para dar o visto. Aí fomos visitar umas fábricas. Tinha um fio do outro fabricante brasileiro que era muito ruim, de má qualidade. A diretora da fábrica gritava: "Porque fio do Brasil não presta!" Eles não distinguiam. Era do Brasil, não tinha produtor. A gente tinha que explicar que não era dessa fábrica, não era daquela, era

de outra fábrica. "É Brasil! Brasil não presta!" Era uma mulher grandona, gordona. Não ia discutir, porque senão ainda apanhava... Foi uma experiência.

A exportação desses 15% da produção era voltada para onde?
Para o mundo inteiro. Chegamos a exportar até para a China, fibra de viscose para a Nigéria, para a Indonésia, para o mundo inteiro. Exportamos 10 milhões de dólares para a Rússia – não para a União Soviética, para a Rússia –, o que era muito naquela época. Com a crise tremenda daqui, a fábrica estava 100% para exportar, ou 90%.

COM OS STEINBRUCH NA CSN

Seu pai ficou quanto tempo na empresa?
Ficou praticamente até falecer. Ele faleceu um mês antes de eu comprar o Lanifício Varam. Meu pai sempre me dizia: "Olha Jacks, é um bom negócio, mas às vezes a melhor comida, se você comer demais, dá dor de barriga..." Mas não teve jeito. Compramos tudo e deu certo. Eu com meus sócios trabalhamos feito camelos, mas foi bom.

Vocês também criaram um banco. Como foi essa história?
O banco é só da família Steinbruch. Eu não quis. Não tenho vocação para isso. Estou no conselho do banco até hoje, mas não tenho vocação. Posso me dar ao luxo de fazer o que gosto. E gosto de indústria. Gosto de indústria e da CSN.

E a CSN? Como foi essa história?
A CSN foi o seguinte: nós estávamos com dinheiro em caixa e eu sempre dizia: "Mendel, Mendel, nós já somos o maior

fabricante têxtil da América Latina". E ele: "Não é bom ser tão grande. Não é bom ser muito maior que o segundo" – que era o Santista. "Vamos procurar outras coisas para fazer. Vamos procurar polo petroquímico". Aí nós tentamos comprar uma empresa petroquímica, mas não saiu. Outra empresa, não saiu. Um sócio queria vender uma parte, outro ia e arrumava milagrosamente, muito rapidamente, um empréstimo do BNDES para não entrar ninguém, e fechava. Aí apareceram as privatizações: "Ah, tem a CSN. Vamos comprar". "Vamos comprar?" E no fim: "Vamos comprar 5%". Todo mundo queria comprar, porque todo mundo tinha aqueles papéis que se podia usar. Nós compramos com dinheiro mesmo. Compramos 5,1% no leilão da CSN, só que não fechou. Era uma sexta-feira e não fechou. Quem tinha comprado também 5,1% tinha sido o Bamerindus, com o José Eduardo. Naquela época o presidente era o Itamar Franco, e ele pôs um tal de Alexei para coordenar isso. Ele ligou e disse: "O leilão está em aberto. Fecha segunda-feira e falta tanto. Se não vender 70% das ações, cancelamos o leilão". Aí eu liguei para o José Eduardo: "Olha, se nós comprarmos 4% e vocês mais 4%, nós dois ficamos em 9,1% e fecha esse negócio. Topa?" "Topo". Aí ficamos com 9,1 e eles 9,1. Fizemos um acordo de acionistas, porque entrou o Bamerindus, entrou a Vale, entrou um pequeno atacadista de chapas de metal, e com isso se teve o controle, mas fizemos um acordo em que nesse controle nós teríamos mais força do que os outros. E começamos a tocar o negócio. Eu nunca tinha visto aquilo na vida...

    Quando fomos para a primeira reunião do Conselho, era preciso aprovar um negócio de 10 milhões, 20 milhões de dólares. A diretoria disse: "Isso aqui não é nada. Isso aqui é *peanuts!*" Fechei a minha boquinha, e começamos a tentar aprender um pouco. Os caras faziam o que queriam no começo. Ninguém entendia nada no Conselho. Mas começamos a ver e a dar um jeito: "É preciso trocar a diretoria, precisamos pôr pessoas em que confiamos". Porque era gente que comprava o que queria, e não o que precisava. Era mentalidade de estatal. Não vou dizer que... Tinha gente que não era séria, mas 99% eram de gente séria. Ainda assim precisava trocar. Porque o sujeito fica cômodo. Como os cargos sempre foram políticos, todos os postos eram cobiçados por políticos, exceto a parte industrial. Então, a parte industrial fazia o que queria. Convencer os caras de que quem manda na empresa é o mercado e não quem quer... Foi preciso trocar o pessoal. Em dois, três anos, trocamos, e a empresa foi muito bem.

A CSN, hoje, vai muito bem. Tem uma mina de minério de ferro que é muito maior do que tudo o que se pensava. Ela tem uma capacidade muito grande de produção, tanto que está ampliando para vender minério de ferro. Ela se internacionalizou, comprou uma laminadora nos Estados Unidos, uma laminadora em Portugal e vai ampliar nesses dois lugares. Hoje a exportação da CSN, basicamente, é para esses dois lugares. Exporta mais, mas isso daí é o mínimo de que ela precisa, e vai ampliar agora. O setor de aço está passando por uma fase muito boa. Já passamos por uma fase muito ruim, em 2001. Eu disse na época: "Nós não vamos conseguir pagar isso..." Enfim, deu tudo certo. Depois, o Bamerindus ficou apertado. Aí nós, junto com o Bradesco e a Previ, compramos a parte do Bamerindus. Isso ajudou também a crescer, porque o Bradesco, queira ou não queira, tem um nome bom. A Previ não atrapalhou, foi boa. E tocamos o negócio. Aí nós é que tocávamos. Benjamin principalmente, ou basicamente Benjamin. Aí entramos na Vale. E aí saiu briga para tudo quanto é lado. Mas foi uma lição de vida, eu já tinha quase 70 anos e aprendi para chuchu. Coisas boas e coisas não tão boas. Mas é isso aí.

| Abílio Diniz

ABÍLIO DOS SANTOS DINIZ nasceu em São Paulo no dia 28 de dezembro de 1936, filho de imigrantes portugueses. Começou a trabalhar aos 12 anos na Doceira Pão de Açúcar auxiliando seu pai, Valentim Diniz. Em 1959 formou-se em administração de empresas pela Eaesp, da FGV. No mesmo ano, abriu junto com o pai um supermercado e deu início ao que viria se tornar o Grupo Pão de Açúcar. Em 1965 foi para os Estados Unidos, onde estudou marketing na Universidade de Ohio, em Dayton, e economia em Columbia, Nova York. Sob sua administração, o Pão de Açúcar experimentou intenso crescimento nas décadas de 1960 e 1970, tornando-se o maior grupo do ramo no país. Em 1979, a convite do ministro Mario Henrique Simonsen, tornou-se membro do Conselho Monetário Nacional, onde permaneceu por dez anos. Em 1990 o Grupo Pão de Açúcar passou por uma séria crise, que levou a uma reestruturação, a que se seguiu a retomada do crescimento a partir de meados da década. Abílio Diniz foi membro do Conselho de Desenvolvimento Econômico e Social durante o governo Lula (2003-2011) e foi também um dos fundadores da Associação Brasileira de Supermercados (Abras). Atualmente, ocupa a presidência do Conselho de Administração do Grupo Pão de Açúcar.

Sua entrevista foi concedida a Paulo Fontes e Paulo Gala em São Paulo, em 5 de outubro de 2007, e a Letícia Nedel, em 10 de outubro de 2010.

Filho de portugueses

Onde e quando o senhor nasceu, como foi seu começo de vida?

Nasci em São Paulo no dia 28 de dezembro do ano de 1936. Sou filho de pais portugueses. Meu pai veio para cá imigrante, com 16 anos. Vivia em uma aldeia em Portugal – Pomares do Jarmelo, no distrito da Guarda, naquilo que é chamado Beira Alta –, e todas as pessoas ali que tinham um pouco mais de ambição na vida procuravam crescer em outros lugares, em outros países, porque a oportunidade de trabalho, de desenvolvimento, naquelas terras, era muito baixa. Ele, então, veio para o Brasil. Tinha um tio aqui em São Paulo que morava no bairro da Mooca, e o Brasil era um lugar de língua portuguesa, era o Eldorado dos portugueses, para onde eles se dirigiam. Foi assim em toda a história da imigração, de todos os povos. Para onde se dirigiu todo o povo de língua espanhola? Para outros países da América do Sul. Os ingleses se deslocaram para a América do Norte. E os portugueses se deslocaram muito para o Brasil. O Brasil, como um país novo, com 400 anos naquela altura, é evidente que tinha toda condição de alcançar o crescimento. E é no crescimento que você também consegue crescer, ter mais possibilidade para se desenvolver. Meu pai foi atraído por isso. Naquela altura já se formava uma pequena colônia portuguesa em São Paulo, que chegou a ser muito forte, muito expressiva. Hoje, numa cidade cosmopolita como é São Paulo, as colônias já não são tão importantes, tão marcantes.

Meu pai começou de uma forma muito humilde, trabalhando naquilo que se chamava o ramo de secos e molhados como empregado. Depois que eu nasci, passou a ter o seu próprio negócio. E aí foi indo. Continuou nesse ramo até uma altura em que eu tinha 12 anos, e então resolveu fazer uma doceira. Evoluiu, pois primeiro tinha uma padaria e aí passou para uma coisa um pouco mais sofisticada, uma confeitaria, que tinha fabricação de doces e também um serviço de *buffets*, de fazer festas. Essa foi a origem do Grupo Pão de Açúcar: a Doceira Pão de Açúcar. Por que esse nome? Porque, quando meu pai veio para o Brasil, o navio passou pelo Rio de Janeiro e ele ficou muito impressionado com o Pão de Açúcar. Aquilo passou a ser para ele o ícone do Brasil. Quando ele fez a doceira, achou que aquilo se ligava: era doce, tinha a ver com pão...

Seu pai conheceu sua mãe aqui no Brasil?

Conheceu minha mãe aqui. Minha mãe nasceu aqui, mas quase por acaso. Os pais dela vieram de Portugal para o Brasil, ficaram aqui uns dois ou três anos, ela nasceu, e depois todos retornaram a Portugal. Ela voltou para cá jovem, com 15 anos, mais ou menos a mesma idade do meu pai. Como foi exatamente que eles se conheceram, eu não sei dizer. Mas eles se conheceram aqui, se casaram e fui o primeiro filho de uma série de seis. Meus pais estão vivos até hoje, felizmente. Meu pai tem 94 anos,[1] e minha mãe, 92. Estão firmes. Meu pai, enfim, a cabecinha está fraca, mas vem muitas vezes aqui ao escritório. Nós conservamos ainda uma sala para ele. Ninguém mais tem sala. Isso aqui, onde estamos gravando, é uma sala de reuniões. Mas nós ainda conservamos uma salinha para o meu pai. Duas ou três vezes por semana ele vem aqui, fica umas horinhas, dorme um pouquinho na sala dele e depois vai embora.

---

[1] Valentim dos Santos Diniz faleceu em 16 de março de 2008, em São Paulo.

E quanto à sua mãe?
Minha mãe sempre foi uma pessoa muito presente na vida não só do meu pai, mas da nossa família. Minha mãe sempre foi, talvez, no casal a pessoa mais forte. Meu pai foi sempre uma pessoa um pouco mais bondosa, mais carinhosa, e minha mãe sempre foi muito determinada, muito firme, às vezes até um pouquinho dura. Talvez, esse meu lado de determinação, eu tenha puxado dela. Mas sempre foi também uma pessoa muito doce, muito carinhosa, e até hoje representa um marco muito forte na nossa família. Sempre foi muito religiosa, e foi quem me introduziu em todos os conceitos de religião, na fé em Deus. Depois que eu tinha seis anos e meio, sete, começaram a vir meus irmãos, e aí já me lembro bem de eu indo à missa sozinho, com cerca de sete, oito anos de idade. Nós morávamos na rua Tutoia, uma travessa da Brigadeiro, e eu subia a Brigadeiro sozinho e ia à missa na igreja da Imaculada Conceição. Como é que eu conservei esse hábito comigo, mesmo sem a companhia da minha mãe ou do meu pai, não sei dizer. Recebi essa fé da minha mãe, mas depois desenvolvi alguma coisa muito forte dentro de mim por mim mesmo.

O senhor começou a trabalhar com seu pai logo cedo?
Comecei a trabalhar praticamente com 12 anos, quando ele fez a doceira. Ajudando um pouco, mas sempre estudando. Minha prioridade era estudar, mas nós éramos gente humilde. Então, comecei a trabalhar cedo. No tempo em que eu estava na GV, nós tínhamos a doceira, tínhamos o serviço de festas, e eu trabalhava na parte de venda do serviço de festas. Ia aos cartórios, às igrejas, via os casamentos que iam se realizar, os batizados, procurava as pessoas e oferecia para fazer o serviço de *buffet*. Era um trabalho que dava até uma certa remuneração, só que não

dava satisfação. Eu realmente fui muito feliz em ter optado pela Escola de Administração de Empresas da GV.

Seu pai e a sua mãe tinham esse princípio, de que o primeiro filho tinha que estudar? Isso foi comum em famílias de imigrantes.

Meu pai me incentivou muito a estudar. Ele sempre quis que o filho dele fizesse aquilo que ele não conseguiu fazer, estudasse, se graduasse, tivesse diploma, fosse doutor, enfim, fosse uma pessoa realmente culta e tivesse a educação que ele não conseguiu ter.

Segundo sua biografia, o senhor teve certa dificuldade de convivência quando menino. E o futebol, o esporte, teria sido um fator importante na sua autoafirmação, na sua sociabilidade. Foi isso mesmo?

O futebol, eu não sei dizer como começou. A sensação que eu tenho é que eu nasci com esse amor pela bola. Eu me lembro de jogar futebol na rua Tutoia desde criança. O poste era uma trave, a parede era outra, e a gente jogava futebol na rua. Carro só passava de vez em quando. Considero que joguei futebol durante 30 anos, dos sete aos 37. Aos 37 senti que estava perdendo um pouco a intimidade com a bola, estava tendo uma certa dificuldade de tratá-la bem, e resolvi parar. O futebol começou assim, mas os outros esportes, e um certo cultivo do trabalho com o físico, começaram depois, por necessidade. Começaram, na realidade, quando eu tinha 11 para 12 anos, quando terminei o curso primário, feito numa escola aqui nos Jardins, o Externato Teixeira Branco, um colégio que naquele tempo era até considerado de gente mais de elite. Estudei ali por uma questão de proximidade, pois morávamos perto. Depois, meu pai abriu uma padaria na rua Tamandaré, na Liberdade, e fui para o Colégio Anglo-Latino, que deu origem ao cursinho Anglo-Latino, que terminou logo em seguida. Ali eu peguei um ambiente totalmente diferente, totalmente hostil. Naquela altura eu era baixinho, gordinho, realmente tinha um físico muito ruim, e virei, vamos dizer, a diversão da molecada: apanhei barbaridade, virei saco de pancada. Isso me levou à necessidade de uma reação. Ou eu saía de lá, ia embora, ou reagia. Nesse ponto meu pai me deu uma força muito grande, com o seu jeitão português de não ceder e não me tirar daquele colégio. Não cedeu e, por outro lado, foi muito firme comigo, muito duro. Era daqueles que diziam: "Homem não chora, homem não se queixa". Ele me levava de manhã para a escola e muitas vezes me trazia de noite, mas outras vezes eu vinha de condução. Quando eu voltava sozinho para casa, pegava um bonde na rua da Glória, ia até a cidade e de lá pegava outro ônibus para vir para a Brigadeiro. Passando na Benjamin Constant, via sempre uma academia de judô. Comecei a me interessar, entrei e fui ver como era aquilo. Descobri que ali tinha tudo quanto era arte de defesa, como judô, caratê, capoeira, exercícios físicos de todos os tipos. Eu disse: "É aqui que eu vou procurar resolver os meus problemas". Comecei ali. E aquilo passou a fazer parte da minha rotina, da minha vida. Eu saía da escola, ia para lá, e o tempo que eu podia ficava lá. O que eu tinha de mesada, de economia, gastava ali. Fiz tudo: capoeira, caratê, judô... O que havia à disposição eu fiz.

De certa forma, vejo que é daí que vem a minha preocupação, hoje, de procurar ajudar as pessoas, de passar consciência, orientar. Tenho bem claros os riscos que eu corri por ter feito aquilo completamente sem orientação. Eu sempre fui muito protegido, sempre digo que a minha maior força é a fé em Deus. A chance de eu me machucar era enorme. E depois, também, havia as consequências. Quando o corpo começa a se desenvolver, você começa a se sentir forte e começa a se ver como um cara que não vai apanhar tanto, e sim começar a bater. Você tem uma reação desproporcional do outro lado. Eu tive essa reação muito forte, que me acompanhou durante muitos anos da minha vida. Mesmo durante a época em que eu fiz a GV, alguns professores talvez lembrem que eu não era exatamente o mais dócil da turma...

O senhor era brigão?
Fui muito briguento, muito, durante muito tempo. Não era nem questão de não levar desaforo. Era questão de ter uma reação muito forte e desproporcional às coisas que aconteciam. Uma das coisas que hoje, com a vida bem equilibrada, graças a Deus, eu procuro passar para as pessoas é a importância do autoconhecimento. Tenho mais de 25 anos de análise e terapia. Fui buscar através do autoconhecimento um caminho para diminuir minhas angústias e meus problemas. Tive muito problema com essa agressividade excessiva, que, na ponta, às vezes te ajuda, porque na competição o objetivo é ganhar. Isso me impulsionou, me ajudou também na minha vida, inclusive no campo dos negócios. Apesar de tudo aquilo que enfrentei na vida, acho que sempre fui um sujeito do bem, felizmente. Sempre fui um sujeito correto, honesto, mas muito agressivo.

O senhor acabou de contar que estudou em uma escola mais de elite, e depois teve uma experiência com gente mais humilde. Na São Paulo dos anos 1950 havia realmente um cruzamento grande de classes sociais, uma grande diversidade, com vários grupos de imigrantes, de nordestinos, chegando. Essa convivência com a diversidade étnica, econômica e social foi importante na sua formação?
Não tenha dúvida do quanto isso foi importante. Eu vivi muito na Várzea do Glicério. Não posso dizer que fui um menino

de rua no estilo de hoje, são coisas diferentes. Mas eu vivia na rua, com todos os hábitos, com todas as coisas da rua. Foi muito importante para mim, para a minha formação, a convivência com essa gente. Eu estava na Liberdade e convivi muito com japoneses. Inclusive, tenho um respeito muito grande por aquelas pessoas. Agora, da mesma forma que eu saí uma pessoa do bem, eu podia ter saído um marginal. Chances? 50/50. Tranquilamente. "Ah, você não poderia, porque nasceu num berço com pais bons, com mãe e pai corretos". Não tem nada a ver. Já tinha droga, tinha tráfico, tinha tudo. É evidente que não com a sofisticação de hoje. Estou falando de mais de 50 anos atrás. Mas tinha tudo. Eu podia ter ido para um lado ou para o outro.

Mas foi muito importante essa convivência para entender que almas boas, pessoas corretas, não precisam ter dinheiro, não precisam ter nome, não precisam ter nada. Você encontra às vezes nas pessoas mais humildes uma bondade, uma grandeza, uma lealdade, que são impressionantes... Eu guardo muitas imagens e muitos exemplos dessa época. Vou dizer mais: tenho imagens marcantes comigo mais até dessa época do que mais para a frente, quando fui conviver com um pessoal de nível social mais alto. Sou uma pessoa que tem um relacionamento muito bom com o pessoal da nossa empresa, gosto muito de falar, de passar em loja, de conversar com o pessoal que a gente chama de "chão de loja". Valorizo muito o brilho nos olhos que eles têm. Você entender um pouco mais essa gente, eu acho que é muito importante, principalmente num país como o nosso, um país desigual, ainda com imensos problemas econômicos e sociais.

Da GV ao Pão de Açúcar

Voltando aos seus estudos. Como prosseguiram? Sabemos que a uma determinada altura o senhor foi aluno da Escola de Administração de Empresas de São Paulo, a Eaesp, da Fundação Getulio Vargas.

Como é que eu fui para a GV? Comecei o ginásio próximo da Várzea do Glicério, na Liberdade, e quando terminou o curso Anglo-Latino fui para um colégio ali do lado que se chamava São Paulo Piratininga. Fiquei um ano nesse colégio, até que consegui sair dali e ir para o Mackenzie, onde terminei o quarto ano do ginásio. Quando fui para o Mackenzie, fui para o paraíso. O Mackenzie já tinha os prédios mais ou menos como são hoje, e havia uma estrutura para esporte completamente diferente. Dentro do esporte de briga, por exemplo, tinha boxe. Eu não precisava fazer apenas a academia. Tinha umas aulinhas de educação física voltadas para o boxe, com um pouquinho de competição. Então, o Mackenzie foi o máximo.

Depois que terminei o ginásio, sempre no Mackenzie, fiz o científico. Aí foi esporte, futebol. Fui apaixonado pelo esporte, fui diretor de esporte da UCN, União Colégio Mackenzie. Lembro que consegui imprimir umas faixinhas para ser eleito diretor do centro, tal era a minha paixão pelo esporte. Eu era bom de bola, jogava no gol. Aí, eu estava terminando o científico e ia fazer economia.

Economia? E administração?

Eu gostava de ler jornal de esportes – naquele tempo eu lia a *Gazeta Esportiva* –, mas lia também o *Estado de S. Paulo*, e gostava muito das questões econômicas dos países. No *Estado*, naquela altura, a primeira página era só de notícias internacionais. As partes nacionais vinham mais para dentro. Eu adorava as notícias de que outros países estavam crescendo, fazendo uma coisa, fazendo outra. Achava que estudar isso era um negócio muito bacana, muito legal.

Todo dia eu saía de casa, subia a Brigadeiro e pegava o bonde na Paulista. O bonde ia pela Paulista, descia a Consolação, e eu entrava no Mackenzie pelo terreno do fundo. Tinha um amigo meu lá do Mackenzie que morava numa travessa na Paulista e muitas vezes pegava esse bonde junto comigo. Um dia ele falou: "Descobri uma escola em que a gente vai estudar empresas". O pai dele era médico, mas tinha uma empresa, era industrial. "Uma escola que forma pessoas para dirigir empresas, dirigir companhias. Vou trabalhar com meu pai. Vai ser legal, vai ser bacana! Vou dirigir a empresa do meu pai!" Fiquei pensando naquilo e um dia saí do Mackenzie e fui à GV procurar saber como era esse negócio. A escola ainda era no prédio da Secretaria do Trabalho, na rua Martins Fontes. Ocupava dois andares inicialmente, e depois passou a ocupar mais um. Conversei com gente que eu já nem lembro bem quem era, na secretaria. Voltei outras vezes, e quanto mais eu ia, mais eu sentia que aquele negócio tinha a ver comigo: era negócio de dirigir. Economia é uma coisa em que você vai dirigir um país. Você começa a entender por que os países se movem para um lado, não se movem para o outro. Mas em vez de dirigir um país, você pode tentar dirigir um negócio mais próximo, dirigir uma empresa. Achei aquilo mais legal, mais bacana, além do que, de economistas, já havia um bom número, mas administradores de empresa, havia muito poucos. Tanto que, quando eu comecei a estudar na GV, e perguntavam o que eu estava fazendo, e eu dizia que era administração, as pessoas não sabiam o que era. E já me passavam para segundo plano: "Esse cara, em vez de ser médico, advogado, engenheiro, economista, vai ser administrador de empresas... Que coisa complicada..." Até o nome, entende? Administrador de empresas: comprido, não é?

Mas, enfim, foi assim que eu me dirigi para a GV. E aí eu fui um apaixonado. Desde o primeiro momento em que começou o curso na GV eu me apaixonei. Eu nunca fui, durante todo o meu tempo de estudante, um aluno muito bom. Fui um aluno médio. Nunca repeti nenhum ano, mas nada de me destacar extraordinariamente. Na GV também não me destaquei excepcionalmente em notas, porém fiz um curso excelente. Estudava quase todas as noites, íamos para a casa de um amigo nosso, o Sílvio Luiz Bresser. Era o irmão do Luiz Carlos Bresser, que naquela altura estava em Michigan fazendo o mestrado para vir ser professor da escola.

O senhor já trabalhava na época da Eaesp.

Trabalhava o dia inteiro, malhava o tempo inteiro, e estudava à noite. Fui aluno da segunda turma da escola, me graduei em dezembro de 1959. Tenho grande orgulho de ter me graduado na Escola de Administração de Empresas de São Paulo. Tenho por essa escola o maior carinho, a maior admiração. Tenho, inclusive, a felicidade de ter um filho que fez a GV, o João Paulo. Fui depois, durante certo tempo, membro do Conselho. Para mim, foi uma decisão tomada na vida realmente fantástica, fazer a GV. Pelo lado profissional foi maravilhoso.

Como foi seu convívio com os colegas dentro da escola? Houve pessoas na Eaesp que foram importantes na sua trajetória?

As pessoas mais importantes na Eaesp ou na minha trajetória empresarial não foram exatamente do corpo discente, mas do corpo docente. Luiz Carlos Bresser, por exemplo, foi meu grande companheiro durante 20 anos, posso dizer que o Pão de Açúcar, como empresa de supermercado, foi feito por mim e por ele. Porque Luiz Carlos começou a trabalhar comigo por volta de 1962, 1963, e ficou direto até 1982, quando foi fazer parte do governo estadual do Montoro. Foi o seu primeiro ingresso na política. Mas, junto com Luiz Carlos, outros professores da escola tiveram participação efetiva aqui no grupo: o professor Gustavo Said Silva, já falecido, foi nosso diretor financeiro durante um determinado período; o professor Antônio Angarita nos auxiliou muito com seus conhecimentos jurídicos; o professor Parente, também, que ainda está lá na escola... Eu, agora, já nem me lembro exatamente de todos. Nós tivemos muito contato com muita gente do corpo docente da Eaesp aqui no Pão de Açúcar.

Sua saída da Eaesp em 1959 coincidiu com sua dedicação ao ramo de supermercados, não foi isso?

É. Eu me formei em dezembro de 1959, e o primeiro supermercado do grupo foi aberto em abril desse ano. Participei da primeira loja que deu origem ao grupo, que foi a doceira, mas ela foi feita por meu pai, em 1948. Já o supermercado foi uma ideia do meu pai que eu desenvolvi. E que, aliás, fez mudar minha trajetória de vida. Como contei, quando estava na GV eu trabalhava no serviço de festas da doceira. Era um trabalho que dava para viver com certo conforto, só que não dava realização. Como eu fui da segunda turma da GV, o que aconteceu? Ainda peguei os professores americanos, da Michigan State University. No chamado programa do Ponto IV, que era o programa de auxílio dos Estados Unidos ao desenvolvimento da educação no Brasil, convivi muito com os professores americanos, e eles passaram a ser meus ídolos.

Foi aí que o senhor foi estudar nos Estados Unidos?

Não cheguei a ir. Estive em Michigan várias vezes depois, mas aquilo que eu pretendia fazer, o mestrado, depois até um PhD – era o meu programa, desenvolvido justamente pelo estímulo dos professores americanos –, não chegou a acontecer. Quando eu estava com tudo pronto, com a *application* pronta, tudo destinado, meu pai teve a ideia de fazer um supermercado. Ele tinha a doceira, comprou o terreno do lado e fez uma construção para instalar um salão para as festas que nós fazíamos. Em cima e embaixo ele não sabia o que fazer, se fazia um cinema, uma loja... Aí surgiu a ideia do supermercado. Ele falou comigo, e eu perguntei: "O que é isso?" Fui ver o que era e pensei: "Puxa, aqui tem uma oportunidade, aqui tem um negócio, e talvez eu possa me realizar nisso". Não fui para Michigan conforme o programado. Vendi meu carrinho, me casei, peguei minha mulher e fui para a Europa e para os Estados Unidos ver o que existia em termos de supermercado. Aí a coisa começou. Depois eu consegui ainda, vamos dizer assim, não perder o gostinho de estudar fora. Consegui estudar fora mais tarde, mas aí já foi em outro programa diferente daquele que eu tinha elaborado. No começo, eu queria ser professor, à imagem dos professores da GV.

Os ensinamentos da Eaesp foram importantes em sua vida profissional? Como o senhor conciliou os ensinamentos que seu pai lhe tinha passado com o conhecimento técnico propriamente dito, para o desempenho na vida empresarial?

Eu guardo coisas de ensinamentos da Eaesp até hoje. Sou uma pessoa muito determinada e muito disciplinada. O meu roteiro de tomada de decisões passa por três palavras: diagnóstico, planejamento e ação. Não tenho certeza, mas tenho a impressão de que isso me veio da Eaesp, de alguma forma. Fiz disso um dos instrumentos da minha vida empresarial. Se eu tenho um problema, um caso para resolver, primeiro é o diagnóstico: vamos entender muito bem sobre o que é que nós estamos falando e sobre o que é que nós vamos decidir. Esse é o primeiro ponto. Entender, saber, buscar, pesquisar, ter todas as informações. Segundo ponto: vamos planejar o que vamos fazer. Terceiro ponto: depois de planejado, vamos para a ação. Mas é claro que não é só isso. As noções todas que eu recebi, enfim, de contabilidade, de marketing, vieram da Eaesp. O método do caso, que naquele tempo era uma coisa absolutamente nova para mim, foi extremamente importante, porque eu comecei a sentir que estava estudando, mas estava analisando coisas pertencentes ao mundo real, e não apenas a um mundo acadêmico, teórico. Então, todos os ensinamentos da Eaesp, para mim, foram muito importantes. Por isso eu tenho muito orgulho de ter cursado essa escola. Tenho por ela o maior carinho. Aliás, estou procurando organizar um curso de liderança, que provavelmente vou fazer na Eaesp. Estou conversando com duas universidades ao mesmo tempo, mas pelo coração, e também pela razão, estou mais inclinado a fazer na GV alguma coisa parecida com os PECs, com os programas de educação continuada da escola. Acho que vai ser muito legal retornar à escola, e agora, não como aluno, mas fazendo parte do corpo docente. Não exatamente dando todas as aulas, mas dando os conhecimentos dessa parte de liderança.

E quanto a seus estudos nos Estados Unidos?

Como contei, eu queria fazer o MBA completo em Michigan, na escola que tinha o *link* com a GV. Mas como a vida fez com que as coisas mudassem, adiei o programa por cinco anos. E o que aconteceu é que só em 1965 consegui realizar parte do meu programa. Fui para os Estados Unidos e fiz um excelente curso de *marketing* na Universidade de Dayton, em Ohio, que me abriu inúmeras perspectivas sobre varejo, me deu uma série de informações que eu não tinha, me deu ideias do que buscar fora do Brasil e até fora dos Estados Unidos, me introduziu ao hipermercado pela primeira vez. Então foi muito, muito importante. E depois fiz um curso de economia. Eu sempre estive muito voltado para a economia, e então fiz um curso compactado sobre economia na Universidade de Columbia, não um MBA completo, mas o que eu pude fazer naquela altura. Mas pelo menos realizei aquela minha ideia, que eu tinha deixado de lado, de estudar nos Estados Unidos, me aprofundar um pouco mais nos meus estudos.

Mais alguém da sua família foi buscar essa formação para aplicar nos negócios?
    Não. O estudioso do nosso ramo sempre fui eu. Na realidade, como já disse, a ideia do supermercado começou com meu pai, mas descobri que ali a gente tinha um negócio importante, alguma coisa real para fazer. E, realmente, aquela perspectiva me encantou. Acho que tem certas coisas em que, claro, eu fui melhorando ao longo da vida; mas já naquele momento a minha ideia foi: vamos conhecer o máximo que se possa sobre esse negócio. Então, abri a primeira loja aqui em abril de 1959, e em 1960 saí para uma viagem – naquela altura, podia-se dizer, quase ao redor do mundo, porque fui para a Europa e para os Estados Unidos – procurando conhecer mais sobre o varejo, visitando lojas, buscando técnicas e muitas coisas que pudessem ser aplicadas no Brasil.

O ramo de supermercados era novo no Brasil naquela época.
    Totalmente novo. Juntando as três redes que existiam, duas aqui em São Paulo e uma no Rio – em São Paulo, eram o Peg Pag e o Sirva-se, e no Rio de Janeiro, o Disco –, juntando tudo isso, daria, talvez, 20 lojas. Isso era o que existia no ano de 1959, quando nós abrimos a nossa primeira loja em São Paulo. E, curiosamente, essas três redes que eu citei, depois, mais para a frente,

foram compradas por nós. Isso faz parte do crescimento, faz parte da vida. O Sirva-se, que tinha duas lojas em São Paulo, nós adquirimos no ano de 1965, logo depois que eu voltei dos Estados Unidos. O Peg Pag nós adquirimos em 1978. E o Disco, que já não era mais Disco, já pertencia ao Paes Mendonça, nós adquirimos em... começo de 1999.

E como foi aplicar esse conhecimento técnico numa empresa familiar? Foi tranquilo? Houve conflitos?

No começo foi tranquilo, porque meu pai era uma pessoa que me apoiava praticamente em tudo, se encantava muito com a minha capacidade de fazer coisas novas, de aprender e, aprendendo, procurar fazer, até se possível, melhor. Meu pai sempre me deu muito apoio. Meus irmãos, que tinham um *gap* de idade razoavelmente grande comigo, só vieram depois. Então, durante um bom tempo, nos anos 1960 e praticamente todos os anos 1970, nós tivemos muita tranquilidade. Pude aplicar todos os conhecimentos da GV mais todos os conhecimentos que eu havia adquirido fora, mais os resultados das minhas pesquisas em vários outros países que não o Brasil, procurando trazer isso para cá. Depois, como acontece com empresas familiares, onde se coloca a empresa a serviço da família, é que vieram as perturbações.

No Conselho Monetário Nacional

Nos anos 1970 também começou um envolvimento maior seu com a política, não foi?

É. Nos anos 1977 e 1978, eu conheci o ministro Mario Henrique Simonsen e acabei me tornando bastante próximo dele. Acabei sendo uma pessoa que, sem ter nenhum cargo, sem nada, passou a colaborar muito com ele em termos de informação e de pesquisa, em termos de busca de algumas coisas que pudessem ser informações do mundo real para o mundo de quem governa, o mundo de Brasília, que tem sempre uma grande dificuldade em saber exatamente o que se passa no mundo real. Tive uma proximidade muito grande com o ministro Mario Simonsen, e aí, no início do governo Figueiredo, em 1979, o Mario Henrique me convidou para fazer parte do Conselho Monetário Nacional. O que foi uma surpresa para muita gente, porque eu naquela altura já tinha algum conhecimento por ser empresário, dono de uma empresa já bastante grande no país, como era o Grupo Pão de Açúcar, mas não era político nem nada. E aí, de repente, fui colocado no Conselho Monetário Nacional. E sempre que me acontece alguma coisa desse tipo na vida, seja no esporte, seja no trabalho, sempre que eu entro em alguma coisa, entro realmente para valer. Eu procuro, de novo, diagnóstico, planejamento e ação. Procuro entender muito daquilo que estou fazendo. Ou, se for em esporte, procuro treinar muito, para fazer bem aquele esporte que estou praticando.

No caso do Conselho Monetário, eu, realmente, me dediquei muito. Montei uma pequena equipe de economia dentro da empresa para me assessorar, mas também para ajudar a empresa em visões macro e em termos de futuro. Contei, inclusive, com professores da GV, que naquela altura eram jovens, e deram a sua contribuição com muita vontade. Foi ali, naquele momento, que eu conheci o professor Nakano, o professor Fernando Dall'Acqua, e junto com o professor Bresser, que já era meu amigo e grande colaborador, nós formamos uma equipe econômica de base; não vou dizer que um segundo governo, um governo paralelo, mas uma equipe econômica realmente de expressão. Fomos juntando mais gente conosco, e essa gente me ajudou muito durante os dez anos em que estive no Conselho Monetário Nacional.

O senhor ficou com a mesma equipe esses dez anos? Ou foi mudando?

Esses que eu citei, o Bresser, o Nakano, o Dall'Acqua, o professor Alkimar Moura, todos esses estiveram sempre juntos durante esse tempo. Mas a gente rodava. Tinha gente que vinha, participava de alguns trabalhos que nós fazíamos, de alguns *papers*, depois se afastava um pouquinho, voltava... Naquela altura, eu conheci muito bem a trinca Belluzzo, Luciano Coutinho, que hoje está no BNDES, e João Manuel Cardoso de Mello. Realmente, foi um tempo diferente. Quer dizer, foi um tempo em que eu me dediquei muito à economia, estudei muito, e tentei fazer o melhor que eu podia como membro do Conselho Monetário Nacional.

Até o convite do ministro Simonsen, não existia envolvimento seu com política? No seu livro, o senhor relata que nos tempos de faculdade tinha alguma simpatia pelo materialismo histórico... Enfim, era um momento propício para isso.

É. Eu sempre tive uma visão considerada um pouco de esquerda. Acho que pela minha formação, pela minha crença em Deus, pela minha fé que eu tenho, sempre fui muito ligado com pessoas que têm uma vida pior, uma vida mais desfavorecida, pessoas mais pobres. E uma das bandeiras pela qual eu sempre lutei foi por uma melhor distribuição de renda. Não gosto dessa ideia de "vamos primeiro fazer o bolo grande, para depois distribuir". Tem pessoas que não aguentam esperar até o bolo ficar grande. Isso me valeu muitas críticas.

Aliás, esses dez anos que passei no Conselho Monetário Nacional, eu considero a minha década perdida, porque a sensação que tive é de que eu não fiz nada, absolutamente nada. Eu talvez tenha cometido um erro, porque fiquei com um pé em cada canoa, um pé no setor privado – porque eu nunca saí do Pão de Açúcar formalmente –, e um pé no governo, porque eu também nunca assumi o governo formalmente. Fui convidado para algumas coisas, para assumir algumas posições, e nunca quis. Fiquei no meio. Talvez esse tenha sido um erro. A sensação que eu tive é que nunca consegui fazer nada. E, pelo contrário, só ganhei inimigos, só fui motivo de inveja, porque tinha proximidade com pessoas do governo. Enfim, a sensação que tive quando isso terminou, no ano de 1989, é que tinha sido realmente a minha década perdida. E, para completar, eu quase perdi a empresa, porque o meu afastamento da companhia e mais todas as divergências de família, todas as brigas de acionistas, que eram na realidade uma família só, levaram à nossa crise em 1990.

Crise e reestruturação

Quando eu voltei inteiramente para dentro da companhia em 1989, nós iniciamos imediatamente, eu com pessoas que estavam comigo e dentro da própria companhia naquele momento, um programa de reestruturação. Enfim, nós íamos rever tudo, porque a companhia estava realmente mal. Só que não deu tempo. Em seguida veio o governo Collor, não só com o sequestro da poupança, mas com todas as arbitrariedades que vieram junto, e veio também uma situação de grande recessão econômica, um ano de 1990 muito difícil. E aí, uma companhia que estava fragilizada, quase desapareceu. Eu nunca culpei nem o governo nem o Plano Collor por isso, porque acho que o grande problema foi a companhia estar fragilizada. Se você está bem, se você está firme, você resiste a qualquer crise. Se as empresas estão mal, não resistem. O nosso caso era o de uma empresa frágil. E nós, naquele momento, quase desaparecemos. Quase desaparecemos. Não deu tempo para implantar aqueles planos de recuperação que eu tinha planejado quando voltei em 1989, e no ano de 1990 nós tivemos a nossa grande crise.

Primeiro, então, eu dei início a um programa de salvação. Primeiro você tem que salvar a empresa. O Pão de Açúcar não era uma companhia insolvente. Naquela altura, em 1990, era uma companhia ilíquida. Ia morrer por falta de caixa, e não porque fosse uma companhia insolvente nos seus ativos, enfim, no seu patrimônio. Mas é assim que as coisas às vezes acontecem. Uma companhia diversificada como era o Pão de Açúcar, naquela altura, se tivesse ido para a concordata, certamente teria ido para a falência. E nós estivemos muito próximos desse passo, porque ficamos praticamente sem caixa, ficamos sem crédito. Foi realmente a crise mais violenta que se pode imaginar. Felizmente, acho que com o meu trabalho, com o trabalho dos meus colaboradores daquela época, e mais, com a ajuda de Deus, porque acho que nada se faz sem Ele, consegui vencer o ano de 1990. E consegui, nos anos de 1991 e 1992, iniciar um processo de reestruturação que possibilitou o Pão de Açúcar ser o que ele é hoje. E aí iniciamos um crescimento. Mas o ano de 1990 foi um ano *negro*. Foi das piores coisas que já me aconteceram na vida. Assim como os anos de 1991 e 1992 foram extremamente difíceis.

Quando a crise começou, nós tínhamos mais de 500 lojas, e reduzimos a companhia para cerca de 212, 213. Eu criei um mote que era *corte, concentre e simplifique*. O Pão de Açúcar naquela altura era uma empresa arrogante, uma empresa autoritária, que achava que sabia de tudo, não precisava aprender nada. Aliás, o Jim Collins no seu último livro descreve muito esse processo de queda das grandes empresas. Ele diz: as empresas caem, definham, não porque negligenciam, não porque se acomodam, mas porque acreditam que são imbatíveis, que podem fazer tudo o que quiserem, que podem crescer mais do que podem, que são mais do que são capazes; e aí caminham para uma série de processos, que aparentemente são modernos e muito bons, mas são coisas caras, de pouco efeito, e os resultados acabam sendo muito ruins. Eu, quando vi essa descrição do Jim Collins, identifiquei muito o Pão de Açúcar daquela época. O Pão de Açúcar pré-1990 e do ano de 1990, quando tudo aconteceu, era uma empresa arrogante, voltada para vários projetos de diversificação, para várias coisas que não o seu *core business*, extremamente complicadas.

Uma das primeiras coisas foi então o *corte, concentre e simplifique*. No *corte*, nós tivemos que cortar lojas. Todas as lojas que naquela altura eram deficitárias nós cortamos; e cortamos com muita rapidez. Inclusive, usando também o *concentre*, cortamos as regiões mais distantes, aquelas que eram mais difíceis de administrar. Veja que estamos falando do ano de 1990, quando a informática era uma coisa completamente diferente do que é hoje. Concentramos muito a companhia, puxamos a companhia para próximo de São Paulo. Ou, então, deixamos em regiões mais longínquas, mas regiões com massa crítica; por exemplo, no Ceará, nós deixamos, porque naquela altura era uma região importante, uma região forte, tínhamos várias lojas lá, e lucrativas. Mas cortamos, concentramos, e partimos para uma extraordinária *simplificação*, inclusive usando a tecnologia de informação disponível naquela altura. Em vez de utilizarmos o computador que tínhamos comprado – que só nós e, sei lá, a Nasa tínhamos naquela altura –, desligamos aquele negócio todo e partimos para uma rede de microcentro, que era mais simples e eficiente. Enfim, com medidas como essas que estou citando, e com muito trabalho, mas, principalmente, com muita rapidez, com muita agilidade, salvamos o Pão de Açúcar. Gosto de falar *nós* porque não fui eu sozinho, teve mais gente, mesmo com participação pequena.

Quem o senhor destacaria?
Eram os colaboradores daquela altura. Hoje, daquele tempo, eu só tenho um aqui, o José Roberto Tambasco, que é um dos nossos vice-presidentes. E que foi aluno da GV também, muito mais novo que eu. José Roberto Tambasco já era uma pessoa importante naquele tempo, dentro da estrutura, e é um colaborador que 19 anos depois está aqui. Os diretores são todos muito mais recentes. Mas uma das coisas que fez com que nós salvássemos a empresa foi a rapidez da ação. Num momento como aquele, e principalmente, como a morte é assinada pelo caixa, pela falta de dinheiro, e não pela insolvência em relação a ativo e passivo, a rapidez foi fundamental. A determinação, a disciplina, a rapidez foram os pontos que fizeram com que nós conseguíssemos sair da morte e continuar vivendo, para depois podermos fazer planos maiores, enfim, para iniciarmos uma reestruturação.

Quando foi esse ponto de virada?
Os dois anos seguintes a 1990 foram muito duros, muito difíceis. Terríveis. O ano de 1991, e o primeiro semestre de 1992. O segundo semestre de 1992 é que eu posso dizer que foi o *turning point*. Voltando um pouquinho para trás. O grupo nasceu aqui neste lugar onde vocês estão, na Brigadeiro Luís Antônio; a doceira nasceu aqui, a primeira loja foi aqui, não importa se um pouquinho mais para lá ou um pouquinho mais para cá, mas foi aqui, neste conjunto. E nós, no ano de 1986, por uma decisão de família, construímos um centro administrativo realmente incrível, aparentemente maravilhoso, na esquina da avenida dos Bandeirantes com a Berrini. Várias empresas estavam se mudan-

do para a Berrini, e nós fomos uma das primeiras. O prédio era muito bonito, mas muito pouco funcional, com muitos espaços perdidos. Tanto que nós mudamos para a Berrini e ainda deixamos a sede da Brigadeiro. Não levamos tudo para lá. Coisa que é um absurdo. Principalmente naquela altura. Nós fomos para lá em agosto de 1986 e retornamos para cá em agosto de 1992. Eu passei na Berrini seis anos.

O que fundamentou cada uma dessas decisões, a ida e a volta?

A ida foi um projeto, vamos dizer, de acionista, um projeto de família, um projeto que eu sempre fui contra. Eu sempre dizia: "A sede não me paga a conta no fim do mês". Eu sempre adorei este lugar em que nós estamos hoje. Hoje nós já temos aqui vários prédios novos e funcionais. Mas naquele tempo, a gente abria um corredor aqui, um outro ali, enfim, e íamos nos adaptando. E sempre de uma maneira muito mais econômica, sem gastar, sem fazer grandes investimentos, mas de uma maneira que funcionava. Porém foi uma decisão de acionistas: "Temos que ir!" – e fomos. O fato é que eu passei lá os seis piores anos da minha vida.

Eu tenho três episódios muito difíceis na minha vida. O primeiro foi, justamente, a briga de família, no final dos anos 1980, comecinho dos anos 1990, que foi o que levou a empresa a quase quebrar. Para mim, foi particularmente duro, muito sofrido. O segundo ponto: a quase quebra do Pão de Açúcar, o quase desaparecimento. E o terceiro, no meio de tudo isso, foi que eu fui sequestrado. Um sequestro bem violento. Os três piores momentos da minha vida, as três maiores dificuldades da minha vida, eu as vivi na Berrini, nesse período entre 1986 e 1992. De quem foi a decisão de voltar para cá? A decisão foi minha. Eu vendi o prédio da Berrini para a Previ, o Fundo de Previdência do Banco do Brasil, e continuei, vamos dizer assim, como locatário lá. Mas era impossível, inviável pagar aquela conta. Aí entramos numa negociação com a Previ, para devolvermos o prédio, para sairmos para cá.

Naquela altura o senhor já era o principal acionista.
Não era o principal acionista. Eu recebi, praticamente, mandato de salvação por parte dos acionistas e por parte da família, e iniciei esse processo de reestruturação. Só que eu comecei a conversa com a família dizendo o seguinte: "Tudo bem, se salvar, acabou. Quando estiver salvo, estiver tudo em ordem, eu saio". Essa foi a minha proposta. Foi o que eu propus, inicialmente, para o meu pai, para os meus irmãos, para a minha família: "Vou sair". No comecinho do ano de 1992, cheguei a alugar um escritório para mim, uma casinha, porque eu ia me mudar para lá e ia tocar a minha vida, de um jeito ou de outro, ia fazer alguma coisa. Só que, perante a realidade, meu pai e meus irmãos não tiveram, vamos dizer assim, a coragem de dizer: "Bom, nós vamos tocar a empresa sozinhos". E aí propuseram o contrário: "Não, você fica e nós saímos". E aí eu trabalhei para a saída deles.

O retorno para cá, que foi no dia 30 de agosto de 1992, já foi decisão minha. Retorno às origens. Aconteça o que acontecer, Berrini fica lá. O prédio foi implodido depois, nem existe mais. Um prédio muito não funcional. *No work*. Não tinha nenhuma viabilidade.

Foi aí que a família saiu?
Foi. Entre os anos de 1992 e 93, eu construí a saída para a família. Foi difícil. Novamente, tive que assumir compromisso, assumir dívida e tal. No mês de janeiro de 1994, eu assinei e assumi o controle.

O pior já tinha passado.
    Nós já estávamos subindo bem a ladeira. Aí quando eu assumi, adquiri o controle, fiz metas de recuperação para a frente. Metas de recuperação de caixa, de capital. O que é que eu pus na minha cabeça? Eles saem, a empresa fica uma pouco fragilizada, e em seguida eu vou procurar abrir o capital, quer dizer, vou buscar outros sócios. Foi o que eu fiz. Em 1995, nós nos tornamos uma empresa pública, aqui e nos Estados Unidos, quer dizer, negócio para valer. O segundo passo era ir buscar um sócio, um *partner* estratégico, que pudesse trazer mais capital, participar, e pudesse, talvez, até agregar alguma coisa em termos de tamanho, de inovação, de tecnologia, enfim. E nós fizemos esse processo. Conversamos com várias empresas globais e, no fim, acabamos nos decidindo por Casino, em 1999.

Podemos fazer mais uma pergunta só? É sobre suas relações com os partidos. O senhor foi eleitor de José Serra, mas no início do governo Lula deu uma declaração à imprensa dizendo que era preciso dar tempo ao tempo. Assumiu uma posição que naquele momento poderia ser lida como favorável ao governo Lula. Enfim, os partidos passam por sua atuação de alguma maneira, o senhor atua politicamente?
    Felizmente, tudo evolui, tudo muda. A maior evolução foi a do Lula. O Lula que eu conheci quando ele emergiu como líder operário era um. O Lula de 2002, quando foi a eleição, era completamente diferente. No dia em que o Lula venceu a eleição, em 2002 – a gente já sabia que ele ia ganhar no segundo turno –, eu redigi um documento, uma declaração, que é até interessante. Eu dizia que tinha sido eleitor do Serra, tinha votado no Serra, por ser amigo dele, por conhecê-lo, por ele ser um cara sério, mas que, naquele momento, estava muito feliz com a eleição do Lula.

E descrevi o porquê: por tudo aquilo que ele vinha fazendo, pelos avanços, pela evolução que ele tinha como homem, enfim.

Nós temos um hábito aqui na companhia, que é a plenária, uma reunião a que vêm umas 400 pessoas mais ou menos toda segunda-feira, às sete e meia da manhã. Isso começou por volta de 1994, 1995, por aí. Nós não tínhamos nem auditório naquele tempo, hoje é que a reunião se realiza aqui no auditório, com 400 pessoas. Antes, era menor. Em 2002, então, no dia seguinte da eleição – a eleição foi no domingo, já se sabia, de noite, quem tinha ganho –, eu li na plenária essa minha declaração. E depois aquilo circulou. O fim foi o seguinte: foi para a imprensa, a Bloomberg traduziu e foi parar em outros países, nos Estados Unidos e tal. Foi impressionante, a quantidade de gente me ligando e me perguntando: "Mas o que é que isso? O que é que se passa? Você está tão confiante assim?" O fato é o seguinte: eu tinha, desde o início, uma perspectiva muito forte de que o governo Lula ia ser muito bom. E eu estou muito feliz com o governo Lula. Você vai perguntar: "Ah, mas não teve mensalão?" Tudo bem. Mas olha o crescimento que o país teve, olha o pragmatismo que o país teve para lidar com toda a situação macroeconômica, olha a distribuição de renda que esse país teve nesses últimos quase oito anos! Daqui a um pouquinho, vai fazer oito anos, termina o governo. Realmente, é uma coisa fantástica.

Então, eu estou muito feliz com o governo Lula. Acho que dei o meu apoio a ele nos piores momentos. Dei declarações, dizendo "olha, precisamos acreditar, precisamos olhar não só as coisas ruins, mas as coisas boas"... Aliás, ele é reconhecido, já fez declaração pública sobre o fato de que eu o apoiei nos momentos mais difíceis. Estou muito satisfeito. Gosto dele. A coisa que eu mais aprecio nele é a sua evolução.

Capacidade de mudar.
Ah! Fantástica! Olha a origem. Olha de onde ele veio. E depois que ele ficou conhecido, quando ele passou a ser líder operário, vê o que ele dizia, vê o que ele pregava e vê o que ele faz hoje. Vê a evolução. "Não, mas ele foi daqui, pulou para cá por conveniência". De jeito nenhum. Ele mesmo disse: "Que bom que eu não fui eleito em 1989". Ele diz isso. E não só para o Abílio ou para poucas pessoas. Ele diz isso em público: "Que bom"... Aí, os palavrões que ele diz em seguida, ele diz quando tem pouca gente. "Que bom que não aconteceu isso para o Brasil, senão o Brasil... O que é que ia ser do Brasil?" Um cara que reconhece isso, que diz que bom que não foi eleito em 1989, foi eleito em 2002, eu acho que a pessoa tem consciência, pelo menos, de qual foi a estrada, como é que andou.

Paulo Cunha

PAULO GUILHERME DE AGUIAR CUNHA nasceu no Rio de Janeiro no dia 1º de março de 1940. Filho de pai militar e mãe professora primária, formou-se em engenharia pela PUC-Rio e no início da década de 1960, aprovado em concurso público, começou a trabalhar na Petrobras. Em 1967, a convite de Pery Igel, ingressou no Grupo Ultra. Trabalhou no projeto da Ultrafértil, colaborou na criação da Petroquímica União, foi o principal formulador da Oxiteno e participou da criação da Ultratec. Em 1981, após ampla reestruturação empresarial, tornou-se presidente do Grupo Ultra. Durante o governo Collor (1990-1992), foi membro do Conselho Monetário Nacional. Em 2006, deixou a presidência executiva do Grupo Ultra, passando a se dedicar exclusivamente à presidência do Conselho de Administração. Além disso, vem desenvolvendo uma série de projetos sociais na área de educação.

Sua entrevista foi concedida a Paulo Fontes e Robert Norman Vivian Cajado Nicol em São Paulo, em 4 de setembro de 2007.

Estudos e influências

Quando e onde o senhor nasceu, o que faziam seus pais, como era a família?
Nasci em 1º de março de 1940, na Tijuca, no Rio de Janeiro. Começando pelos meus avós, eram dois engenheiros. Um era professor da Escola de Engenharia, e o outro era engenheiro ferroviário, trabalhou em estrada de ferro a vida inteira. Meu pai também era engenheiro militar. Minha mãe era professora primária, formada no antigo Instituto de Educação do Rio de Janeiro. Minha mulher também é do Instituto de Educação do Rio de Janeiro, também professora primária. Estudei em colégio de padre e depois me formei em engenharia mecânica na Católica. Foi por aí que começou a vida.

Seu pai então era militar?
Era do Exército, inicialmente da artilharia. Depois se formou engenheiro militar. Meu pai era um bom engenheiro, tinha vocação. Tinha oficina em casa, mexia com coisas. Meu irmão também sabia consertar, construir, era inventivo. Aprendi um pouco isso com meu pai também, de modo que a engenharia foi quase que uma consequência natural dessa influência familiar. Meu irmão, três anos mais moço que eu, também é engenheiro.

O senhor nunca se interessou pela vida militar? Seu pai não o influenciou nesse sentido?
Não. Nunca influenciou e nunca me passou pela cabeça. De colegas de infância, de família, poucos foram para a vida militar. Dois foram para a Aeronáutica porque gostavam de voar. Era mais pelo voo do que pela vida militar propriamente dita. Nunca tive a tentação, nunca passou pela minha cabeça.

Em que colégio o senhor estudou?
Comecei em escola pública, no primário, e depois, no secundário, fui para o Colégio São José. É um bom colégio, tradicional na Tijuca, mantido pelos irmãos maristas. Tinha também professores leigos, médicos, geógrafos, matemáticos, professores profissionais mesmo. Tivemos uma boa formação geral na ocasião. Em 1958, fui também para uma escola não propriamente de padres, mas para uma universidade católica, a PUC. Fiz vestibular para três escolas: para o ITA, para a Nacional de Engenharia, que era a atual Federal do Rio de Janeiro, e para a PUC. Passei para as três e fui dar uma olhada para ver em qual eu iria estudar. O ITA foi descartado, porque envolvia mudança para São José dos Campos. Não era uma coisa que estivesse me atraindo, apesar da qualidade do ensino. A Escola Nacional de Engenharia na ocasião funcionava no Largo de São Francisco, no Rio de Janeiro. Fui assistir a umas aulas ali e achei uma certa bagunça, em comparação com as aulas a que assisti na Católica. A Católica era uma escola com um prédio novo em folha. Já tinha se mudado para a rua Marquês de São Vicente, na Gávea. Achei muito mais arrumada. E a Católica tinha outra facilidade: você convivia com o pessoal de direito, de filosofia, de psicologia, de modo que era um ambiente mais universitário. Isso foi claramente um atrativo para mim. Foi o que fez a diferença com relação à Nacional de Engenharia, e o que me fez escolher ir para lá. E não me arrependo. Acho que foi e continua sendo uma boa escola de engenharia.

O senhor tem recordação de colegas da universidade, mantém algum contato?
Tenho um monte de colegas. A nossa turma mantém até hoje uma relação muito próxima. Este ano está fazendo 50 anos desde que entramos na escola. Todos os anos nos reunimos, e

este ano vai haver uma celebração especial pelos 50 anos. Mantemos um *site* na internet, nos comunicamos semanalmente. É uma coisa bem próxima. Tenho boas amizades feitas na ocasião.

O final dos anos 1950, início dos anos 1960, foi um momento de efervescência da política estudantil. O senhor se envolveu, tinha algum interesse nisso?

Não. Eu tinha algum interesse, mas, para ser muito sincero, não era um interesse muito próximo. Havia certamente uma efervescência, os acontecimentos políticos no Brasil foram muito intensos naquela ocasião. Teve o Juscelino, a eleição do Jânio, a renúncia do Jânio... Quer dizer, foi uma época em que obviamente a coisa era discutida, mas na Católica não havia assim uma presença muito forte, não. Havia uma certa atividade do DCE, mas não havia uma presença forte da UNE, ou de uma organização maior. Portanto, eu não tinha nenhuma atividade. Eu também comecei a trabalhar cedo. Já no fim do segundo, terceiro ano, comecei a trabalhar, de modo que não sobrava muito tempo para um envolvimento maior nessa parte política. E mesmo se tivesse tempo, acho que não era uma coisa que na ocasião me chamasse tanta atenção. É claro que se discutia a questão. Discutia-se não apenas na escola, mas em casa, com os amigos. Era uma época realmente em que a questão política, sobretudo no Rio de Janeiro, era muito presente. Mas não me atraiu para uma ação mais direta, mais próxima. Mesmo na PUC, na ocasião, não havia um movimento entre os meus colegas. Poucos se envolveram de uma maneira mais profunda. Um ou dois tiveram atividade mais intensa. Viemos a saber até um pouco *a posteriori* que eles tinham um engajamento político mais profundo, mais ativo.

O senhor tem recordação dos professores? Algum chamou mais atenção, teve uma importância particular na sua formação?

Um professor que teve muita importância na minha formação foi Alberto Luís Coimbra. Era um professor de Física industrial, que na ocasião se dividia em duas cadeiras. Hoje isso tem denominação diferente, mas eram as cadeiras de Transferência de calor e de Mecânica dos fluidos, que faziam parte da Física industrial. E Alberto Luís Coimbra, que também era professor titular da Escola de Química da Universidade do Rio de Janeiro, foi uma pessoa que me marcou muito, porque era muito diferente dos demais. Os demais professores tinham um método de ensino um pouco mais tradicional, discursivo. Chegavam, davam as aulas, davam as coisas para você ver, mas a matéria era quase que ensinada. O Coimbra funcionava diferente, funcionava como instigador. Enunciava de uma maneira quase casual os tópicos da matéria e depois dava uma quantidade gigantesca de estudos e trabalhos a serem feitos em casa. Era completamente diferente e desproporcional aos outros professores. Inclusive, ganhou um apelido por conta disso: Guloso. Era Guloso, porque se dizia que ele ocupava todo o tempo dos alunos e não deixava nenhum tempo disponível para as demais matérias. Aquilo foi uma coisa que me chamou a atenção. Acabei ficando próximo e virando monitor da cadeira dele. Ele usava os alunos dos últimos dois anos para funcionarem como monitores das turmas subsequentes, e acabei sendo monitor do Coimbra até na própria Escola de Química. Enfim, foi um professor bem diferente dos demais na ocasião.

Tive outro professor muito interessante, que me ensinou uma lição que tem me servido ao longo do tempo até hoje. Chamava-se Ademar Fonseca, professor de Mecânica. O apelido dele era Cachorrão, porque era um sujeito brabo, arestoso, com um vozeirão. Uma ocasião – eu me lembro bem disso até hoje – ele deu uma prova. As provas dele eram consideradas difíceis, exigiam muito estudo. Eu tinha me preparado muito e saí da prova feliz da vida. Foi uma prova longa, de quatro horas, e saí dali com a certeza de que tinha tirado dez. E ele me deu zero. Zero! Foi um susto. Pedi revisão de prova: "Quero ver essa prova com o senhor. Não é possível!" Ele correu a prova toda comigo. "Professor, está aqui a primeira parte. Está tudo certo!" Vi a segunda parte, certo, certo, certo. Estava tudo certo. Na última linha, eu errei na vírgula. Em vez de 8, escrevi 80. "Professor, é uma vírgula! Cinco páginas de prova, tudo certo, e por uma vírgula!" Ele disse assim: "Menino, isso é para você aprender. Um engenheiro não pode fazer um erro de vírgula. Uma ponte não pode ter 8 cm ou 80 cm. Então, você tem que aprender uma coisa: quando você faz um problema desses, mergulha em uma questão complexa, depois, ao terminar, você tem que se afastar e olhar o jeitão da coisa. Pelo jeitão você vai ver se é 8 ou 80. Então, é zero mesmo!" Quer dizer, foi o zero mais valioso, porque me ensinou esta lição: em uma situação complexa, em que você tem várias nuances, de repente, você se afasta, "olha o jeitão da coisa" e fala: "Isso não está certo, ou isso está certo..." Foi uma coisa que ao longo da vida eu exercitei, essa técnica que ele acabou me ensinando. Tem sido muito valiosa, de modo que foi outra lição que ficou marcada.

Além de seu pai e desses dois professores, mais alguém o influenciou nessa primeira fase da vida de modo marcante?

Meu avô materno. Era um engenheiro, como eu disse, que trabalhou a vida inteira com estrada de ferro. Começou trabalhando na Leopoldina com os ingleses, depois trabalhou na Leopoldina nacionalizada, e depois na Estrada de Ferro Central do Brasil. Naquele conjunto todo foi fundador da Controladoria Geral dos Transportes, que fazia a homogeneização dos fretes ferroviários de transbordo de carga entre os diversos modais. Na ocasião foi uma coisa moderna. Ele acabou se tornando sócio de uma empresa de construção ferroviária que fabricava e reformava trens e vagões. Comecei a trabalhar diretamente com ele. No final do segundo ano e no terceiro ano da faculdade, eu saía da escola e ia trabalhar no período da tarde, quando dava. Eu trabalhava nessa oficina e lá aprendi muito com ele. Pouco na parte de engenharia propriamente dita, mais na questão de lidar com gente, de lidar com números, de lidar com situações complexas. Esse avô foi uma pessoa que me influenciou muito, também, nesse aspecto.

DA PETROBRAS AO GRUPO ULTRA

O senhor trabalhou na Petrobras depois que se formou. Como foi isso?

Quando me formei, eu tinha conseguido, através do Coimbra, uma bolsa para fazer um mestrado em engenharia na Universidade de Houston. Estava me preparando para viajar, para continuar a carreira de estudos, porque naquele momento cheguei a cogitar de ser professor, de trabalhar na parte de ensino da engenharia, mas aí fiz um concurso para a Petrobras. Na ocasião a Petrobras fazia um concurso nacional anual, que recrutava 30 engenheiros para a parte de processo e outros 30 para a parte de equipamentos, de engenharia mecânica. Passei para essa parte de equipamentos e fui dar uma olhada nesse programa da Petrobras. O programa era muito interessante, porque dava um curso de formação em engenharia de equipamentos durante um ano. O primeiro ano era um trabalho de continuação da formação, de aperfeiçoamento, como se fosse um curso de especialização. Depois, então, você começava a trabalhar. E a Petrobras naquela ocasião estava em uma fase muito interessante, porque havia quase que uma explosão de oportunidades de trabalho. A Petrobras tinha completado a refinaria de Cubatão um tempo antes, estava terminando a construção da refinaria de Duque de Caxias, começando a fazer a fábrica de borracha e a petroquímica. Havia, assim, um conjunto de oportunidades na área industrial da Petrobras muito interessante, muito desafiante, muito excitante. Além de tudo, o salário era muito bom. Isso foi em 1962, 1963. Eu me lembro que o meu primeiro salário era maior do que o salário do meu pai, que era coronel do Exército. Então eu disse: "Bom, talvez eu possa esperar um pouquinho antes de ir para Houston". A bolsa era muito minguada. "Vou ter outra oportunidade depois."

Fui então para o programa da Petrobras, comecei a fazer esse curso, e no ano seguinte fui convidado para ser o coordenador do curso de formação da turma seguinte de engenheiros. Nessa ocasião, por convite do Coimbra e de um outro professor, eu também dava aula na Escola Nacional de Engenharia, já no Fundão. Dava aula de Caldeira, de Física industrial, Transferência de calor, que era a parte de que eu gostava mais, como assistente do professor titular. E na Petrobras, além de dar aula, eu coordenava o curso dos engenheiros que entraram no ano seguinte. Aí já estávamos em 1964, e houve uma grande reviravolta, porque, com o golpe de 1964, a cúpula inteira da Petrobras foi trocada instantaneamente. Houve uma mudança geral nas chefias. Inclusive, o professor chefe, responsável por essa área de treinamento da Petrobras, foi trocado e, portanto, eu comecei a olhar para outras alternativas na empresa.

Eu tinha sido convidado para trabalhar na fábrica de borracha da Petrobras, que estava começando a implantação de uma central termoelétrica muito grande. Me convidaram para trabalhar na coordenação de operação dessa central, achei uma oportunidade interessante e fui trabalhar nessa fábrica de borracha em Caxias. Fiquei lá até final de 1964, início de 1965, quando fui convidado para trabalhar na coordenação de um projeto de engenharia da fábrica de amônia e de ureia, uma fábrica de fertilizantes que a Petrobras estava fazendo em Camaçari, na Bahia. Saí então de Duque Caxias, daquela operação onde se trabalhava por turno, e fui ser assistente do coordenador do projeto da fábrica de amônia e de ureia da Bahia, no escritório central da Petrobras, na avenida Rio Branco. Viajava para Salvador, mas a sede era no Rio de Janeiro. Aí eu já estava recém-casado.

Trabalhei nesse projeto até começo de 1967, quando fui convidado pelo Pery Igel, que era o acionista principal e presidente do Grupo Ultra. Na ocasião ele estava começando o projeto da Ultrafértil e foi buscar quadros na Petrobras, porque não havia gente em São Paulo. E me convidou para trabalhar.

O senhor conhecia Pery Igel?

Não. Ele chegou a mim pelo seguinte: dois contemporâneos meus de engenharia na Católica, Raul Kelvin de Thuin e Sergio Fonseca, aliás, filho do Cachorrão, trabalhavam com ele na Ultralar. Quando ele começou a se movimentar para se associar à Phillips Petroleum, precisava formar uma equipe dele, que tivesse ideias sobre o desenvolvimento futuro da parte petroquímica. Perguntou e se assessorou com essas duas pessoas para buscar gente e, através de contatos, de conhecimentos, eles foram nos buscar na Petrobras. Eu me lembro que um dia o Kelvin me telefonou e disse: "Paulo, tem uma oportunidade assim, assim. Fulano quer te conhecer, quer conversar, quer montar uma equipe e tal". Achei a história interessante, e além disso a Petrobras estava numa fase difícil. Havia dúvidas a respeito da continuidade do próprio projeto em que eu trabalhava, havia uma questão orçamentária muito importante. Na ocasião, Roberto Campos e Bulhões estavam naquele aperto monetário, havia uma contenção de investimentos em toda a área estatal, e a Petrobras não escapou disso.

Foi nessa ocasião que o Pery me convidou. Eu me lembro disso até hoje. Numa segunda-feira fui fazer uma entrevista com ele na hora do almoço, no escritório que ele tinha na avenida Graça Aranha, no Rio. Ele me descreveu com tal entusiasmo os projetos, que chegava a ser emocionar ao falar sobre o que ia fazer: "Nós estamos fazendo um projeto de fertilizantes que vai revolucionar o Brasil! O Brasil precisa de fertilizantes modernos, de um sistema moderno de fertilização! A agricultura precisa ser desenvolvida, precisa ser modernizada, e fertilizante é uma coisa fundamental. Vamos ter dois problemas: comida e água". Um entusiasmo grande: "E depois tem mais: nós vamos fazer petroquímica também, porque temos esse projeto com a Phillips para fazer uma central em São Paulo! Depois dessa central, entre os sócios já está definido que cada um vai escolher um projeto *downstream*. E aí nós temos que escolher esse projeto!"

O programa era para eu sair quase que instantaneamente da Petrobras. O projeto da Ultrafértil já estava começando, já estava em andamento. A ideia era seguir para os Estados Unidos para fazer a parte da coordenação desse projeto junto às empresas de engenharia e depois voltar, completar a implantação do projeto aqui e começar a implantação da petroquímica em seguida. Ele tinha a ideia de fazer coisas por conta própria: "Não quero ficar dependendo dos americanos!" Aquilo foi uma coisa que realmente me entusiasmou. Tanto que cheguei em casa e disse para a minha mulher: "Olha, aconteceu isso, isso e isso, e eu estou muito inclinado a aceitar. Você topa viajar para os Estados Unidos na sexta-feira?" Ela disse: "Topo". E foi assim que aconteceu. Quando eu contei para o meu pai, ele me desencorajou: "Você está completamente louco! Como é que você vai abandonar uma empresa como a Petrobras por uma aventura? Isso é uma loucura! Você não sabe quem é esse sujeito!"

Pery Igel estava se associando à Phillips Petroleum para criar uma indústria petroquímica. De quem era a Phillips Petroleum?

A Phillips Petroleum era uma empresa americana, uma das grandes, segundo o *ranking*. Era uma firma de Bartlesville, Oklahoma, que na ocasião estava fazendo uma arrancada internacional. Nos Estados Unidos eles eram muito grandes, tinham algumas atividades de distribuição de petróleo pelo mundo afora, mas essa fábrica de fertilizantes aqui no Brasil foi o primeiro grande investimento que eles fizeram fora dos Estados Unidos. E o projeto consistiu em fazer esse complexo aqui em São Paulo, uma fábrica de fertilizantes em Cubatão, uma fábrica integrada que partia da nafta, fazia amônia, depois da amônia fazia ácido nítrico, depois o nitrato de amônia, depois ácido fosfórico, fosfato de amônia. O projeto era abrangente, porque não era apenas um projeto industrial, envolvia a criação e o desenvolvimento de um mercado de fertilizantes concentrados, coisa que não havia no Brasil na ocasião. Eram 14 centros de distribuição, com a formação de agrônomos que seriam treinados nas técnicas de desenvolvimento e de aplicação desses fertilizantes e, depois, iriam fazer a venda desses fertilizantes, o convencimento dos fazendeiros de aplicar esses fertilizantes, coisa que não havia.

O desenvolvimento da agricultura de São Paulo foi em grande parte dependente dessa iniciativa, porque foi isso o que realmente criou uma base. Depois, evidentemente, essa técnica se generalizou. O projeto da Petrobras, de amônia e de ureia, por exemplo, que era o projeto da Bahia em que eu trabalhava, era um projeto industrial. Era fabricar amônia e fabricar ureia, que seriam vendidas para um distribuidor que iria vender isso. Não tinha essa abrangência de desenvolvimento de mercado.

O senhor acha que esse lado visionário, misturado com o elemento nacionalista, foi fundamental para convencê-lo a participar?
Claramente. Naquela ocasião se vivia intensamente na Petrobras a questão nacional. Na área em que eu trabalhava, isso se materializava na questão da competência da engenharia, na capacidade de fazer engenharia nacional, na competência nacional de fazer coisas. Realmente esse micróbio já tinha sido claramente inoculado e absorvido. Quando o Pery chegou com essa visão, ele disse: "Depois disso, nós ainda vamos fazer o projeto da Petroquímica União!" – também em associação com a Phillips Petroleum. Começou assim. Depois a Phillips desistiu, e o projeto ganhou vida autônoma. Entrou a Petrobras, que formou a Petroquisa.

A associação de Pery Igel com o capital externo para fazer a Ultrafértil era uma forma de buscar financiamento, mas ao mesmo tempo de buscar uma expertise?
A associação do Pery veio do seguinte: quando ele viu a oportunidade de fazer esse projeto, ele viu claramente que não tinha nem capital, nem competência, nem tecnologia, nem gente. Então, ele se associou. Para conseguir capital, ele vendeu para a Phillips Petroleum 40% da Ultralar e da Ultragaz.

A Ultralar era uma distribuidora de fogões?
A Ultralar era um filhote da Ultragaz. Para desenvolver o mercado de gás, você tinha que vender o que chamavam de conjunto técnico, que em geral era o fogão, dois botijões e o regula-

dor. Então, a Ultragaz tinha lojinhas onde vendia o fogão e o conjunto técnico. Foi uma época de explosão do consumo de gás no Brasil. Antes do GLP, você tinha, em São Paulo, no Rio de Janeiro e no Rio Grande do Sul, o gás de carvão. Era limitado aos centros das cidades, e o resto era lenha. O Brasil era lenha e alguma coisa de fogareiro de querosene nas áreas mais remotas. O GLP veio revolucionar isso. Foi uma explosão do desenvolvimento do GLP nesse período, fim dos anos 1950 e começo dos 1960. E essa explosão também teve esse desenvolvimento, porque você tinha que criar mercado. Criar mercado era isso, era vender o fogão, convencer a dona de casa, convencer o consumidor de que aquilo era conveniente. Depois que a dona de casa usava pela primeira vez, nunca mais se tirava o fogão de GLP dela.

Essa coisa do desenvolvimento do mercado já estava portanto no *know-how* da Ultragaz. Quando o Pery, junto com a Phillips, concebeu o projeto de desenvolvimento do fertilizante, era um pouco o mesmo conceito: levar uma ideia nova, desenvolver, criar o mercado e abastecer esse mercado. Foi essa a concepção do projeto. E o interessante nesse projeto é que na ocasião havia no Brasil uma conspiração para o crescimento. Quer dizer, aquela explosão de crescimento do final da década de 1960 e da década de 1970, aquilo não foi uma obra do acaso. Aquilo foi uma certa conspiração. O que era essa conspiração? Por exemplo: o projeto original da Phillips com o Pery foi o seguinte. A Ultragaz tinha terminais de importação de GLP. Esses terminais, o que eram? Tanques capazes de armazenar um gás pressurizado, portanto, liquefeito, principalmente em Santos, e também em outros locais do Brasil. A ideia, então, era usar esses terminais para importar amônia liquefeita, que também é um gás, da mesma maneira que o GLP, e que poderia ser armazenada nos mesmo tanques – só precisava de umas pequenas adaptações de materiais

nas válvulas – e depois usar os próprios caminhões que traziam esse gás, de granel, para São Paulo, para vender amônia como fertilizante, fazendo injeção de amônia, que era uma técnica usada na ocasião. O projeto começou assim.
Precisava-se, na ocasião, de autorizações governamentais. O governo inteiro reagiu: "Que história é essa de importar amônia? Não, tem que fazer. Nós aprovamos, mas você tem que fazer uma fábrica de amônia". "Tem que fazer? Está bom. Como é que faz uma fábrica de amônia?" O projeto tomou outra dimensão. A operação comercial de importação virou uma operação industrial. Aí o projeto mudou de configuração.

O governo ajudou a financiar com o BNDES alguma coisa desse tipo?

O BNDES não entrou, mas houve muita ajuda governamental. Por exemplo, esse projeto foi em grande parte financiado pelo IFC, que é um braço de financiamento do Banco Mundial, e pela Usaid, agência para o desenvolvimento. E o governo brasileiro deu aval, deu garantia para os financiamentos. O Brasil não era lá grande coisa em matéria de crédito. Eram financiamentos importantes, era um projeto de US$ 80 milhões, que na época era dinheiro que não acabava mais. Portanto, houve um incentivo, um empurrão do governo para transformar o projeto de importação em um projeto industrial, e aí esse projeto se desenvolveu. E depois disso entrou uma fase em que a Phillips se entusiasmou, achou que o ambiente era bom para o crescimento, achou que o projeto estava sendo bem recebido, e começou a articulação também para construir o projeto da Petroquímica União. Foi quase que simultâneo, com um pouco de defasagem no tempo. E foi para isso que eu fui contratado, eu e mais três engenheiros que vieram da Petrobras junto comigo. Fomos para os Estados Unidos para acompanhar o projeto e depois voltamos para cá, para o desenvolvimento. Foi assim que começou.

Preparando a Ultrafértil, a Petroquímica União e a Oxiteno

O senhor então acompanhou essa arquitetura toda do projeto da Ultrafértil?

Essa arquitetura toda. Na ocasião, eu me lembro muito bem que nós chegamos aos Estados Unidos e começamos a trabalhar. O projeto era distribuído em três localidades geográficas distintas. Havia um escritório em Stanford, Connecticut, de uma empresa chamada Dorr Oliver, especialista em ácido fosfórico e ácido sulfúrico. Fazia o projeto da fábrica de ácido sulfúrico e ácido fosfórico. Depois, havia a Foster Wheeler, em New Jersey, que era a empresa que coordenava o projeto de amônia e fazia a coordenação geral do empreendimento. Em Atlanta havia uma empresa de engenharia chamada D.M. Weatherly, que era a detentora da tecnologia do chamado DAP, do ácido nítrico, do nitrato de amônia e do fosfato de amônia. Era dividido em três escritórios, e havia a necessidade de fazer a coordenação dessa engenharia, a adaptação desse projeto, e trazer um pouco da experiência que nós tínhamos, de execução de projetos no Brasil, coisa que a Phillips não tinha. A Foster Wheeler tinha um pouco, porque trabalhava para a Petrobras, mas as duas outras empresas não tinham experiência nenhuma, e a Phillips também não. De modo que nós devíamos fazer um pouco esse meio de campo.

Quando o Pery me contratou, ele tinha acenado com todo aquele desenvolvimento futuro. Nós íamos fazer isso e isso, mas depois íamos tocar outros projetos mais ambiciosos para a frente.

Na primeira semana lá nós tivemos uma frustração muito grande, porque não era essa a ideia dos americanos. Eu cheguei lá e os americanos diziam assim: "Vocês vêm aqui para dar certo e tal, mas você vai ser o gerente de manutenção da fábrica lá em Cubatão". Eu digo: "Ah, não. Eu não vim para cá para ser gerente de manutenção. Isso eu já fui há muito tempo atrás. Não quero ser mais". Aí liguei para o Pery e disse: "Desculpa, tudo errado. *Sorry*, não deu certo, estou voltando". Ele: "Não, espera aí!" Pegou o avião, foi para lá e acertou. Realmente não era nada daquilo. Tinha havido um mal-entendido. Mas na primeira semana eu pedi demissão...

A partir daí como foi sua trajetória dentro do grupo?

Durante um determinado período eu trabalhei como engenheiro nessa coordenação do projeto da Ultrafértil. Mas, ao mesmo tempo, tinha outra tarefa subsidiária, na configuração do complexo da Petroquímica União, que era uma associação da Ultra, da Phillips, do grupo Soares Sampaio, da Refinaria União, do grupo do Walther Moreira Salles, e também do IFC novamente, braço do Banco Mundial. A ideia era fazer uma central de matérias-primas de que todos esses seriam sócios, e cada um faria um projeto utilizando uma matéria-prima para fazer os produtos petroquímicos complementares.

O IFC também iria se envolver na produção?

Sim, senhor. Foi sócio da Ultrafértil, foi sócio da Petroquímica União e depois foi sócio de outros empreendimentos. Mas então, houve uma distribuição dos diversos projetos, e nós, do grupo Ultra, escolhemos o projeto de óxido de eteno. Fiquei encarregado de conceber e desenvolver o projeto que usaria o eteno produzido pela Petroquímica União para fabricar o óxido de eteno e seus derivados. Essa passou a ser minha responsabilidade:

conceber e desenvolver esse projeto, coisa que eu toquei, que era a minha cachaça principal. Nós montamos de fato esse projeto, e depois eu passei a tocar, a ser o coordenador, gerente, diretor principal da implantação do projeto. Isso foi no fim da década de 1960, em 1969, 1970, por aí. Tive que montar todo o projeto, não apenas a concepção, a escolha das tecnologias, a contratação dessa tecnologia, mas o dimensionamento da fábrica, a montagem do *business plan,* e a montagem da arquitetura financeira e da arquitetura societária.

Por que a Phillips se afastou do projeto da Petroquímica União?
A Phillips se afastou porque passou a ter problemas internos. Passou a ter muitos problemas lá nos Estados Unidos, na matriz. Então, ela achou que estava *overextended,* que tinha compromissos em demasia no Brasil. Desistiu do projeto da Petroquímica União e aí ficou um vazio, porque não havia entre os sócios uma experiência industrial, um conhecimento que pudesse ligar, cimentar essas partes todas para montar um projeto do porte da Petroquímica União. Era um projeto um pouco pioneiro na ocasião, não só pelo tamanho, mas pela própria configuração. Nessa ocasião foi que a Petrobras entrou no projeto.

A Petrobras comprou a parte da Phillips?
Ela não chegou a comprar. Ela entrou no lugar da Phillips para subscrever o capital. Tinha havido pouco dispêndio nessa ocasião. Tinham sido feitos só estudos originais. A Phillips não chegou a investir pesado. A Petrobras não podia se associar diretamente, porque a lei do monopólio não permitia. Foi quando se criou a subsidiária da Petrobras, a Petroquisa, exatamente para viabilizar a associação da Petrobras nesse projeto. A Petrobras se associou não apenas na central de matérias-primas, na Petroquí-

mica União, mas nos diversos projetos de *downstream*. Na Poliolefinas, por exemplo, na fábrica de polipropileno, na Oxiteno. A Petroquisa se associou em todos esses projetos minoritariamente, o que trouxe a experiência industrial da Petrobras para esses empreendimentos. Foi uma coisa fundamental.

A Petrobras então contribuiu com mão de obra?
Muito, muito. Eu posso exemplificar isso especificamente no projeto da Oxiteno. Na montagem desse projeto, acabou a configuração inicial. Os sócios éramos nós – os líderes, enfim, que tínhamos concebido o projeto –, os Monteiro Aranha, que já eram nossos sócios na Petroquímica União, na central de matérias-primas, a Petroquisa, inicialmente, e depois entrou o grupo Ralph Rosenberg. E depois nós fomos buscar o IFC, para fazer o complemento financeiro do projeto. Com isso o IFC também adquiriu participação acionária. Esse projeto, então, foi concebido. A tecnologia escolhida foi a da Scientific Design, que era um grupo americano especializado na área de óxido de eteno. Era um grupo muito *sui generis*. Eles tinham um grupo de engenharia, mas que detinha o *know-how* de muitos processos de petroquímica. Então, eu na ocasião negociei que eles, em vez de receberem pagamento em dinheiro pelo *know-how*, recebessem *royalties*, pela tecnologia, recebessem ações. Eles entraram como sócios também no empreendimento. O IFC, além de financiar parcialmente o projeto, também subscreveu ações. O resto do financiamento eu fui buscar na França. A França financiou não apenas a central, o próprio projeto da Petroquímica União, como financiou a Oxiteno, que era o nosso projeto. Eram financiamentos do tipo *export credit*. A Coface, que era o órgão de coordenação financeira do governo francês, é que fazia essa montagem,

essa arquitetura. Conseguimos financiar isso em condições muito favoráveis. Muito mesmo.

Um pouco por causa do ambiente internacional do período?

É. Um pouco por causa do ambiente internacional do período e um pouco porque na ocasião havia um interesse muito grande da França em desenvolver seus mecanismos de exportação industrial, notadamente na direção da América Latina. Portanto, foi um momento favorável, adequado. Exigia-se que a compra dos equipamentos importados fosse basicamente feita na França. Havia uma parcela de financiamento para a compra local, e o complemento foi financiado pelo capital próprio, pela parte de subscrição de capital, e pelo dinheiro do IFC, que foi usado para gastos de moeda local.

Os franceses, além do financiamento, entravam com alguma participação de engenharia, de técnicos?

Não. Houve um pedaço da engenharia, do detalhamento, que foi feito na França. Mas isso era a subsidiária da Scientific Design na França, que foi contratada. Em vez de se partir do escritório central dos Estados Unidos, se fez a partir da subsidiária francesa, para poder ser financiada em francos franceses. E também pela conveniência, já que parte dos equipamentos tinha sido comprada naquela região. A engenharia a ser feita por lá também tinha essa vantagem. Então, esse projeto foi montado, foi estruturado, e basicamente eu fui o líder desde a origem. Foi um projeto de muito sucesso, a Oxiteno.

Perdoe a ignorância, mas para que serve o óxido de eteno?

O óxido de eteno é uma matéria-prima, o chamado *building block*, uma molécula que não tem uma finalidade direta de uso para o consumo final, mas é a precursora fundamental da fabricação, por exemplo, do etileno glicol. O óxido de eteno reage com água, e você faz etileno glicol, que é um álcool, matéria-prima básica para fazer poliéster, usado para fazer garrafas de PET, principalmente. Depois você tem o dietileno glicol, que é um polímero do etileno glicol, que serve para fazer essas resinas de fibras de vidro, serve para intermediários de fluidos de freios, fluidos hidráulicos. Existem os polietilenos glicóis, que têm utilizações várias, desde supositórios até cosméticos e lubrificantes. Depois, o óxido de eteno, reagindo com amônia, faz etanolamina. Etanolamina é precursor de detergentes, de defensivos agrícolas, de produtos industriais de toda sorte. Depois, o óxido de eteno, reagindo com álcoois, com o etanol, com o butanol, faz os éteres do etileno glicol, os éteres do butanol, éteres butílicos, butilenoglicol, que são basicamente solventes industriais. Depois, o óxido de eteno, reagindo com outros álcoois, faz produtos tensoativos. São produtos que têm uma miríade de aplicações, novamente para detergentes, cosméticos, fluidos de freios. São produtos que no fundo modificam a tensão superficial dos líquidos. São antiespumantes, espumantes com uma aplicação industrial muito variada.

Então, o projeto era fazer o óxido de eteno e esses variados todos. Tinham que ser feitos simultaneamente, porque, senão, você fazia a fábrica de óxido de eteno e não tinha para quem vender. O óxido de eteno tinha assustado os outros grupos, porque é uma molécula considerada muito perigosa. A rigor, você reage o eteno com o oxigênio puro em cima de um catalisador, e isso faz o óxido de eteno. Se você errar 1% para cima ou para baixo na mistura, explode tudo. Nós nunca tivemos problemas e nem vamos ter. Já fizemos milhões de toneladas de óxido de eteno. Mas isso evidentemente envolve uma técnica sofisticada, não apenas de construção, de equipamentos, mas sobretudo um *software* sofisticado no treinamento das pessoas. Você tem que montar um sistema de compromisso com a segurança que vem desde o início.

As operações da Oxiteno começaram quando?
A primeira fábrica começou a funcionar em 1974, por aí. O projeto começou em 1970.

Foi um momento, também, em que o país estava em uma fase de crescimento muito grande, o chamado "milagre econômico". A Oxiteno foi então um projeto típico dessa fase do desenvolvimento brasileiro.
Exatamente. Havia aquela excitação no Brasil, o país estava crescendo, com a certeza de que ia dar certo. As coisas iam se fazendo, e era uma correria infernal. Essa era uma atitude que permeava o Brasil inteiro. É uma coisa em que, aliás, eu tenho insistido muito recentemente, porque, quando se fala no Brasil em crescer de novo a taxas elevadas, eu vejo que as pessoas não têm mais ideia do que é isso, do que é essa excitação, esse espírito animal. É realmente um espírito animal que contagia todo mundo. As pessoas saem na correria para fazer as coisas, para fazer bem feito. Cada vez mais. A gente vê que, quando isso desapareceu do Brasil, se perdeu esse hábito. Hoje se cresceu um pouquinho, e se começa a bater com a cabeça, começa a faltar tudo. Não tem pista de avião, não tem porto, não tem estrada, não tem energia elétrica. Não se tem ideia do que é crescer a 5%, 10% ao ano. Que foi o que ocorreu por quase uma década.

Então, esse projeto complexo foi a nossa entrada no grupo, na parte petroquímica propriamente dita. Fiquei concentrado nisso durante muito tempo e depois colaborando um pouco no resto das questões, porque nem tudo deu certo. O projeto, por exemplo, da Ultrafértil, olhado de uma maneira sistêmica, foi um projeto fundamental – está aí até hoje, funciona até hoje – e teve um papel extraordinário na modernização da agricultura brasileira, com técnicas de produtividade, aumento de produtividade. Mas o projeto empresarial sofreu problemas extraordinários, porque custou muito mais caro do que imaginávamos. As companhias envolvidas no projeto se endividaram, e isso acabou tendo uma série de outros desdobramentos. A Phillips acabou saindo, a Petrobras acabou assumindo inteiramente esse projeto, e mais adiante ele foi privatizado novamente. Houve uma porção de desdobramentos do lado empresarial. A própria Petroquímica União teve uma série de problemas do ponto de vista empresarial. Houve um aumento de investimentos, sobreinvestimentos. Era razoável que isso acontecesse, porque a experiência daquele conjunto de pessoas era pouca, e eram projetos complexos. Era a primeira vez que se fazia uma coisa dessa natureza no Brasil. Houve problemas de financiamento que acabaram endividando muita gente. Muita gente mudou de ideia no meio do caminho. Por exemplo, o grupo Moreira Salles desistiu, saiu fora. Outros saíram fora, a Phillips mudou de ideia, foi embora do Brasil, a Petrobras assumiu.

Rosenberg continuou?
  Continuou conosco durante um período. Esse projeto da Oxiteno foi um projeto que, de certa maneira, como ele teve uma defasagem de um ano na sua implementação em relação aos demais, à própria Ultrafértil, à própria Petroquímica União, se beneficiou dessa experiência. Eu, por exemplo, estava muito atento a essa questão dos sobrecustos de investimento. Já não podia custar mais caro do que o que estava no orçamento, porque o dinheiro era contado. Se custasse mais caro, o negócio ia ter consequências graves para nós. Então, esse projeto foi conduzido com tecnolo-

gia adequada, porque houve cuidados. Nós fizemos o projeto em várias etapas. Na primeira etapa, fizemos um detalhamento, antes de fazer o orçamento. Orçamos praticamente peça por peça dos equipamentos. Não foi uma estimativa genérica, como se fazia nos outros projetos. Eu fiz o detalhamento e orcei praticamente parafuso por parafuso, pedindo o preço para os fornecedores, para não ter surpresas. E depois, como a Petroquisa era nossa sócia, e eu conhecia as pessoas da Petrobras, pude montar a minha equipe com o que tinha de melhor na Petrobras. Foi uma equipe de primeiríssima categoria. O fato é que o projeto funcionou, foi concluído abaixo do orçamento, no tempo correto. A fábrica entrou em funcionamento impecavelmente, coisa em que houve problema tanto na Ultrafértil quanto na União: problemas de atraso na entrada em funcionamento, de funcionamento de equipamento, enfim, problemas operacionais. O nosso entrou no relógio, valor que foi estabelecido, incorporado, e funcionou em todos os projetos subsequentes. Portanto, foi um projeto de muito sucesso.

Posteriormente, o projeto Oxiteno teve vários desdobramentos. O primeiro deles foi que, logo em seguida, em 1978, nós já estávamos inaugurando a primeira expansão na Bahia, onde está o complexo do Camaçari.

A PETROQUÍMICA E O GOVERNO

Essa ida para a Bahia fez parte do projeto do governo Geisel, do II PND, alguma coisa assim?

Quando se terminou o projeto da Oxiteno em São Paulo, a Petroquisa já tinha ganhado corpo e já tinha uma visão um pouco mais autônoma do desenvolvimento da petroquímica no

Brasil. Na ocasião era Petroquisa/governo/BNDES/CDI, era um conjunto da tecnocracia governamental, que já tinha uma visão de indução do crescimento e do desenvolvimento. O Brasil estava crescendo e precisava ampliar.

A petroquímica virou um pouco a menina dos olhos do governo nesse período, não?

Virou por quê? Porque, primeiro, a petroquímica era uma coisa grande, uma coisa sofisticada. Era uma coisa que envolvia uma quantidade de serviços gigantescos, de engenharia de detalhamento, de fornecimento de equipamentos, de materiais, especificação de qualidade, qualificação de fornecedores. A indústria de bens de capital também era muito empurrada para frente pela petroquímica, tinha um impacto muito grande. Havia um certo planejamento na ocasião, e esse planejamento se envolvia na expansão da petroquímica na próxima etapa. O governo entrava fortemente e dizia o seguinte: "Não vamos expandir São Paulo". Aí entrou o gás: "É preciso expandir a Bahia. Vocês vão fazer na Bahia". Nós: "Por quê?" Resposta: "Porque é preciso desenvolver um pouco o Nordeste, porque lá tem matéria-prima, porque lá tem infraestrutura". Enfim, havia uma visão de Estado aí, empurrando esse desenvolvimento na direção do Nordeste. Concebeu-se, então, o Polo de Camaçari, que era um polo coordenado inicialmente pela Petroquisa, a central de matérias-primas, mas já com a visão de que as empresas todas iam ter controle nacional.

Havia um diálogo entre a tecnocracia e os grupos empresariais? Vocês eram chamados a Brasília?

Diálogo permanente. Mas não era em Brasília que isso se dava. O *locus* era o Rio de Janeiro. A articulação era do CDI, Conselho de Desenvolvimento Industrial, que era um órgão coordenado pelo Ministério de Indústria e Comércio, mas que tinha participação do BNDES, da Cacex do Banco do Brasil, de todos os órgãos do governo que de alguma maneira teriam alguma relação.

A Finep participava?

Não. A Finep funcionava quase como uma subsidiária do BNDES. Ela não participava diretamente. Teve participação em determinados aspectos na área de engenharia. Aí ela teve uma participação mais importante. Mas havia uma articulação de pessoas. O projeto era concebido a muitas mãos.

E quando havia discordâncias?

Quando havia discordância, o governo arbitrava. Isso desde a origem. Quando nós apresentamos o projeto para fazer o projeto da Oxiteno em São Paulo, ele tinha que ser aprovado pelo CDI. Você não podia simplesmente sair para a primeira fase. Você tinha que ter a aprovação do CDI. Por que você tinha que ter aprovação? Primeiro, porque era assim na petroquímica. A matéria-prima de petróleo toda ela tinha que ter a destinação aprovada, tinha que ser autorizada pelo Conselho Nacional do Petróleo e pelo CDI. Depois, se você não tivesse a aprovação do CDI, você não tinha licença de importação para os equipamentos, não tinha financiamento do BNDES, não tinha isenção de impostos de importação, enfim, os benefícios da ocasião. Então, tudo era articulado.

O controle do Estado era muito forte.

A presença do Estado era muito forte. Por exemplo: nós apresentamos o projeto para fazer o óxido de eteno, e a Shell apresentou um projeto concorrente. Aí estabeleceu-se uma disputa.

No CDI nós ganhamos de 11 a 1. Fui sabatinado. Eu tinha 29 anos. "Como é que um menino de 29 anos vai fazer esse produto explosivo, que poucos países fazem? Como é que vocês vão fazer esse negócio, se vocês não têm experiência? A Shell é a maior produtora mundial de óxido de eteno". E você tinha que convencê-los de uma maneira objetiva. Não era blá-blá-blá, não era *lobby* de influência. Realmente era uma coisa que você tinha que fundamentar. Tinha que demonstrar que a sua tecnologia era adequada, que, apesar da idade, você tinha experiência, que o grupo de engenheiros que nós tínhamos montado era um grupo com competência. Convencemos o CDI, mas no CNP nós perdemos. O CNP disse que o projeto da Shell era melhor, que nós não tínhamos experiência. Empatou no plenário, e o presidente do Conselho, que era o general Araken, que depois veio a ser presidente da Petrobras, desempatou em favor da Shell. O CNP tinha um representante das Forças Armadas, um representante do Exército, um representante da Marinha... Fui ao representante do Exército, que era o coronel Carlos Evaristo da Costa, e disse a ele: "Eu estou inconformado com essa decisão do CNP, porque se criou um impasse. O CDI nos deu de 11 a 1 e o CNP, com o voto de minerva do presidente, nos preteriu. É uma coisa inconcebível!" A Shell tinha uma grande influência no CNP, na parte de distribuição de petróleo, já tinha muito mais conhecimento com as pessoas. Sei que eu convenci o coronel, e ele disse assim: "Então, vou lhe levar para conversar com o general Muricy, que é o chefe do Estado-Maior do Exército".

Fui, num sábado de manhã, com a integral do projeto debaixo do braço e passei a manhã inteira mostrando para o general. Ele disse assim: "Bom, então o Exército vai vetar a decisão do Conselho Nacional do Petróleo, com recurso ao presidente da República". Os representantes das Forças Armadas tinham direito de vetar, alegando segurança nacional. O general vetou, foi ao presidente da República, foi ao Médici, e o Médici, instruído pelos generais, acabou mudando a legislação, tirando o CNP da aprovação do projeto e deixando o CDI. Aprovou o nosso projeto. No meio do caminho houve uma tentativa até de composição no CDI, onde me colocaram junto ao presidente da Shell, perguntando se nós não podíamos nos associar de alguma maneira. O presidente da Shell disse assim: "Não me associo de maneira nenhuma, porque isso vai tornar o projeto mais caro... Esse pessoal não sabe nada". Foi a perdição dele. Era um pouco assim que as coisas funcionavam. Tinha a questão da engenharia, tinha a questão da administração e tinha a questão política.

Depois, quando foi a questão da definição do polo da Bahia, por exemplo, a única empresa de São Paulo presente, que foi fazer a mesma coisa na Bahia, foi a Oxiteno. As outras não tiveram os seus projetos aprovados. O projeto aprovado foi o de outros grupos empresariais para fazer polietileno, polipropileno, PVC... Isso era parte de uma certa política de governo. Mas nós conseguíamos convencê-los de que o caso da Oxiteno era diferente. A Oxiteno sempre teve, desde o início, essa coisa nacional. Todos os outros empreendimentos tinham componentes estrangeiros. A Oxiteno tinha um componente estrangeiro neutro, que era o IFC, era o Banco Mundial, o fornecedor da tecnologia, que também era neutro, não era uma multinacional perigosíssima. O resto era todo nacional. Isso tinha uma influência, claramente.

E quando chega o governo Geisel, que investe ainda mais nesse setor...

Quando chega o Geisel, isso tudo, de certa maneira, já estava consolidado. O Geisel era o presidente da Petrobras, não se esqueça disso. Então, concepção, articulação, conhecimento, ele já tinha, do processo todo do setor, da origem, da história toda. Quando ele chega à presidência, a Bahia já estava consolidada. Ele definiu o polo do Rio Grande do Sul. Mas aí já é outra história.

A crise do petróleo não afetou o desenvolvimento da petroquímica?
Não, a crise do petróleo não chegou a ter impacto forte no desenvolvimento da petroquímica.

Nem a segunda crise, em 1979?
Também não. Porque o projeto já estava em andamento. Quando entrou em funcionamento, o Brasil continuava a crescer, já havia demanda por aquela produção. Para você ter uma ideia, a nossa fábrica aqui de São Paulo, que foi inaugurada em 1973, era uma unidade nominal de 25 mil toneladas de óxido de eteno. A unidade da Bahia era uma unidade de 105 mil toneladas. Então, você vê como crescia. Quando o produto se tornava disponível no mercado nacional, a própria disponibilidade gerava utilização, gerava necessidades que não eram antevistas originalmente, simplesmente porque você fazia a série de importação e projetava o crescimento.

Na segunda metade dos anos 1970, quantos operários trabalhavam na Oxiteno?
Inicialmente, em São Paulo, eram talvez 300 funcionários. A formação de mão de obra era um processo complexo. Quando nós fizemos a fábrica em São Paulo, você não tinha operadores, técnicos disponíveis para o setor. Você não podia, por exemplo, recrutar gente da Petrobras, porque a Petrobras já era sócia. Então, fazia parte do projeto a formação de pessoal. Montavam-se programas muito intensos de formação de pessoal. Você pegava normalmente rapazes formados em escolas técnicas, Senai, e fa-

zia cursos de formação em que você levava dois anos para formar um operador. Quando tinha sorte, você conseguia recrutar um ou dois operadores mais experientes, trazia um da Rhodia, um da Solvay, conseguia roubar um da Union Carbide com um pouco mais de experiência. Mas, na realidade, era gente nova, gente que começava do zero. A fábrica começou a operar com esse pessoal, engenheiros trabalhando em turnos. Era a mesma coisa que acontecia na Petrobras. Quando se deu partida na fábrica de borracha da Petrobras, por exemplo, os engenheiros trabalhavam em turnos. Eu trabalhava em turno operando máquina, treinando os operadores, o pessoal de nível médio que depois tomou conta e passou a tocar as fábricas para frente. Havia, simultaneamente à construção das fábricas, à montagem empresarial, à montagem comercial, um esforço muito grande de formação do pessoal.

A questão da mão de obra devia ser um problema para todo o setor, não?

Era um problema. Muitos desses projetos eram projetos coletivos. Faziam-se cursos genéricos de formação de operadores, de analistas de laboratório, de técnicos de manutenção, e depois cada um treinava o pessoal especificamente para as suas unidades de processo.

No governo Geisel, ocorreram dois fatos importantes. Um foi que o país começou a se redemocratizar, e dois, houve uma crise econômica na virada dos anos 1970 para os anos 1980. Como esses dois grandes acontecimentos afetaram o setor petroquímico?

É preciso dizer que durante esse período, no Grupo Ultra, nós tínhamos outros empreendimentos químicos e petroquímicos além da Oxiteno. Nós fizemos uma fábrica de melanina na Bahia, fizemos uma fábrica de cloreto de amônia em Cubatão, uma fábrica de carboximetilcelulose no Rio de Janeiro – são produtos químicos, palavrões horrorosos, mas muitos são usados para finalidades nobres, até em medicamentos. Tínhamos desenvolvido também uma empresa de engenharia e montagem industrial, a Ultratec, que foi uma empresa grande do grupo. Tínhamos essa coisa toda que ia dar certo e, de repente, o Brasil mudou. O Brasil começou a mudar primeiro com a crise de recessão, de diminuição da taxa de crescimento, uma crise financeira, de inflação, muito elevada. Dívida, dificuldades até de financiamento e refinanciamento. E tudo isso trouxe implicações de reposicionamento de uma série de empreendimentos.

No caso particular do grupo, nós tivemos que fazer uma reestruturação. E, simultaneamente, começaram a acontecer problemas com os nossos sócios. Inicialmente, a Scientific Design, que era sócia do empreendimento, resolveu, uma vez funcionando o projeto, sair fora. Nós compramos a participação deles e aumentamos a nossa. Mais adiante, o IFC, que também fazia parte da natureza do investimento, resolveu vender a sua participação. Também foi comprada por nós uma parte, e aproveitamos a ocasião para abrir o capital da Oxiteno e vender um pedaço da participação da IFC no mercado. Posteriormente, o grupo do Sr. Ralph Rosenberg entrou numa crise financeira muito séria depois da morte dele. A filha assumiu, e um ano depois a empresa quebrou. Entrou em concordata e depois em falência. Nós adquirimos a parte dela de uma maneira que até não foi muito direta, negociada. Na realidade, ela havia dado as suas ações em garantia de empréstimo para o grupo Vicunha. O grupo Vicunha cobrou o empréstimo, executou a dívida, tomou as ações que tinham sido dadas em garantia, e nós compramos essas ações do grupo Vicunha. Nessa ocasião, portanto, nós assumimos também um risco, porque, para comprar ações de um processo de falência no Brasil, a segurança jurídica nunca é total. Nós estávamos muito seguros do que estávamos fazendo, mas outros sócios não estavam. Portanto, nem a Petroquisa, nem o Monteiro Aranha participaram. O Grupo Ultra acabou assumindo o controle da Oxiteno. Posteriormente, nós também juntamos, fundimos, deixamos de operar uma série dessas operações petroquímicas, mas tínhamos uma atividade complementar à Oxiteno, que era a linha de tensoativos. Nós éramos sócios da ICI. A ICI também foi embora e nós compramos a ICI. Muitas multinacionais foram embora do Brasil nessa ocasião.

Quando foi isso?

Começo dos anos 1980. Quando começou a recessão, o Brasil começou a crescer menos e muitos se desinteressaram. Saíram a ICI, os japoneses, que tinham participação intensa no polo petroquímico da Bahia, a National Destillers aqui de São Paulo. Quer dizer, várias multinacionais deixaram o Brasil, se retraíram desses investimentos, e suas participações tiveram destinos variados. O que estava em torno de nós, nós compramos, depois fundimos a operação dentro da própria Oxiteno, consolidamos. Mais adiante, no processo de privatização, compramos também a participação da Petroquisa, mas isso já na década de 1990. Foi um período de ajuste muito forte. Tivemos que apertar o cinto de toda forma, tivemos de nos desfazer de uma série de operações. Inclusive, eu me desfiz de uma operação que me era muito cara, a Ultratec, que chegou a faturar US$ 200 milhões. Nós fazíamos coisas belíssimas do ponto de vista da engenharia, fomos os primeiros a utilizar o sistema CAD em larga escala para detalhamento de projetos de engenharia industrial. Fizemos projetos inovadores de plataformas de petróleo para a Petrobras, fizemos montagem de muitas plataformas em alto-mar, operações delicadíssimas, belíssimas, do ponto de vista da engenharia. Era uma atividade que eu curtia, pela qual tinha um afeto, um envolvimento emocional muito grande, mas acabamos vendendo. A engenharia executiva brasileira durante esse período praticamente sumiu, ou foi reduzida a uma fração do que era.

A Odebrecht, por exemplo, também foi afetada?
A Odebrecht é diferente. A Odebrecht é de construção pesada, e teve problemas sérios também. A Odebrecht, em grande parte, também foi para o exterior nesse período, porque secou aqui. A Mendes Júnior foi para o Iraque, a Odebrecht também foi para o exterior. Todas elas. A Camargo Corrêa foi para a Venezuela e se deu mal. Houve vários problemas. A Mendes Júnior no Iraque foi um desastre. Mas, enfim, a engenharia nacional sofreu muito. Houve adaptações variadas. No nosso caso, nós resolvemos concentrar nossa atuação na parte industrial. Acabou sendo bom, porque tudo que aconteceu depois exigiu cada vez mais foco. No mundo inteiro as empresas foram empurradas na direção do foco, da especialização, da concentração em produtividade em condições operacionais mais eficazes. Portanto, uma diversificação muito grande, como nós tínhamos, deixou de ser funcional. Foi um período em que nós fizemos uma reestruturação muito grande dentro do grupo, uma reestruturação financeira, administrativa e até do foco estratégico da nossa operação.

Carreira pessoal

Do ponto de vista da sua carreira: o senhor estava dizendo que foi o líder da montagem da Oxiteno. Como se desenvolveu sua carreira dentro do grupo?
Bom, aí, nessa ocasião, já era presidente do grupo o Hélio Beltrão. Que foi ministro antes e depois: primeiro ele foi ministro

do Planejamento do Costa e Silva, e no Figueiredo ele foi da Desburocratização e depois da Previdência. Entre essas duas fases ele veio para o grupo.

Isso mostra a necessidade de uma certa relação com a estrutura governamental?
    Não. O Hélio tem uma história diferente. O pai do Hélio, Sr. Heitor, foi um dos fundadores da Ultragaz. Então, tinha uma relação antiga, que tinha sido cultivada. Hélio se desenvolveu, teve uma carreira pública sempre de muito sucesso. Começou na parte dos institutos de pensão do Estado, Iapi, Iptec, que foi onde ele se formou. Depois ele foi secretário de Planejamento do governo do Carlos Lacerda no Rio de Janeiro e depois disso, no governo Costa e Silva, foi ministro do Planejamento, quando o Delfim era ministro da Fazenda. Depois que ele deixou o Planejamento, voltou e passou a trabalhar no grupo Ultra e na Mesbla. Depois ele deixou a Mesbla, se concentrou no grupo e ficou presidente do grupo Ultra. Comandou o processo dessa readequação financeira e administrativa, quando nós consolidamos o grupo como uma coisa mais funcional em termos de planejamento e estrutura. Eu, nessa ocasião, virei vice-presidente executivo do grupo.

E Pery Igel?
    Pery era o presidente do conselho e acionista controlador. Tinha 75% das ações da *holding*, e a irmã dele tinha 25%. Ele, então, comandou esse processo. Na ocasião em que ele contratou o Hélio e me convidou para ser vice-presidente, combinou comigo e com o Hélio um esquema de participação acionária. Então, nós viramos sócios da empresa. Ele tinha uma visão de perpetuação, de continuidade. Não via na família dele ninguém com capacidade de liderança, ninguém que estivesse em condição de

dar continuidade – essa foi uma coisa que sempre o preocupou muito. Então, ele combinou com o Hélio e comigo uma participação acionária para, de certa maneira, nos interessar em dar sequência. Um contrato até muito inovador para a ocasião. Ele dizia: "Olha, eu não sei se o seu filho vai ser melhor que o meu neto. Mas eu quero profissionalizar o grupo e acho que vocês têm condição de fazer isso". Foi esse o projeto em que eu me engajei nessa fase subsequente.

Essa fase coincidiu com a transferência da sede do Rio para São Paulo?

Não. Nessa ocasião a sede era no Rio. A sede veio para São Paulo quando o Hélio deixou o grupo para ser ministro do Figueiredo. Aí eu assumi a presidência e trouxe a sede para São Paulo em 1981, por aí.

A redemocratização, que já vinha desde o governo Geisel, se consolidou no governo Figueiredo, afetando todas as áreas da vida nacional. O desenho das relações do grupo com o governo, com o CDI, também mudou?

É, mas a mudança foi muito gradual. O corte mesmo de mudança de relação com o Estado se deu a partir de 1989, com o Collor, e depois com Fernando Henrique. Até lá, mesmo com Sarney, não houve muita mudança. Mudava a forma, mas não mudava o tipo de interação. Como o Brasil também desacelerou, você passava a não ter muita relação com o CDI, com o crescimento, mas, em contrapartida, passava a ter uma relação muito mais intensa com o CIP, com o controle de preço.

Claro, por causa da inflação.

Por causa da inflação. Então, a interação era com relação ao congelamento, descongelamento, as torneirinhas que eram abertas. Lembra da história das torneirinhas? Congelava, depois abria as torneirinhas...

E a Cacex? Podia ser algum impedimento?

Não, a Cacex, num período muito grande, foi muito funcional para a consolidação da indústria, porque a questão da competitividade do Brasil de uma maneira sistêmica, de uma maneira mais profunda, mais abrangente, é um fenômeno mais recente. Quer dizer, na implantação original da indústria, você tinha uma vulnerabilidade muito grande perante a importação, e eu vejo a Cacex como um aliado muito importante na construção da indústria brasileira, da indústria de bens de capital, da petroquímica e de uma série de outros setores industriais. A Cacex, de uma certa maneira, controlava a competição com o exterior via licença de importação. Quer dizer, a competição não se dava nem via câmbio, nem via tarifa, que era a área de ação da CPA, Comissão de Política Aduaneira. Era muito mais licença de importação, que era a autorização sim ou não da Cacex, a chamada gaveta da Cacex, a gaveta do Benedito Moreira. Depois veio o Namir Salek, que era o assistente do Benedito. Era um tecnocrata desde sempre dessa área de comércio exterior.

Quer dizer que o processo político mais geral da década de 1980 pouco influenciou o setor petroquímico. O que vai influenciar mesmo vai ser a eleição do Collor e a abertura econômica.

O Collor. Aí é que é o corte, a mudança. Durante o Sarney, mudou, deixou de ser o crescimento e passou a ser, vamos dizer assim, um projeto de sobrevivência medíocre. Era realmente uma questão de sobrevivência, porque o processo hiperinflacionário era um processo onde o cidadão do CIP tinha poder de vida ou de morte sobre setores industriais inteiros. O setor dava um reajuste de preço, não dava reajuste de preço, morria ou não morria. Com uma inflação galopante, era uma coisa dramática. O CIP controlava todos os produtos das indústrias, todos os produtos petroquímicos. Rigorosamente todos. E controlava também, junto com o Conselho Nacional do Petróleo, o preço do GLP, dos derivados dos combustíveis, desde as matérias-primas até os produtos finais. Tudo. E isso durante um período muito longo, durante a década de 1980 toda. Essa coisa da hiperinflação era um sufoco permanente. Havia mecanismos de convivência. Quando você estava naquela correria, aquilo parecia normal. Mas hoje, com o olhar de retrospecto, era um período absolutamente absurdo. Toda aquela energia que antes se despendia na concepção da coisa nova, na incorporação de tecnologia, na formação de gente, na construção de fábricas, toda essa energia empresarial passou a ser concentrada em conseguir a sobrevivência na Cacex, em conseguir a sobrevivência no CIP. Realmente, olhando em retrospecto, é um gigantesco desperdício.

Em relação ao CIP, por exemplo, a coletividade empresarial se mobilizava para pressionar?

Mas a pressão da coletividade empresarial é um negócio muito gozado, porque a coletividade empresarial no ramo industrial no Brasil nunca se mobiliza em termos das questões coletivas e das questões sistêmicas. Poucas vezes você vê isso. Ela se mobiliza individualmente em seus setores, porque, inclusive, a própria organização industrial toma formas diferentes nesses setores, dependendo da época. Por exemplo: durante uma parte desse período eu fui presidente da Abiquim, Associação Brasileira de Indústria Química. O grande esforço que se fazia era para tratar junto ao governo da questão de preço, da questão da importação e da exportação e, em algumas ocasiões, da montagem de sistemas de exportação. Eu me lembro que na Abiquim, por exemplo, nós concebemos junto com a Petrobras e junto com a Cacex o que se chamou depois do *draw-back* verde-amarelo, que era um sistema em que se montava desde a matéria-prima na Petrobras, um sistema de desconto em cascata e de taxação de impostos diferenciada, de maneira a você poder propiciar a exportação do produto final em condições competitivas. Se você fosse comprar a sua matéria-prima pelo preço do mercado interno, você não tinha condição de exportar o seu produto. Então, você comprava a sua matéria-prima pelo preço de exportação, pelo preço que a Petrobras exportaria. Eu comprava do meu fornecedor pelo preço que ele exportaria. A montagem desses mecanismos foi algo que na ocasião representou um esforço enorme e que foi funcional, porque realmente alavancou em grande parte a exportação e botou para fora uma produção que não estava encontrando destino aqui no mercado interno. A capacidade tinha crescido, o mercado encolheu, ou não cresceu como se esperava que crescesse e, portanto, havia a necessidade de exportação.

O senhor foi presidente da Abiquim em que período?

Acho que foi no governo Sarney. Eu tive uma série de atividades extracurriculares, sempre vinculado. Fui presidente da Abiquim, fui presidente do Instituto Brasileiro de Petróleo – esse não era propriamente empresarial. É um organismo que tem muito a ver com a formação de pessoal para a indústria de petróleo como um todo, com cursos de formação... Depois fui nomeado para o conselho do BNDES Participações, que era uma das subsidiárias do BNDES, que investia diretamente na indústria. Mais adiante, já no Collor, fui membro do Conselho Monetário Nacional. Enfim, tenho algumas atividades extracurriculares e passei a participar mais dos temas nacionais de economia.

E passou a ser chamado também a falar publicamente sobre essas questões?

É. Na ocasião os contatos acabaram de alguma maneira propiciando, e fui convidado para uma série de cargos em ministérios. Mas isso nunca me tentou. Tive uma felicidade na vida: tive poucos chefes, mas chefes muito bons, todos eles muito especiais. E, depois de um certo tempo, conquistei o direito de escolher o meu chefe... É um privilégio de que eu não abro mão. Ou não ter chefe, ou escolher o chefe.

O final dos anos 1970 e o início dos anos 1980 foram marcados também por alguns conflitos na área trabalhista. O senhor teve algum problema nessa área?

Poucos. No caso do setor petroquímico, por exemplo, os problemas trabalhistas nunca tiveram a intensidade dos setores mais intensivos de mão de obra, como notadamente a indústria automobilística, a indústria metalomecânica, a indústria eletrônica, que têm um componente de mão de obra muito maior, muito mais pesado. Na petroquímica a dimensão do custo de mão de obra na estrutura de custos é muito pequena. Então, nunca foi muito complicado. Quer dizer, havia negociações. Obviamente, em um sistema inflacionário, as negociações eram quase que mensais. O processo havia, mas não teve a intensidade e não foi tão conflituoso como foi, por exemplo, o processo no ABC de São Paulo. Mas tive participação, negociei várias coisas com o Jacques Wagner, por exemplo, atual governador, que era presidente do sindicato da petroquímica na Bahia. E uma série de outras negociações aqui em São Paulo também. Mas nunca houve atrito.

Visão industrial

Como o Grupo Ultra, que era tão paradigmático de um tipo de desenvolvimento do país, se adaptou e se reestruturou diante de um momento tão diferente como o que teve início nos anos 1990, com a abertura do mercado?

Essa era uma questão que já estava preocupando muita gente, antes mesmo de o processo deslanchar, antes da eleição do Collor, porque essa era uma coisa evidente. A década de 1980 mostrou que o modelo anterior do Brasil, o modelo fechado, de desenvolvimento quase que interno, tinha se esgotado. Obviamente o Brasil já tinha uma visão clara de que os países que tinham adotado um modelo um pouco diferente, mais voltado para o exterior, mais integrado ao exterior, como foi o caso da Coreia, o caso do próprio Japão, tinham alcançado resultados. Já começava a chamar a atenção que faltou alguma coisa aqui no Brasil, faltou uma dimensão nessa coisa do projeto de substituição de importações, que a Coreia fez, que o Japão fez. Faltou uma dimensão, que é a dimensão agressiva de ir para o exterior. A dimensão exportadora estava faltando. E claramente já havia um grupo de industriais que se preocupava com essa questão.

Foi quando um grupo daqui de São Paulo – eu participei disso muito ativamente – resolveu formar o Iedi, Instituto de Estudos para o Desenvolvimento Industrial. Na ocasião nós fomos muito cuidadosos em chamar de "estudos". Eram realmente estudos; não era um centro, ou uma nova organização empresarial do tipo Fiesp, ou uma associação de classe nacional, como a Abiquim, a Abimaq, a Abdib. Essa questão já estava resolvida, bem ou mal, pelas associações existentes. Mas não havia um *locus* onde se pudesse discutir as questões institucionais. Claramente nós olhávamos para o Brasil e dizíamos o seguinte: "A indústria do Brasil é boa, do ponto de vista da produção. Nós fomos capazes de incorporar a ideologia da produção, somos produtores muito bons, mas não temos uma visão integrada da indústria, não temos uma visão industrial no sentido mais amplo".

O que é a visão industrial? É a visão da inter-relação da indústria não apenas com o mundo, do ponto de vista do comércio, mas com a própria sociedade. Quer dizer, a questão política da abertura, a questão política do conflito trabalhista que se estava explicitando aqui mostrava que estava faltando uma visão mais sistêmica e mais integrada para a indústria brasileira. Discutiam-se questões todas muito pontuais, seja nas associações de classe, seja na Fiesp, seja na CNI. Então, formamos o Iedi. Eram inicialmente 30 e poucos empresários de diversos setores industriais. A ideia era fazer estudos, e o primeiro documento que produzimos foi chamado "Integração competitiva". Isso foi praticamente simultâneo à chegada do Collor, em 1989. Aí chegou o Collor e *puf*! fez a abertura, enfim, a tapa, a facão, a machado. E nós vínhamos discutir com o pessoal do governo, continuamos a interagir com o governo. Deixou de ser Delfim, deixou de ser Maílson, e passou a ser Zélia, passou a ser o pessoal do Collor. A gente via que era uma discussão sem pé nem cabeça, porque havia uma visão quase que preconceituosa contra a indústria no Brasil, um certo ressentimento, que eu acho que foi um rescaldo da abertura política. "Esses caras se beneficiaram do governo militar, da proteção, de favores do Estado. Em compensação, olha em que estado eles deixaram o país. O país não cresce, é desigual, tem essa inflação infernal. Os responsáveis pela inflação são os empresários!" Quer dizer, havia claramente uma culpabilização do empresariado, que era uma atitude primitiva, até compreensível pelo fenômeno político da época, mas era claramente preconceituosa. Então, o primeiro documento Iedi, que se chamava "Integração competitiva", dizia o seguinte: não há um sistema de empresas competitivas em um país não competitivo. Como é que você pode ter empresas competitivas, se você não tem um país onde o seu financiamento, o seu custo de capital, a formação de pessoal, a educação do trabalhador não são compatíveis com o competidor lá fora? A ideia de custo Brasil surgiu ali, naquela ocasião.

A adaptação da empresa no Brasil a essa nova realidade, a essa abertura instantânea, foi feita de uma maneira muito traumática, deixou muitas sequelas, deixou muita gente pelo meio do caminho. Dentro do Grupo Ultra, eu posso dizer que o que nós fizemos foi simplesmente intensificar um processo que já vínhamos antecipando ao longo dos anos anteriores, quer dizer, a reformulação do grupo, que já vinha sendo feita. Descartar determinadas atividades que não tinham capacidade de competição individual e que estavam nos drenando recursos, estavam nos drenando atenção gerencial. Isso começou a ser intensificado a partir daí. Nós montamos, então, um processo também dramático de redução de custos, de aumento de eficiência operacional, de aumento de produtividade, de concentração em determinadas áreas de produção onde nós éramos mais competitivos, éramos melhores que os competidores do exterior, aumentamos o esforço de exportação sofisticando os canais de distribuição, sofisticando os produtos, sofisticando a assistência técnica. Tudo isso aconteceu de uma maneira muito intensa.

Por exemplo, do outro lado nosso, na parte da distribuição de gás: o GLP a vida inteira funcionava na base quase que de *cost plus,* onde você apresentava os balanços ao CNP ou ao CIP e aí te davam os preços. Aquilo era de trás para a frente, fosse você eficiente ou não. O CIP sempre funcionou assim. Se você era muito eficiente, o CIP o penalizava, lhe cortava o preço. Não o deixava reproduzir em termos de lucro a sua eficiência. O CIP e os sistemas de controle de preço não eram indutores da eficiência. De repente, o mercado abre, e você passa a ter que ser eficiente. No GLP nós não tínhamos que competir com a importação, tínhamos que competir com os congêneres. Aí mudou o jogo: "Puxa vida, vamos ser *low cost producers,* vamos ser mais eficientes, mais produtivos, vamos conquistar o nosso consumidor, vamos encantar o consumidor". Enfim, as técnicas de administração que o mundo já tinha adotado havia tempo passaram a ser adotadas aqui no Brasil a partir desse momento. Por que não foram adotadas antes? Porque eram disfuncionais. Se essas técnicas tivessem sido adotadas antes, na época de CIP, de controle de preço, era suicídio, não adiantava nada. Quer dizer, eu ia transferir todo o esforço para terceiros, sem nenhuma vantagem econômica. A eficiência só passou a ser funcional a partir desse momento. E aí tudo foi feito de uma maneira muito abrupta, muito corrida.

E aí, uma série de outras questões aflorou. A questão cambial, a questão do valor do câmbio, a questão da formação de mão de obra. De repente, o Brasil se deu conta de que a produção moderna não era mais uma produção fordiana. Portanto, a formação do trabalhador não podia mais ser dada pelo Senai. Quando você treina habilidades manuais, você ensina o mecânico, ensina o sujeito a abrir e a fechar a válvula. Mas quando o sujeito tem que interagir com a máquina, ele tem que ter um grau de instrução maior. Conversas técnicas de qualidade, por exemplo, os ciclos de controle de qualidade, as técnicas japonesas de eficiência, de gestão, exigem da sua força de trabalho um nível de qualificação diferente da anterior. Essa realidade toda se impôs no Brasil, e o Brasil não discutiu isso. O Brasil discutiu só que a empresa não era competitiva, fabricava carroças, ganhava muito dinheiro, era ineficiente e, portanto, tinha que morrer mesmo. Aquela discussão primitiva. Nós tentamos durante muito tempo com o Iedi e tivemos sucesso em mudar um pouco a agenda de discussão. Enquanto isso, dentro de casa, todos nós, com mais ou menos sucesso, tivemos que resolver essas questões. Nós tentamos de certa maneira discutir essa coisa coletivamente, porque senão, o resultado...

E quando o senhor acha que houve um turning point nessa visão mais preconceituosa em relação aos empresários, quando isso começou a mudar?

Não vejo nenhum corte. É um processo que não está completo ainda, a meu juízo.

Mas hoje há uma percepção semelhante à que se tinha do Brasil nos anos 1950, de que é preciso ter um projeto de desenvolvimento industrial...

Não sei. Não acho que essa coisa esteja madura ainda em termos de discussão no Brasil. Porque você vê o seguinte: no Brasil não foi só a questão da década de 1970, não foi só esse período mais recente. Se você pega o período mais longo, de 1900 a 1980, onde você teve a Primeira Guerra Mundial, que foi um evento de grande impacto econômico e social no mundo inteiro, você teve a crise de 1930, você teve a Segunda Guerra Mundial, fenômenos de imigração, de grande liberalismo, depois do fechamento, você constata que o Brasil passou por períodos políticos internos da maior complexidade. Nós tivemos 30, 37, 45, depois Jânio Quadros, depois Jango, parlamentarismo, depois... E, não obstante todos esses contratempos externos e internos, o Brasil consistentemente cresceu nesse período, em termos de crescimento de PIB *per capita*, duas vezes a média do mundo. Duas vezes a média do mundo! E de repente a gente tem um corte, de 1980 para cá, e até hoje passamos a crescer a metade...

Durante todo esse período até 1980, existiu uma elite que estava preocupada em transformar o país. Para começar os militares, passando pelo Getúlio...

Mas no fim o que é que havia? Havia um sentimento de responsabilidade pelo Brasil. Muita gente se sentia responsável pelo Brasil e tinha noção de que o todo era importante. Dava esse dinamismo, mesmo com falhas tremendas. Como sociedade, essa elite teve falhas. Teve méritos extraordinários, que nos trouxeram até aqui, mas teve falhas gigantescas. A maior delas, de longe, é a questão da educação. Que continua sendo tratada de uma maneira muito, muito aquém das necessidades.

Mas o senhor não acha que talvez hoje se esteja conseguindo ter um novo consenso de que o crescimento é prioritário?

Eu acho que o crescimento entrou na agenda novamente como um desejo, como uma aspiração. Por exemplo, durante os oito anos de Fernando Henrique, crescimento não era prioridade.

Não estava na agenda.

Quer dizer, aquilo se esgotou. Agora há uma visão de que o crescimento é importante. Eu acho que é uma visão ainda primitiva do ponto de vista de instrumentação, de ter noção de como é que se faz isso acontecer realmente, de quais são as questões, os grandes limites, as grandes amarras que nós temos ainda com relação a esse processo. Mas isso já está na agenda novamente. A questão da educação já entrou na retórica. A questão do crescimento também já foi um pouco mais além. Não o suficiente, mas já se está caminhando para uma coisa mais consistente.

Temos razões para ficar otimistas?

Eu sou um pouco como o Velho do Restelo, como dizia Camões: o meu saber é só de experiências feito, e as minhas palavras são extraídas do experto peito... Quer dizer, eu tiro do coração a vontade de ser otimista, mas a minha experiência podia ser melhor.

Sabemos que o senhor tem tido uma preocupação com a educação em sua atuação pessoal e empresarial. Infelizmente, como o senhor mesmo disse, a elite brasileira tem grandes méritos, mas parece que a educação nunca foi uma prioridade. Não só dos governos, mas também do setor empresarial. Isso também está mudando?

Uma ocasião eu tive oportunidade de perguntar sobre isso para o Geisel numa mesa de reunião: "Presidente, me diga uma coisa, por que os militares durante esse período não fizeram nada pela educação?" Os militares, que eu sei, porque vi lá em casa, têm uma preocupação com formação, com educação, extraordinária. O milico passa a vida estudando, passa a vida preocupado em ensinar. "Por que vocês não fizeram nada pela educação?" Aí ele deu um soco na mesa e disse: "Eu não sei, não sei. Podia ter sido melhor". Ele embatucou. Certamente tinha uma preocupação com relação ao assunto, mas não soube explicar. Eu me preocupo com a educação, talvez porque, como disse, lá em casa, desde que eu me entendo por gente, a questão da educação esteve presente. Minha mãe professora me cobrando, meu pai estudando. A cobrança foi permanente. Você vai estudando e você vai vendo que é bom. Mal não faz, nenhum. Então, essa coisa vem de trás.

Dentro do Grupo Ultra, por exemplo, deu para começar a fazer algumas coisas. Eu enfatizo sempre muito dentro do grupo que a questão da educação e da formação de gente é fundamental. Nós tivemos um exemplo que eu acho extraordinário e do qual me orgulho muito. Em um determinado momento, nessa busca de produtividade mais recente, nós passamos a nos deparar com uma questão central, que parecia banal: entrega de gás. Os motoristas dos caminhões e os ajudantes que entregavam gás. Trabalho braçal. Descarregar o botijão e levar para dentro de casa. De repente, nós começamos a ver que precisava de gente um pouco melhor. Começamos a querer que o próprio motorista controlasse, demos um *palm top* para ele poder controlar, achamos que o ajudante podia ser um pouco melhor treinado para poder lidar melhor com a dona de casa, fazer um pouco de *marketing* e tal. De repente, descobrimos que a quantidade de analfabetos era gigantesca. Praticamente a totalidade era de analfabetos. Foi o momento em que eu tive na minha mesa duas alternativas. Uma era educar esse pessoal, alfabetizar todo mundo no Brasil inteiro, e a outra, mandar todo mundo embora e contratar gente, professoras. Como eu já tinha feito na Ultratec: tinha contratado professoras para serem soldadoras. Estava sobrando gente, o desemprego era total, e você contratava gente de muito melhor qualificação por salários mais baixos, porque havia um pessoal que era contra acordos sindicais. Eu disse: "Não, vamos treinar esse pessoal". Alfabetizamos todos eles. Olha, foi a coisa melhor que eu já fiz. Inclusive, não do ponto de vista moral, mas do ponto de vista empresarial, porque esse pessoal vestiu a camisa da empresa de uma maneira... Quer dizer, ganhou uma ferramenta, uma capacidade de trabalhar, e ganhou um reconhecimento, uma dedicação, uma coisa absolutamente extraordinária.

Isso foi agora, no meio da década de 1990. No Brasil inteiro. O pessoal saía, passava oito horas entregando gás. Montamos mecanismos com professoras, com escolas locais. O pessoal sentava para estudar, e no dia seguinte estava lá, às sete horas da manhã, lombando gás. Todos se formaram, receberam diploma, uma coisa emocionante. Você via o sujeito levar os filhos para ver o pai receber o diploma de primário. Continuamos ensinando e treinando esse pessoal. Além do esforço que fazemos internamente, de aperfeiçoamento contínuo, começamos a trabalhar um pouco na coisa externa também, junto à comunidade, junto a programa de formação de pessoal de ensino primário, de ensino fundamental e de ensino médio, que eu acho que é o nosso calcanhar de Aquiles. Temos desenvolvido uma série de programas próprios e uma série de programas que apoiamos financeiramente e politicamente, programas de desenvolvimento do ensino, alguns em articulação com outras empresas e alguns isoladamente. É uma coisa que continuamos fazendo.

Queremos agradecer-lhe por esta entrevista. Gostaria de dizer mais alguma coisa?

Faltou só o capítulo final. É o seguinte: nessa parte de evolução, o Grupo Ultra sofreu uma transformação muito grande ao longo dos últimos anos. No fim de 2006, deixei a presidência executiva e fiquei só na presidência do conselho. Deixei de ter uma agenda compulsória e passei a ter uma agenda optativa, que é uma grande vantagem da idade. Ao longo desses anos, em 1981, o grupo faturava US$ 200 milhões, e hoje fatura 12 bilhões. Descartando uma porção de coisas, mudando uma porção de coisas. Abrimos o capital, hoje somos uma empresa aberta, listada em Nova York. Somos uma empresa que tem um processo de governança corporativa que é reconhecido. A institucionalização do grupo Ultra, que não foi coisa exclusiva nossa, é outra fase importante que está acontecendo nas empresas do Brasil. A institucionalização e a modernização da governança das empresas, a profissionalização da gestão, a continuidade dos processos administrativos. Essa é uma coisa muito, muito importante, que, de certa maneira, coroou esse processo todo.

João Guilherme Ometto

João Guilherme Sabino Ometto nasceu no interior de São Paulo em 15 de março de 1940, em uma família de imigrantes italianos com tradição na agricultura. Após se estabelecer no Brasil, no final do século XIX, a família começou a cultivar cana-de-açúcar e a produzir pinga. Passou depois a produzir açúcar e álcool, e a adquirir usinas, entre elas a São Martinho. Em 1963, João Ometto se formou na Escola de Engenharia de São Carlos, da USP, e começou a trabalhar na Usina da Barra com o primo Orlando Ometto. A partir de então, cresceu gradativamente, passando a diretor técnico do grupo familiar. Foi também um dos fundadores da Associação Brasileira de Agribusiness (Abag), presidente da Sociedade dos Técnicos Açucareiros e Alcooleiros do Brasil (Stab), e membro do Conselho Universitário da USP, onde procurou promover maior integração entre a universidade e o empresariado. Criou ainda o Comitê do Agronegócio na Fiesp, da qual é hoje segundo vice-presidente. É presidente do Grupo São Martinho.

Sua entrevista foi concedida a Ludmila Ribeiro e Mário Grynszpan em São Paulo, em 5 de outubro de 2010.

Da Itália a São Paulo

Para começar, gostaríamos que nos falasse sobre sua família. De onde ela veio?

Minha família veio do norte da Itália. Morava na comuna de Mira, perto de Veneza. Em 1887 meu avô Antonio, a avó Catarina e dois filhos, Costante e Carolina, embarcaram no navio *Roma*, em Gênova, e cumpriram toda a trajetória e os procedimentos inerentes aos que se mudavam para o Brasil: chegaram ao Rio de Janeiro, na ilha das Flores, ali fizeram a quarentena, e depois pegaram o trem da Estrada de Ferro Dom Pedro II para São Paulo. Na Hospedaria dos Imigrantes, hoje um magnífico museu e memorial no bairro da Mooca, foram contratados por uma fazenda de cafeicultura em Amparo, no interior paulista. Em meio ao árduo trabalho, começaram a plantar outras pequenas lavouras entre os pés de café. Isso foi antes da abolição da escravatura. Em 1889, nasceu José, o terceiro filho deles.

Na Itália eles eram agricultores?

Eram pequenos proprietários agrícolas. Tinham alguma terra perto de Pádua, mas lá o irmão mais velho tinha mais direitos. Aconteceu, naquele tempo, uma seca terrível no norte da Itália, e não havia o que comer. Eles tentaram trabalhar em Mira, mas logo meu avô resolveu vir para o Brasil, por conta própria, sem qualquer subsídio. Dois meses depois que ele chegou, veio o irmão mais velho, Gerolamo, que já tinha algum dinheiro. Depois de algum tempo trabalhando na fazenda de café, saíram de Amparo, compraram um sitiozinho em Tupy, perto de Piracicaba, e nele fizeram um engenho de pinga. Ganharam dinheiro com pinga, mas Gerolamo foi para a Itália e gastou tudo. Então, tiveram de vender o sítio, que haviam comprado a prazo, e voltaram à estaca zero. Já com sete filhos, Catarina ficou viúva. Eu sempre digo que nossa família veio do matriarcado. Ela teve de criar os filhos, e foram de novo trabalhar como colonos na fazenda São José, do coronel Barbosa. Costante, o filho mais velho, ajudou a criar os irmãos. Luiz, o mais novo, tinha apenas dois anos. Trabalharam muito e pouparam para comprar um pedaço de terra. Em 1906 já tinham juntado um dinheiro, compraram um sitiozinho de seis alqueires na Água Santa, entre Limeira e Piracicaba, e levantaram um rancho de madeira. Moravam todos juntos. A família tinha aumentado, pois Costante havia se casado. Nesse sitiozinho a família começou de novo, com pinga.

Naquela época, houve muita queixa da parte dos italianos por serem maltratados aqui no Brasil, e a Itália enviou o general Badoglio para verificar isso. Ele chegou até a Água Santa, porque havia muitos colonos morando lá. Minha avó tinha mandado os filhos esperarem o general na escola, todos de roupa igual. Naquele tempo ela comprava o pano e fazia o traje para todo mundo. Badoglio passou antes no sítio dos Ometto, chamou Catarina e disse: "Quero saber como é que vocês estão sendo tratados aqui". Ela respondeu: "Aqui está muito bem. Eu tenho as minhas galinhas, o meu frango, planto a minha verdura. O senhor quer comer? Quer que eu faça uma polenta ou um frango para o senhor?" Isso é interessante, e está no livro que nós publicamos em 1986. Nele, fomos contando a história. Catarina gostou muito de ter vindo para o Brasil. Vendendo lenha, verduras e pinga, a família foi crescendo com o trabalho de todos. Eles montaram um alambique de ferro fundido, tocado por dois burros, e aprenderam a lidar com a cana-de-açúcar. Meu pai, João, era dos mais moços da família. Ele plantou e cortou cana também.

Trabalhando por conta própria e economizando, a família acabou de pagar o sítio em 1907. Em 1911, conseguiu comprar mais 24 alqueires. José casou-se e ficou morando no sítio pequeno. Os outros mudaram para o novo, que chamavam de Olaria. Lá levantaram sua primeira chaminé, em 1916, e compraram um motor de 12 HP. Catarina queria os filhos juntos nos negócios e passou quatro sextas partes das terras para os mais novos: Pedro, Jerônimo, João e Luiz. Seguiram-se casamentos, nasceram netos, fizeram bons negócios e contrataram os primeiros camaradas. Em 1918, a geada queimou os cafezais em São Paulo e a terra caiu de preço. A família conseguiu comprar a fazenda Aparecida, com 114 alqueires, em um lugarejo que chamavam de Bate-Pau, atual Iracemápolis.

Em 1932, eles, sempre com a pinga e mais recursos, foram comprar uma fabriquinha de açúcar em Campos, no estado do Rio de Janeiro, que era um grande produtor de açúcar. Foram meu tio Pedro e seu compadre Mário Dedini, que era mecânico, para verificar o maquinário. Deflagrou-se a Revolução de 1932 e eles não puderam voltar para São Paulo. Ficaram uns meses no Rio e disso contaram muitas histórias. O maquinário comprado veio de trem até Piracicaba, depois de carro de boi até o Bate-Pau. Lá começou a destilaria, em mais uma fazenda, a Boa Vista, ao lado da Aparecida, com uma bonita casa assobradada. Ali, tornaram-se usineiros. Por isso é que, agora, chamamos a nossa nova usina, em Goiás, de Boa Vista.

Família de usineiros

Seu pai e seus tios sempre trabalharam em usina?

Todos eles trabalharam nas usinas da família. Quando os negócios cresceram muito, cada um começou a ir para um lado. Foram se espalhando bastante.

Em que ano seu pai se casou?
　　Em 1936. Nessa época eles já tinham a Usina Iracema, no município de Limeira, onde meu pai trabalhava. Minha mãe era professora primária e ele se engraçou com a professora... Aliás, quando meus pais se casaram, a lua de mel foi no Rio de Janeiro. Eles já estavam mais bem de vida e foram de trem. A Usina Iracema, mais tarde, absorveu a Usina Boa Vista.

A família de sua mãe também tinha fazenda?
　　Não. Eles eram comerciantes, gente da cidade de São Carlos. Chegaram a ser grandes, antes de 1929. Depois, houve o baque do café, e eles perderam muito. Havia parente que tinha até casa bancária e perdeu também. Naquele tempo, as casas comerciais abasteciam os fazendeiros de café. Vendiam fiado e depois, no fim da colheita, recebiam. Depois de 1929, a freguesia ficou sem recursos. Quebrou todo mundo em São Paulo, houve um baque muito grande. Os grandes fazendeiros de café ficaram arrasados. Depois, veio a Revolução de 1930, com Getúlio Vargas, e o pessoal do café perdeu importância. O Instituto do Açúcar e do Álcool, o IAA, foi criado por Getúlio para a defesa da produção sucroalcooleira – até 1988, o açúcar foi monopólio do governo.

A crise de 1929 chegou a atingir a família de seu pai?
　　Não atingiu, porque estávamos no ramo de açúcar. O açúcar e o álcool estavam começando a crescer em São Paulo. Mas até a guerra, até 1940, o açúcar vinha para o mercado paulista do Nordeste, de Pernambuco, ou da região de Campos, no estado do Rio. Com os submarinos alemães bombardeando o Brasil, foi bloqueado o transporte de cabotagem, e ainda não existiam estradas. Assim, começaram a incentivar a indústria de açúcar em São Paulo. O IAA começou a dar cotas também em São Paulo. E minha família, que tinha engenho de pinga e já fazia álcool,

arrumou cota para começar a fazer açúcar. Depois da guerra, o negócio cresceu mais ainda.

Vocês compravam cana dos plantadores?
 Começamos nós mesmos plantando a cana. Porque tem o seguinte: naquela época, para alimentar uma fábrica de açúcar, os grandes engenhos tinham estradas de ferro. Eram centrais açucareiras. Como é que você trazia a cana até a usina? Enchendo os vagões do trem. Toda a rede açucareira da cidade de Campos, a maior produtora regional, tinha estradas de ferro. Em Piracicaba, existia a Sucreries Brésiliennes, uma companhia francesa com várias usinas e estradas de ferro; as usinas do Morganti, Tamoio e Monte Alegre, puxavam cana com estradas de ferro; a Usina Esther, em Campinas, também tinha estrada de ferro. Minha família precisou alimentar a usina de açúcar puxando cana só com carroça, e daí diziam que nós éramos especialistas em carroças. Todo mundo achava graça nisso: "Eles são todos uns loucos! Abastecer de cana uma usina de açúcar com carroça!" O nosso pessoal era muito trabalhador e conseguiu começar com carroça. Eu era pequeno e via aquela organização. Meu pai levantava de madrugada, e às cinco horas a gente ouvia o pessoal arrumando os burros: "Costa, uuu, costa, uuu". Meu pai comprava burros, mulas, e era aquele exército. Você sabe, na história, as guerras eram feitas com muares e cavalos. Eu me lembro que toda manhã era aquele movimento, a logística das carroças. E meu pai cuidava muito disso.

Estudos e início da carreira

O senhor lembra dos seus anos de escola, de onde estudou?
 De 1946 até 1949 estudei no grupo escolar em Iracemápolis, no distrito de Limeira, e depois fui estudar em São Carlos.

O nome Iracemápolis veio da Usina Iracema, ou o nome da usina veio do lugar?
  Na verdade, a usina era a fazenda Iracema, do coronel Levy, que foi comprada pela minha família. A vilinha chamava-se Santa Cruz da Boa Vista ou Bate-Pau. Daí, montamos a Usina Iracema, que foi a escola dos primos, onde todos aprenderam a trabalhar. E a vila foi sendo conhecida como Iracemápolis.

Então o senhor continuou os estudos em São Carlos?
  Sim. Fiz um período no Colégio Diocesano e depois completei no Instituto Estadual de Educação Álvaro Guião, onde me formei no colegial. Nos últimos anos do colegial passei para a noite, porque eu queria fazer o cursinho pré-vestibular durante o dia. Aí, entrei na Escola de Engenharia de São Carlos, em 1959.

Por que o senhor decidiu fazer engenharia mecânica?
  Decidi porque achei que era uma das coisas que tinham a ver com a usina de açúcar. Os maiores técnicos, os maiores autores estrangeiros sobre açúcar são engenheiros mecânicos. Realmente, tem importância esse ramo da engenharia. O processo de fabricação de açúcar era mais mecânico do que químico. Foi só no processo de fabricação de álcool que entrou muita biologia, muita bioquímica. Eu tive de estudar também um pouco de biologia e algumas dessas coisas, que não eram bem o meu forte.

Por que o senhor não escolheu agronomia ou alguma coisa mais ligada à dinâmica da cana-de-açúcar propriamente dita?
  A maioria dos meus primos estudou agronomia, porque na Escola Superior de Agricultura Luiz de Queiroz, da Universidade de São Paulo, em Piracicaba, havia uma cadeira só de tecnologia sucroalcooleira. Naquela época, todos os dirigentes de usinas de

açúcar eram agrônomos. A Esalq foi sempre a abastecedora de técnicos para as usinas aqui em São Paulo. Acontece que, como a família da minha mãe era de São Carlos, e meus pais moravam na usina, com dez anos eu peguei o trem e fiquei morando em São Carlos. Quando abriu a Escola de Engenharia, acabei também me formando lá.

Enquanto o senhor estava fazendo faculdade, a família adquiriu outros negócios, ou as usinas continuaram sendo o principal empreendimento?

A família permaneceu com as usinas como negócio principal. Como eram sete irmãos, todos ficaram sócios da Usina Iracema. Em 1950, nós compramos a Companhia Agrícola São Martinho, que era dos Silva Prado. Martinho Prado foi um homem importante aqui em São Paulo, o idealizador da imigração italiana. Todos os estados tinham mão de obra escrava. Quando houve a libertação dos escravos, como é que iam continuar a lavoura de café em São Paulo? Já havia experiências com a vinda de colonos. Aliás, a primeira delas foi em Limeira, na fazenda Ibicaba, do senador Vergueiro, com alemães, suíços e belgas. Martinho Prado articulou uma forma de trazer italianos. Construiu-se em São Paulo a Hospedaria dos Imigrantes e se fez propaganda na Itália. Assim organizou-se a vinda dos imigrantes, que transformaram o estado de São Paulo.

Enfim, nós compramos essa fazenda São Martinho em 1950, e foi um grande passo. Os Prado tinham lá uma fábrica de açúcar pequena. Nós ampliamos a produção e construímos uma grande usina, hoje a maior do Brasil.

A fazenda Iracema também era de uma família tradicional?

Não. O dono era um fazendeiro local. Quando se comprou

a Iracema, havia lá um pequeno engenho de aguardente. Depois disso, tio Pedro comprou a Usina Costa Pinto, em Piracicaba, com alguns sócios – meu pai foi um deles. Pedro Ometto era muito amigo de Mário Dedini, um projetista mecânico trazido da Itália pela Companhia Estrada de Ferro Santa Bárbara, dona da usina. Os mecânicos faziam duas coisas: a manutenção da usina e da estrada de ferro. Era trabalhoso manter a estrada de ferro, quase tanto quanto a usina. Naquele tempo, não havia oficinas disponíveis, e a manutenção era interna. Dedini projetava máquinas e mais tarde montou uma oficininha mecânica em Piracicaba. Ali, em Vila Rezende, ele desenvolveu as Oficinas Dedini. Começou a fazer carroças, ferramentas, e depois engenhos e usinas. Meu tio Pedro juntou-se ao meu pai e ao Mario Dedini, e construíram a Usina da Barra sob a gestão de Orlando Ometto.

Quando o senhor ingressou na faculdade, seus colegas eram de São Carlos também?

A maioria era do interior, mas havia alunos de São Paulo e de outros países da América Latina. São Carlos sempre foi uma cidade com muitas escolas. Era também sede do bispado, havia os colégios de freiras e o Colégio Diocesano. Depois veio a Escola de Engenharia. É um centro de estudos.

O senhor estava nos mostrando um jornalzinho acadêmico de que foi editor.

Fui diretor do *Neftur*, sigla com as iniciais da frase latina *Naturam expellas furca, tamen usque recurret*.[1] Era o jornal do Centro

---

[1] Segundo Paulo Rónai em *Não perca o seu latim* (Rio de Janeiro: Nova Fronteira, 1980, p. 115): "Ainda que a expulses com um forcado, a natureza (isto é, a índole inata de uma pessoa) voltará a aparecer". Verso de Horácio (Epístolas, I, 10, 24).

Acadêmico Armando Salles de Oliveira, que foi uma importante forma de comunicação entre os estudantes, publicando análises críticas da conjuntura política nacional e da socialização do *campus*.

Seu pai teve uma atividade política por essa época, não teve?
Meu pai sempre estava na política. Foi vice-prefeito e vereador em Iracemápolis. Em 1953 fizeram um plebiscito local, decidiu-se pela emancipação política, e logo se constituiu a primeira Câmara Municipal. Naquele tempo, os vereadores não ganhavam dinheiro, não; eram todos voluntários. Iracemápolis era uma cidadezinha de três mil habitantes. Como fazer a primeira chapa de vereadores? Num lugar tão pequeno, quem são as pessoas mais importantes? O padre, o farmacêutico, o dono do açougue, o barbeiro, o dono do armazém, o dono da usina, o contador da usina, o escriturário da usina... Era preciso pegar nove representantes. Era difícil pegar nove, e mais os suplentes...

E o partido de seu pai, qual era?
Eu me lembro que o Sr. Octávio Castelo Branco, advogado da família, era do PSD. Então meu pai, por influência dele, filiou-se também. Eu me lembro que um dia ele entrou em casa, na fazenda, fazendo campanha do marechal Eurico Gaspar Dutra para presidente da República, pelo PSD. Eu era menino. Mais tarde, depois da emancipação, todos ingressaram no PDC, Partido Democrata Cristão, no qual estavam Franco Montoro e Queiroz Filho.

O senhor também se envolveu com uma atividade política, entrou para o Centro Acadêmico da universidade. Isso estaria relacionado à experiência política de seu pai?
Entrei no Centro Acadêmico porque gostava de fazer alguma coisa. A primeira coisa que fiz quando cheguei à universidade

foi ajudar no jornal. Não sei se eu não teria ido para o jornalismo, porque sempre gostei de fazer jornalzinho. Escrevia bem, gostava. Para fazer o nosso jornal, ficava na tipografia onde montavam o jornal da cidade, *Correio de São Carlos*. A gente passava a noite lá com o pessoal, montando as páginas, porque era importante fazer tudo direitinho.

Mas havia agitação política na universidade na época?
Havia bastante. Eu fui ao congresso da UNE no Quitandinha, em 1962! Lá estavam Brizola, Lacerda, José Serra... Eu tinha servido o Exército, no qual a gente aprendia a rastejar. Só sei que foi graças a isso que eu saí, porque houve um barulho lá fora, e de repente começou a sair tiro. Porque tinha a turma do Brizola e a turma do Lacerda. O Brizola tinha bancado todo o congresso da UNE, e o Lacerda era o governador da Guanabara na época e queria atuar na reunião. Então, você imagina a confusão que aconteceu lá.

O senhor tinha alguma relação com o pessoal mais de esquerda da época?
Não. A turma da engenharia não era como a da filosofia, a turma da Politécnica não era tão politizada como a da sociologia. O pessoal de ciências humanas é que era mais agitado, aqui na rua Maria Antônia, por exemplo. As nossas matérias eram matemática, física, química. Em São Carlos você tinha todas as correntes, a turma do Partidão, a AP, mas o grosso mesmo ficava estudando.

O senhor se lembra de colegas seus que tiveram projeção como empresários, técnicos, engenheiros?
A nossa turma era muito pequena. Naquele tempo, estavam começando a indústria mecânica, a indústria automobilísti-

ca, e também a Petrobras. Para esta foram os mais estudiosos. Os outros foram para as montadoras de automóvel. Em São Carlos, a parte de tecnologia era muito forte. Os meus colegas desenvolveram bastante a engenharia automobilística. Era diferente da Getulio Vargas, que já formava líderes...

Então, o senhor se formou em 1963.
Em 1963. Em seguida, fui para a Usina da Barra, a mais adiantada da família, para aprender com o meu primo Orlando Ometto, que me deu muita força. Ele indicava muita coisa para eu conhecer, e eu estudei. Começava-se a fazer usina com irrigação, e visitei o México e a Califórnia para estudar esses processos. O trabalho que foi feito na Califórnia é fantástico, com muita técnica. Depois começamos a aplicar na região do São Francisco. Eu acompanhei tudo isso.

Vocês também tinham terras na região do São Francisco?
A ideia era fazer uma usina no norte de Minas, perto de Montes Claros, na região de Jaíba. São terras muito férteis. Fizemos lá uma estação experimental e trouxemos técnicos do Peru para esse estudo. Era um projeto de irrigação, uma implantação nova, com outra tecnologia, para plantar cana e construir a usina. Começamos a fazer experimentos com variedades próprias para irrigação. Começamos a fazer os primeiros canteiros para implantar a usina, e a contrapartida do governo seria abrir grandes canais. Nós tínhamos a terra, construiríamos a usina, e o governo faria os canais, mas não houve dinheiro público para isso. Não deu em nada. Mas isso já foi no governo Geisel.

Como foi o começo de sua vida profissional na Usina da Barra?
Na Usina da Barra acompanhei a parte industrial e, em seguida, comecei a me aprofundar na parte agrícola. Nós tínhamos

cana e gado. Gostei e comecei a trabalhar com gado. Nós tínhamos também café, e íamos entrar no ramo de eucaliptos. A ideia era pegar aquelas áreas de terras mais fracas da região de Botucatu, plantar eucaliptos e fazer uma fábrica de celulose. Mas logo em seguida houve o Proálcool, e tudo se transformou em canavial. Lá na São Martinho, nós plantamos muita laranja também. Acabei até por fazer uma fábrica de suco de laranja.

A Tropisuco?

É. O Sr. Antonio Rodrigues, que foi vice-governador do estado, pai do Roberto Rodrigues, tinha comprado a Tropisuco e era um grande técnico de laranja. Eu vislumbrei a Tropisuco como um novo horizonte. O Brasil estava começando o negócio de laranja e achei bacana. Aqui em São Paulo, temos as melhores terras do mundo para plantar laranja. Então, eu disse: "Plantamos laranja, concentramos o suco e exportamos". Falando no "economês" da Fundação Getulio Vargas, eu fiz um *project finance* que era o seguinte: eu comprava a fábrica, e a compra da laranja fazia-se por promissória rural, em 180 dias; eu industrializava a laranja, e existia uma promissória de exportação, que era por 200 dias. Então eu fazia capital de giro entre a compra da laranja e a exportação do suco. Compramos a fábrica, começamos, e logo em seguida o governo cortou a tal promissória rural e o cartão de exportação. Aí, tivemos de vender a fábrica... O *project finance* foi outro aprendizado: nunca acredite muito no que ler no jornal... Não deu certo. Apliquei o dinheiro, comprei a metade, depois vendemos para a Cutrale, e pronto.

Mas como eu estava dizendo, na Barra eu me aprofundei na parte agrícola, gado e café. Fazíamos despolpa de café. Então, comecei a me entusiasmar com gado, entrei em laticínio, montei uma fabriquinha de fazer queijo, mozarela e tudo. Também não foi para a frente! A vida da gente é feita de aprendizados. Você vai tomando paulada e evoluindo. A gente vai construindo as coisas aprendendo e apanhando através das experiências.

Nesse mesmo período ocorreu o golpe militar no Brasil. O senhor participou de algum movimento?
No governo militar, na verdade, eu me dedicava só à parte executiva. Justamente nesse período começou o Proálcool, e nós tínhamos de trabalhar muito, montando usina e desenvolvendo tecnologia. Nesse período, fui realmente um desenvolvimentista. Fiquei trabalhando e fui muito requisitado.

Mas o senhor também estava muito envolvido com causas sociais, foi diretor-presidente da Apae...
Ah, isso eu fazia, gostava e me envolvia. Em 1968 a família comprou a Usina de Santa Bárbara, dos Alves de Almeida. Era uma usina que fazia muito pouco. Eu tinha de reerguê-la e me envolver com a comunidade. Fui para o Rotary Club da cidade, convivi com os rotarianos e frequentei suas reuniões. Alguns amigos meus estavam com a Apae. Entrei também para ajudar e perguntaram: "Você não quer ser presidente?" Pensei que era por um ano. No dia da posse soube que seriam três anos, mas gostei muito. Envolvi-me e aprendi o que são as crianças excepcionais. É um mundo interessante. Acabei aumentando e construindo coisas para a Apae. Foi muito gratificante para mim.

A partir de 1968, então, o senhor se dedicou à Usina de Santa Bárbara?
Fiquei na Usina de Santa Bárbara e levantei a usina. Mas então a família disse: "Você fica aí, mas como diretor técnico do grupo inteiro". O grupo envolvia a Usina da Barra, a Usina Costa

Pinto e o projeto do Jaíba, em Minas Gerais. Em Santa Bárbara, a principal indústria era a Romi. Seus dirigentes também me convidaram para ser do conselho fiscal, e aceitei, com muito prazer.

O Funproçúcar e o Proálcool

Como começou o Proálcool, e como isso impactou a vida das usinas? Aliás, como começou o Funproçúcar?

Primeiramente o governo fez o Funproçúcar, porque o preço do açúcar começou a subir bastante. O açúcar era controlado pelo Estado, que comprava pelo preço interno e vendia no preço externo. Com isso juntou-se um fundo muito grande, e o governo emprestou esse dinheiro aos produtores, a juros subsidiados. As usinas deveriam fazer projetos para aumentar a produção. Nós fizemos vários, e foi um período muito fértil em tecnologia. O Funproçúcar levou a fusões de usinas e à sua modernização. Isso foi em 1966 e 1967.

O Proálcool deu certo porque nós tivemos o Funproçúcar e desenvolvemos muito a produção de álcool e a tecnologia do açúcar. As fábricas brasileiras começaram a montar moendas e destilarias. Foi a primeira fase do Funproçúcar, da qual ninguém fala, mas que foi importante, porque aumentou muito a produção e proporcionou melhorias tecnológicas muito grandes. Nessa época também começou a Copersucar, e criou-se o seu Centro Tecnológico. Foi uma época de muita inovação tecnológica. Eu estava completamente envolvido nisso.

Desde a Segunda Guerra Mundial, quando não vinha mais gasolina do estrangeiro, os nortistas já começaram a colocar álcool para alimentar os carros. No tempo da guerra, na própria Usina Iracema, os caminhões funcionavam a álcool. Essa ideia veio quando se precisou de gasolina e não se tinha. Como fazer? Botaram álcool e os carros saíram andando! Aliás, tem mais uma coisa. Você tem os dois ciclos de motor: o diesel e o Otto. O diesel é por compressão. O Otto é o ciclo dos motores a explosão, com a fagulha, e começou com álcool; só depois veio a gasolina. Durante a guerra, o Brasil começou a usar muito álcool nos caminhões. Já havia uma história, e também muitos técnicos brasileiros que trabalharam bastante com o carro a álcool.

Com a crise do petróleo nos anos 1970, o uso do álcool tornou-se uma solução.

A crise do petróleo impulsionou o desenvolvimento do motor a álcool. Nas usinas, nós já fazíamos uma mistura com 22% de álcool. Fazia-se isso para economizar no custo da gasolina. Quando o preço do petróleo subiu, as indústrias de veículos começaram a trabalhar no carro a álcool. No começo houve resistência, pois o álcool corroía o motor, e o carro não pegava de manhã, mas a tecnologia foi aperfeiçoada e conseguiram melhorar muito. Foi um trabalho grande, de muita gente, envolvendo técnicos e o governo Geisel, no qual se bateu o martelo e se fez. Aliás, eu achava que era um tempo em que se tomavam decisões mais rápidas do que agora... Foi por necessidade, também, que se fez. Naquela época o governo começou a fazer as grandes centrais elétricas, pensou em energia atômica. Mas, para movimentar as frotas, era necessário um combustível que fosse fabricado aqui.

E como o programa foi recebido pelos usineiros?

Nós abraçamos o programa. Já tínhamos a experiência dos 22% na mistura da gasolina, que foi uma saída também para o excesso de produção de cana. Como fazer quando o preço do açúcar chegava abaixo do custo? Fazia-se álcool e misturava-se à gasolina. O governo mandava misturar 10% ou 12% e absorvia o excesso de produção.

A primeira fase, incluindo 20% de álcool na gasolina, foi o Proálcool número 1. Lembra-se da gasolina azul? A bomba de gasolina azul virou bomba de álcool. Nós tivemos muito apoio da Petrobras, que entrou de cabeça nisso. Ela acertou com os usineiros, que produziam o álcool em 12 meses. Para implantar novas destilarias, a Petrobras comprava o álcool em sete meses, e as fábricas de açúcar, em nove meses. Isso deu um fôlego muito grande para nós.

Em boa medida, o programa terminou sendo também um seguro reserva para os plantadores de cana, porque significava que a parte da cana que não fosse destinada ao açúcar seria destinada à produção de álcool, não é?

Exatamente. Iniciaram-se então projetos de destilarias novas. Era mais negócio fazer álcool do que açúcar. As indústrias bombaram, e a produção de máquinas prosperou. Quando você fazia um projeto para comprar máquinas, tinha de pedir para o IAA, pois era tudo com cotas. Veio o Funproçúcar, fez um programa e deu cotas maiores. Quem administrava o fundo era o próprio IAA, no Rio de Janeiro.

E os recursos do fundo vinham de onde?

Da exportação do açúcar, da diferença do preço interno e do preço externo. Era o governo que comprava e vendia o açúcar. Vendíamos o açúcar aqui a US$ 0,08, e o governo chegou a exportar a US$ 0,40. Também atuava na modernização das usinas através do programa voltado para a fusão de unidades. Se havia três engenhos pequenos, juntavam-nos em uma usina grande e mais rentável. Tudo financiado pelo Funproçúcar por meio de projetos apresentados pelas usinas e gerenciados pelo IAA. Naquele tempo, apresentava-se um projeto para aumentar a usina em tantas toneladas e se listava o que era preciso para isso. Depois, mandava-se ao IAA, cujo corpo técnico examinava o projeto. Se aprovado, conforme você ia executando, eles iam liberando o dinheiro. O presidente do IAA era um general, havia um conselho e o pessoal de carreira. Era um quadro muito bom o do IAA.

Vocês, empresários, tinham alguma ingerência no IAA? Existia algum comitê?

O IAA tinha toda uma legislação. Existia o Estatuto da Lavoura Canavieira, feito no tempo do Getúlio Vargas. Havia um conselho tripartite, com governo, industriais e fornecedores de cana, que determinava as regras, acompanhava a legislação e confirmava se ela era cumprida. Existiam órgãos para pendências entre usinas e fornecedores de cana, além de um setor que julgava processos. Era uma entidade grande, com pessoal técnico, jurídico, e uma estrutura de delegacias em São Paulo, Pernambuco, Alagoas e Minas Gerais. No Rio de Janeiro ficava a Administração Central. Em cada lugar havia um delegado e fiscais.

O IAA determinava a cota das usinas. No começo do ano, dimensionava o consumo brasileiro, a exportação e a produção de cada usina. Em São Paulo havia a Copersucar, que virou uma cooperativa central – antes, tínhamos uma cooperativa em Piracicaba, a Coopira, e outra em Ribeirão Preto, a Coopereste. Ambas formaram a Copersucar. Existia a cooperativa de Pernambuco, a de Alagoas e a Fluminense. Lá por 1964 houve uma crise de superprodução, e o governo militar fez uma reorganização: só se podia vender 1/12 da produção, para manter o preço e controlar.

E a Usina São Martinho nesse período?
A Usina São Martinho participou de todos os projetos. Para se integrar ao Funproçúcar, parou com o plantio de laranja e modernizou sua linha de produção. Fez tudo o que era necessário.

Foi nessa época que vocês acabaram também com o gado e com o café?
Acabamos com o gado, o café e a laranja. Colocamos uma moenda mais nova e modernizamos tudo. Ficamos prontos para o Proálcool, que era outro projeto inspecionado pelo IAA com a mesma equipe que já estava montada para o Funproçúcar. As características eram as mesmas: fazia-se e aprovava-se um projeto. Entrou, então, outra Comissão do Álcool, que era do Ministério da Indústria e Comércio. Precisava-se fazer outro projeto para apresentar. Dessa forma, incentivou-se o plantio da cana. A gente arrendava e fazia parcerias com áreas de outras culturas. Assim iniciou-se a ampliação da produção de álcool.

O Funproçúcar funcionou dessa forma até que ano?
Até 1971, o ano em que caiu o preço internacional do açúcar, quando o IAA limitou a produção de açúcar do país. O Funproçúcar possibilitou o desenvolvimento tecnológico de fábricas de equipamentos, como a Dedini. Elas receberam encomendas grandes, puderam melhorar a tecnologia e se equiparam para fazer moendas maiores. Quando se produzia açúcar, sobrava o melaço, e era necessário aumentar a destilaria para a produção de álcool
As fábricas de destilarias, como a Codistil e a Morlet, começaram a produzi-las com capacidade de 60 e 120 mil litros. Isso exigiu tecnologia, inicialmente estrangeira. Depois o pessoal daqui começou a inovar, e as fábricas ficaram preparadas para atender à demanda. Nós não tínhamos muito conhecimento de

fermentação para o álcool. Fomos obrigados a desenvolver esse processo. Acompanhei bastante tudo isso.

O Funproçúcar também investiu em melhoria tecnológica, através do Planalçúcar – Plano Nacional de Melhoramento da Cana-de-Açúcar, com quatro estações experimentais: Carpina, em Pernambuco, Rio Largo, em Alagoas, Campos, no estado do Rio, e Araras, em São Paulo, que trabalhavam em conjunto desenvolvendo projetos de modernização. Destes, o principal foi a criação de novas variedades de cana, num trabalho no qual se formaram importantes pesquisadores.

E quanto ao Proálcool, propriamente?

Quando houve a crise do petróleo, o Brasil não tinha recursos para importá-lo, e a balança de pagamentos estourou. Já existia uma indústria automobilística forte. A Anfavea, Associação Nacional de Fabricantes de Veículos Automotivos, e o governo juntaram-se no esforço para fabricar o álcool combustível. O Sauer, à época presidente da Anfavea, também nos apoiou. O Proálcool gerou emprego no interior, criou novas tecnologias e ampliou as fábricas de equipamentos e de tratores.

No início, usava-se uma mistura de 20% de álcool na gasolina. Depois, começou-se a fazer direto o álcool hidratado para abastecer os automóveis. A tecnologia melhorou muito.

Como foi feito esse investimento na produção de conhecimento, na criação de uma tecnologia? Vocês, empresários, também financiaram a pesquisa ou foi só o Estado?

Foi um esforço do Estado e da indústria privada. O Instituto Nacional de Tecnologia, chefiado pelo Dr. Bautista Vidal, trabalhou nisso. No CTA, Centro Técnico Aeroespacial, em São José dos Campos, o coronel Stumpf começou a trabalhar com motor a álcool. Depois, a GM, a Volks e a Ford montaram laboratórios grandes para o desenvolvimento de motores. Antes desse esforço, o motor vinha escrito em inglês na embalagem, e ninguém mexia nele. Eu sei, pois fiz estágio na Ford. Eles foram obrigados a fazer grandes centros de tecnologia com bancadas para experimentar o motor a álcool – a GM, a Volks, a Ford e a própria Fiat, que estava chegando ao Brasil e foi a primeira a fazer o carro a álcool. A Volks, por exemplo, tem um instituto de pesquisa com uma bancada imensa e muitas pessoas trabalhando. A GM e a Ford também inovaram bastante. Na Ford, que absorvera a Willys, havia alguns engenheiros muito bons.

A Fiat acabou se aproveitando desse conhecimento adquirido pelas outras indústrias?
 É, mas ela também organizou sua área de pesquisa. Os grandes centros, contudo, eram a Volks, a GM e a Ford, do Jeep Willys. Esse pessoal trabalhou muito. O projeto pioneiro de automóvel feito no Brasil, que eu me lembre, foi o Corcel, que se chamava "M". Foi bem desenvolvido, revolucionário, com tração nas rodas da frente. Foi o nosso primeiro carro. Os outros vieram de fora: Fusca, Gordini e Dauphine.
 A segunda fase do Proálcool foi desenvolver o carro a álcool.

Na época do Proálcool, o ministro da Agricultura era Alysson Paulinelli.
 A Agricultura nunca se meteu com isso, porque o IAA era subordinado ao Ministério da Indústria e Comércio. Até os institutos de pesquisa eram vinculados ao IAA.

Mas houve uma medida importante nessa época que também ajudou a expandir o plantio da cana: o projeto de desenvolvimento dos cerrados. Começou-se a ampliar a cultura da cana em São Paulo, assim como a expansão para o Centro-Oeste.

Na verdade, a grande revolução do cerrado foi a introdução do calcário, que, em São Paulo, começou com o Herbert Levy.

Herbert Levy foi secretário da Agricultura.

É. Porque a verdade é a seguinte: o cerrado é uma terra muito ácida e não tem condições para o plantio. Com o calcário, corrige-se a acidez do solo e se permite entrar com a adubação. Assim foi possível fazer agricultura no cerrado. Outra verdade é que a cana melhora a terra, porque é uma gramínea, uma gramona grande, cujas raízes vão até dois metros de profundidade. Suas grandes tonelagens definem uma cultura enorme, que vai de 12 a 18 meses, com um enraizamento profundo. Dez por cento da tonelagem de cana é raiz. Em uma quantidade de 100 ou 150 toneladas, 15 toneladas ficam na raiz. Esse enraizamento protege o solo e impede a erosão.

Começou-se a cultivar cana nas terras fracas. Depois de alguns plantios, aquela massa de raiz, que é matéria orgânica, foi enriquecendo o solo, e seguiram-se adubações. Em áreas de cerrado, a produtividade é pequena, mas depois cresce com a matéria orgânica da cana. O solo adquire vida. Muita gente fala que a cana pegou os melhores solos. Não é verdade, pois foi ela que melhorou o solo.

Mas também era preciso queimar. Queimar durante muito tempo também vai acabando com o solo, não é?

Não é bem assim. O colmo da cana tem 80% de água. Aquelas folhas que queimam são secas. Na verdade, era muito pouco o que se queimava mesmo, o suficiente para o cortador poder entrar e fazer o seu trabalho. De todo modo, agora há um programa da eliminação gradativa da queima da palha.

A queima era horrível mesmo. Eu me lembro de ter ido a Sertãozinho na época em que se queimava, e a cidade ficava preta, porque caía fuligem...
Nós tivemos incêndios grandes na região do cerrado que não partiram de queimada programada, foram acidentes causados por descuido de motoristas ao passar pelas plantações. Alguns, inadvertidamente, jogam "bitucas" de cigarros pela janela e causam incêndios. A queimada programada é feita com máquina, para não queimar a cana. Hoje acrescenta-se mais matéria orgânica. Não há dúvida, contudo, de que ocorre melhoria no solo com a cana.

Os Ometto também foram para o cerrado?
Fomos na época da introdução do calcário. Fomos para a região de Itirapina, que é terra de pau torto. Uma arvorezinha aqui, outra ali. É o cerrado. Tecnicamente, é areia quartzosa, isto é, uma terra muito pobre em argila. É só areia mesmo. Estamos plantando nisso, mas é preciso jogar matéria orgânica no começo, para ir reavivando o solo.

Na época do Proálcool havia muito crédito, muito dinheiro para a agricultura. Foi então que começaram, também, algumas iniciativas de criação de bancos cooperativos?
Havia crédito. Não havia bancos cooperativos. O Funproçúcar e o Proálcool foram financiados pelo Banco do Brasil. Para o Proálcool, houve também um empréstimo do Banco Mundial.

Da Stab à Fiesp

Em que medida esse dinheiro do Proálcool contribuiu para a criação da Sociedade dos Técnicos Açucareiros e Alcooleiros do Brasil, a Stab?

A sociedade existia antes do Funproçúcar. É claro que, com o advento do Funproçúcar e do Proálcool, o número de técnicos aumentou muito e chegamos a mais de dois mil desses profissionais. Começamos a fazer muitos congressos e simpósios nacionais. Acabei me tornando presidente nacional da entidade. Tínhamos a Stab em São Paulo, Minas Gerais, Alagoas, Pernambuco e Rio de Janeiro.

E quais eram as principais discussões na época em que o senhor foi presidente?

Principalmente tecnologia. Nesses congressos, os interesses dividiam-se em vários setores: agricultura, tecnologia industrial e subprodutos. Aprendia-se muito e compartilhava-se conhecimento. Até hoje fazemos seminários da Stab, que juntam os sócios em reuniões técnicas. São apresentadas teses e discutidas novidades. Nós empurramos a tecnologia para a frente. Participamos, também, dos congressos internacionais. Eu fui membro, muito presente, do *board* da *Industrial Society of Sugar Cane Technology*, ISSCT. Organizamos, na minha gestão, um congresso em Jacarta, na Indonésia, e visitamos as usinas de açúcar de lá. Conhecemos a indústria da Austrália e da África do Sul. Fui, também, presidente da Associação dos Técnicos Açucareiros da América Latina e do Caribe.

Como começou a aproximação com os demais técnicos açucareiros da América Latina?

A ISSCT tem o setor internacional com técnicos dos Estados Unidos, o pessoal da Louisiana, do Texas e do Havaí. Incluímos também os da África do Sul, que são muito avançados, e os da Austrália, Índia e Tailândia.

Na Indonésia, a delegação de Cuba propôs fazer o próximo congresso em Havana, e foi aprovado. Eles precisavam garantir a infraestrutura necessária, os hotéis, e preparar o evento. Fomos lá para acertar tudo. Precisei falar com o governo cubano, porque havia o problema da entrada dos brasileiros no país, pois na época não tínhamos relações internacionais com Cuba. O ponto de contato era a embaixada da Suíça. Me deu um trabalho! O brasileiro é muito atrapalhado: perde o passaporte, perde o avião... Tinha gente que queria voar lá em Cuba para conhecer a ilha. Disseram: "Como? Voar no nosso espaço? *No!*" O brasileiro é fogo!...

E não existia conflito com os demais países da América Latina? Porque, afinal de contas, todos os países estavam disputando os principais mercados internacionais.

Não, nunca houve. O meio técnico é muito interessante. Há uma troca, porque o açúcar é uma *commodity*, não é um produto especial. Então, compartilhamos conhecimento. Houve uma época em que eu estava mergulhado nisso. Estive no centro da Venezuela, numa cidadezinha chamada Barquisimeto, visitei Guadalajara, no México, e havia a confraternização das famílias dos técnicos. Em todo congresso, além da parte técnica e das conferências, existe o programa das senhoras, o programa dos visitantes e a parte folclórica. É gostoso.

O senhor disse que o Ministério da Agricultura se envolvia pouco com a questão do Proálcool, e que a interação maior era com o Ministério da Indústria e Comércio. Mas existem várias fotos suas com o ministro César Cals, das Minas e Energia.

César Cals, então ministro das Minas e Enegria, entusiasmou-se pelo Proálcool e o incentivava. Eu tinha um bom relacionamento com ele, que nos apoiava. Antes desse programa, o maior interesse do IAA era o monopólio do açúcar. O Proálcool mudou isso e acabou até enfraquecendo o IAA, porque entrou a questão da matriz energética. O primeiro ministro que pensou nessa questão para o país foi o César Cals. Nós fomos obrigados a estudar e entender o que era matriz energética.

O senhor é hoje vice-presidente da Fiesp. O senhor diria que é um empresário da indústria, ou um empresário do setor agrícola?
Bom, eu já fui agricultor. O açúcar é uma mistura de tudo, é agroindustrial. Na Fiesp eu ampliei os meus interesses. Acabei dando tiro para tudo quanto foi lado.

Mas o senhor teve, alguma vez, proximidade com a Confederação Nacional da Agricultura ou com a Sociedade Rural Brasileira, essas entidades de representação do ramo agrícola mesmo?
Temos muito! Quando eu vim para a Fiesp, uma das coisas que fiz foi organizar o Comitê do Agronegócio. Fiz uma interligação forte entre a agricultura e a indústria. Nós temos uma boa relação com o agricultor e com o industrial, pois conhecemos os dois, e eu trouxe a minha experiência. Hoje, a Fiesp tem o Departamento do Agronegócio. Também criamos o Conselho Superior do Agronegócio com Roberto Rodrigues, ex-ministro da Agricultura. Iniciamos a grande discussão do agronegócio. Afinal, 25% dos sindicatos filiados à Fiesp são da agroindústria.

O Comitê do Agronegócio da Fiesp foi criado então na sua gestão?
Na nossa gestão aqui. O Paulo Skaf me deu carta branca e eu fiz o comitê. Depois, foram tantas demandas que fizemos um departamento. Mais tarde começamos a conversar com o Roberto Rodrigues e constituímos um conselho, que hoje é um dos gran-

des centros do agronegócio brasileiro. O país inteiro vem aqui conversar de agronegócio.

O senhor faz parte da Associação Brasileira de Agribusiness, a Abag?

Fui um dos fundadores com Ney Bittencourt, Roberto Rodrigues e outros. Eu era presidente da Copersucar e banquei, no começo, muita coisa lá. Fizemos uma reunião aqui em São Paulo para animar o pessoal, e criamos a entidade. Este é o país do agronegócio, que aguenta a exportação e sustenta o superávit da balança comercial. E a gente não pode esquecer que os Estados Unidos também são grandes no setor.

Na verdade, começou-se a falar em agronegócio lá antes daqui, não é?

Quem inventou o termo *agribusiness*, atividade que manda nos Estados Unidos, foram os economistas de Harvard. Os congressistas norte-americanos, eleitos por voto distrital, com só dois anos de mandato, são geralmente ligados ao agronegócio. Aqueles economistas de Washington falam muito, mas quem manda é o agronegócio, pois a política internacional passa pelo Congresso. Por isso é tão difícil o ingresso do álcool brasileiro lá.

Nós fizemos um trabalho mostrando que o Brasil não subsidiava o álcool, e ganhamos no tribunal, no Trade U. S. O que aconteceu? Os congressistas editaram uma lei para proteger o etanol de milho. Um senador do Corn Belt, a região do Meio-Oeste americano onde prevalece a agricultura do milho, propôs, e a medida prevalece. Não tem jeito de derrubá-la. O mesmo está acontecendo com a mudança climática na região do carvão. Como é que o deputado daquele distrito vai aceitar fechar as minas e acabar com os empregos? Não se elege mais. Obama foi a Copenhagen, na Conferência do Clima, e falou sobre isso, mas ele não tem a mesma força de mando do Congresso americano, o poder que legisla sobre o assunto. É diferente do Brasil, em que o Poder Executivo decide a política internacional. Aqui, o presidente fala e pode mudar as coisas. Quem discute nos centros internacionais é o Itamaraty. Isso não é bom. Nós, empresários, não entramos nas discussões, ao contrário do que ocorre na Argentina e nos Estados Unidos.

CONFLITOS E ALIANÇAS

Voltando aos anos 1980, como o senhor viu o processo de abertura e, depois, as articulações para a Assembleia Constituinte? Porque houve uma presença forte dos setores rurais, até para tentar bloquear determinadas medidas que pudessem pôr em risco a propriedade rural – era o momento que o MST estava começando a aparecer. O senhor teve alguma participação nesse momento?

Nunca tive filiação partidária, disputei eleições ou exerci cargos na administração pública. Tenho a minha participação na política empresarial e, também, em artigos publicados pela mídia nos quais expresso minha opinião, exerço a cidadania. Sempre fui mais técnico. Nesse período eu estava participando em congressos, discutindo variedade de cana e tudo mais. Não entrei na mobilização de gente e de teses, embora sempre tenha contribuído com críticas e sugestões responsáveis. Não adianta apenas criticar, é preciso apontar soluções, caminhos.

Mas não vinham pedir o seu apoio para nada? Ou, se pediam, o senhor não participava?

Eu não participava. Estava muito envolvido com a Sociedade dos Técnicos. Criei núcleos de jovens na entidade, renovei a administração e convidava gente do setor e professores da Getulio Vargas para ampliar a discussão. Fizemos um congresso em Águas de São Pedro só com o setor administrativo. Desenvolvemos bastante a assistência social para a melhoria da qualidade de vida dos funcionários. Havia uma turma que trabalhava só em serviço social. No tempo do IAA, a legislação afirmava que, da receita de uma usina, 1% tinha de ser para assistência social e, da mesma forma, 2% do faturamento do álcool. As usinas tinham ambulatórios médicos e programas de esportes e lazer. Havia um grande contingente de mulheres trabalhadoras, que recebiam atenção especial em informações de saúde, educação e sociabilidade. Eu acompanhava muito esse trabalho.

O processo de modernização da produção foi também apontado como um processo que gerou um grande desemprego na área rural e uma forte liberação de mão de obra. Foi um momento que os jornais começaram a falar muito dos boias-frias. O senhor chegou a ter problemas com os sindicatos de trabalhadores rurais e, depois, com o MST?

Com o MST nunca tivemos. Com os sindicatos, sim, mas sempre conversamos. Sempre tivemos uma boa relação. Isso eu aprendi, pois tive uma greve na Santa Bárbara. A pior situação é não ter um chefe de sindicato. Começou uma greve louca em que ninguém mandava. O pagamento da cana, por exemplo, era uma das questões. Antigamente, cortava-se a cana e faziam-se feixes. Pagava-se por unidades de feixinhos. Com o advento da máquina carregadeira, eliminou-se o enfeixamento da cana recém-cortada. Aí o trabalhador falou: "Não, não e não. Eu conto por feixe. Como é que vai ser agora, de amontoado? Eu vou perder dinheiro." Precisamos fazer um acordo: calculamos quantos feixes tinham no monte. A briga aconteceu em região que não soube fazer acordo semelhante, porque o pessoal era mais novo. Essas coisas criaram problemas, o pessoal revoltou-se. Alguém falou "estão roubando!" E não tinha presidente do sindicato para negociar. Aí chamamos o Ministério do Trabalho para ajudar e se criou um sindicato organizado.

Houve muita revolta entre os trabalhadores, os cortadores de cana.
    Houve revolta, sim. A gente que é diretor de usina ouve muita coisa e nem sempre sabe o que está acontecendo. O administrador afirma que o pessoal está gostando muito. Eu fui lá no ambulatório, falei com o médico, que disse: "Dr. João, está havendo muita gente com dor nas costas aqui". A informação estava errada! O pessoal não estava gostando nada! O executivo precisa ter sensibilidade. Quando eu fui ao ambulatório e vi a situação, eu sabia que não ia dar certo. Houve gente que não teve sensibilidade para entender a questão, e os trabalhadores entraram em greve.

Além dos sindicatos dos trabalhadores rurais, vocês tinham problemas com os fornecedores? Porque sempre existiu uma tensão entre os fornecedores de cana e os usineiros em torno do preço.
    Mas aí é o seguinte: vem a cultura da turma da cana por causa do Estatuto da Lavoura Canavieira. O estatuto determinava que se tinha de comprar e estabelecia o pagamento da cana e as obrigações. Se você tinha uma usina e se alguém quisesse plantar cana, você era obrigado a receber até 60% da produção do fulano. Você não poderia passar de 40% de cana própria. Em caso de divergências entre o usineiro e o fornecedor, o IAA tinha uma câmara de discussão. Nossa cultura foi muito inovadora. Só agora é que o pessoal da laranja e as fábricas estão conversando. Imagine! Nossa convivência vem desde 1930. Por isso é que existe uma

harmonia no setor de cana, que não há entre o pessoal que planta e processa a laranja.

Por outro lado, às vezes se esquece que a usina queima a cana do pequeno produtor e dá serviço para o analfabeto. Para queimar cana, você tem duas coisas a fazer: pega o facão e corta embaixo e em cima. Esse pessoal não sabe fazer outra coisa. É sem estudo e, se não houver um serviço que ele possa fazer, tem de mandar embora. É um colosso de gente que tem dois destinos: ou vai para o MST ou para a cidade ficar na miséria.

Discutimos muito no programa do governo, que é parcelado, executado aos poucos, porque é preciso fazer treinamento e capacitar para outro trabalho. Como é que você vai treinar a pessoa analfabeta? Hoje, para qualquer função, a pessoa tem de saber ler e escrever. Tem de ter cursado, no mínimo, a oitava série. Em uma cortadeira de cana ou em um caminhão, você tem de ler manual e tomar nota. Nos programas de treinamento falam: "Olha, Dr. João, menos de oitava série eu não quero, não funciona". A verdade é que nem todo mundo quer e pode ser alfabetizado. Tem gente que não adianta você obrigar. Então, acho um pouco violento isso que fizeram. Há prefeituras que proíbem a queima de cana e outros procedimentos sem saber as consequências.

Como o senhor viu o primeiro Plano Nacional de Reforma Agrária, no governo Sarney? Foi na época em que surgiu a UDR, o MST começou a aparecer...

Com a minha experiência, sei que a reforma agrária é complicada. O México, em 1910, fez um programa e deu dez hectares para cada pessoa. Foi uma desgraça! Você não pode plantar cana direito, fica um arremedo. Aqueles dez hectares de 1910, hoje em dia, têm 50 donos. Ficou inviável. A verdade é a seguinte: há as grandes lavouras, de soja, cana e milho, realizadas em áreas amplas, nas quais se pode colher com máquinas; são culturas que precisam de elevadas dimensões para baratear o produto. E há lavouras que realmente são pequenas, como vinhedos e hortas. Pensar em transformar tudo em pequenas propriedades não funciona. Ficaria tudo muito caro, inclusive o alimento. Então, é preciso que existam as duas coisas. A gente tem de conviver com essa realidade.

A grande lavoura tem de ser econômica. O povo quer comer alimentos baratos. É necessário ter coisas especializadas que a pequena lavoura permite, como uma uvinha gostosa. Contudo, é necessário ter tecnologia para desenvolver essas culturas, e nisso a Embrapa está trabalhando bastante. A agricultura familiar faz parte do agronegócio. O leite, por exemplo, permite granjas com uma produção menor. O laticínio deve ser grande para processar o produto e se desenvolver. Hoje, a minha empregada quer o iogurte pronto. Ninguém quer mais o queijo feito na fazenda, porque chega lá a inspeção e diz que está ruim, e não sei o quê.

Se bem que hoje existe um ramo que está se valorizando bastante, que é o dos orgânicos.

É, os orgânicos. Agora, isso tem de ser bem fiscalizado. Porque não é qualquer um que chega lá. Ontem, nós estávamos conversando sobre o morango, do qual minhas netinhas gostam muito. Sua cultura é a que usa mais agrotóxico, senão ele fica pequeno e ninguém quer. Aí, nós estávamos dizendo: "Vem com aquele negócio 'natural', mas quem é que inspeciona?"

Uma das coisas que se diz é que o agronegócio diminui um pouco a força da agricultura familiar, compromete um pouco a produção de alimentos.

Eu não vejo isso, não. Não sei por que ficou meio feio falar de agronegócio, que é uma referência à cadeia produtiva. O agronegócio e a agricultura familiar podem estar juntos, como no caso do leite. São pequenos agricultores familiares que produzem e fornecem para uma cooperativa, que faz parte do agronegócio. Os pequenos juntam-se em cooperativas. Trata-se de uma grande solução. Acho que esse assunto tem de ser mais arejado. Eu, por exemplo, me dou muito bem com o assentamento que foi feito na São Martinho. Depois que o organizei, ficou tudo certinho. As famílias têm uma renda fixa com a produção e venda da cana e podem fazer agricultura familiar na outra metade do terreno.

O que o senhor acha, em geral, da política de criação de assentamentos?

Quando minha família chegou da Itália, o governo brasileiro nada deu para os imigrantes, e eles viraram colonos. Mesmo assim, era melhor que na Itália, porque os fazendeiros deixavam plantar no meio do cafezal. Você plantava uma hortinha e tinha o que comer. Porém o imigrante trazia um conhecimento. Quem foi a minha avó? Foi uma sem-terra com sete filhos, que plantava umas coisinhas. Todos comiam e ela vendia o que sobrava. Nós começamos fazendo isso. Esse pessoal que veio da Itália tinha cultura e sabia fazer as coisas, costurava e se virava em tudo. Não adianta só ter a terra e nada saber fazer.

Eu olho o assentamento. O assentado precisa saber fazer alguma coisa produtiva e querer trabalhar a terra, mas muitos nunca pegaram em uma enxada. São agentes políticos de partidos e instituições. Hoje em dia, o agronegócio tem 80 milhões de hectares, e os assentamentos, 80 milhões de hectares. Que produto dá para o Brasil o agronegócio e que produto dá para o Brasil o assentamento? O que eles produzem para a sua casa ou para a exportação? Que produto? A agricultura familiar é o contrário do assentamento; é o trabalho do pessoal que faz laticínio, mel, planta o tomate. Aliás, a imigração dos japoneses foi uma revolução. Eles fizeram agricultura familiar e criaram cooperativas importantes. Encheram a Ceagesp de comida e de flores também. Isso foi muito bom. Agora, eu vou dizer uma coisa: de modo geral, o pessoal assentado não quer trabalhar e crescer; nem os políticos querem que eles se desenvolvam, porque perderiam o controle que exercem sobre cada um deles. Essa gente está condenada a ficar na miséria mesmo, só para serem controlados, usados. Infelizmente. É triste falar isso, mas é verdade.

Do IAA ao agronegócio

O final dos anos 1980 foi um período meio ruim para a agricultura brasileira. Em geral, as pessoas se referem a ele como um momento difícil, em que não havia crédito. Foi assim também para o seu setor?

Foi muito duro. Porque no governo Sarney toda a energia foi para o buraco. O governo resolveu segurar a inflação e os preços públicos, como os da energia. Nesse contexto, a Petrobras ficou em dificuldade. A companhia, que comprava o nosso álcool e pagava em nove ou em sete meses, resolveu passar para 12 meses, e atrasava. Ah, foi duro. E tem mais: como empresa de economia mista, Petrobras não vai à falência. Se você vender alguma coisa para ela, se tiver um título, não tem protesto. Então, você vê que aperto a gente passou. E a Petrobras era um monopólio. Não foi fácil, não.

Aí vêm os anos 1990 e a abertura da economia. Como é que foi esse processo para vocês?

Foi um processo difícil, porque nós estávamos, bem ou mal, sob o tacão do IAA. Com a nova Constituição, não havia mais controle da economia. Então, fechou-se o IAA e nós tivemos de assumir tudo de repente.

Como foi o processo de internacionalização? Como vocês começaram?
Eu me lembro que o Brasil exportava dois milhões de toneladas de açúcar. Hoje, são 27 milhões. É o maior produtor de açúcar, atua no mercado internacional. Como é que foi feito isso? Muito trabalho e abnegação. Tivemos de nos profissionalizar. No Nordeste quebraram muitas empresas, porque o Nordeste recebia subsídio, e cortaram os subsídios. Nessa época eu era presidente da Copersucar, e resolvemos que tínhamos de fazer o nosso porto em Santos para embarques a granel. Só se exportava pelo Nordeste, onde fizeram um porto. Demorava 12 dias, às vezes até um mês, para carregar um navio, saco por saco. No porto de Santos, resolveram abrir espaço para depósitos privados e mecanizaram.

Os armazéns do porto de Santos foram feitos pelo Guinle no século XIX, todos em madeira, de pinho de riga, que vinha nos navios de café. Tivemos de derrubar tudo, estaquear, e fizemos dois armazéns novos, com maquinário moderno. Visitamos o porto de Roterdã para ver como era a mecanização. Hoje carregamos os navios com eficiência.

O maior investimento que o senhor acabou fazendo foi no porto, especificamente?
Uma das coisas que eu fiz na Copersucar foi o terminal no porto. No começo exportávamos o açúcar ensacado, e depois a granel, porque os outros países preferem receber o produto cru e refinar lá fora. Então, isso foi feito assim.

E em termos de contatos internacionais, como foi feita essa passagem?
Houve uma revolução no mundo todo. O açúcar era controlado em todos os países, como Cuba e Estados Unidos, que

têm o Sugar Act. A Austrália também tinha a sua legislação. De repente, todo mundo abandonou os controles estatais. Nós começamos a nos desenvolver com as *tradings* internacionais, passando a entender como é que se negociava o açúcar no exterior e como era o funcionamento da Bolsa. Foi um aprendizado grande e proveitoso. Hoje, todas as Bolsas e as *trading companies* têm seus escritórios aqui.

Vocês tiveram alguma ajuda dos órgãos públicos?

Não. Acabou o IAA e soltaram as amarras. Realmente, foi um período meio complicado para nós, porque precisamos nos adaptar e fazer parcerias. Tivemos de crescer! Eu não sabia trabalhar com preços públicos congelados e mercados internacionais. Foi um momento muito difícil.

Quais foram as principais perdas dos Ometto nessa época, em termos de patrimônio?

Nós paramos de crescer completamente. Foi um período de descapitalização. Em uma firma como a nossa, quando acontece isso, você não troca caminhão, trator e máquinas. Encorujamos, e os endividamentos subiram. Ninguém da família quebrou, porque sempre fomos controlados. Mas só começou a melhorar de novo quando aprendemos a trabalhar com a exportação. Para nós, quando parou a inflação foi uma grande coisa. Aliás, para toda a agricultura.

Então, a grande mudança foi o Plano Real.

É. Acontece, porém, que eles usaram o Plano Real. Eles alavancaram muito. O Plano Real foi alavancado e, infelizmente, pegou duas áreas importantes para nós: energia e agricultura. Pagamos muito alto para o bendito Plano Real. Fernando Henrique reconheceu isso e depois fez duas coisas: o Proer, Programa de Estímulo à Reestruturação e ao Fortalecimento do Sistema Financeiro Nacional, porque os bancos também não estavam acostumados a trabalhar sem inflação, e o Pesa, Programa Especial de Saneamento dos Ativos. Com o Pesa, o governo parcelou toda a dívida da agricultura por 12 ou 20 anos. Recebíamos um título, que depois era corrigido. Isso acertou a agricultura brasileira, que estava numa situação muito difícil. E aí acalmaram-se o barulho e os problemas.

A Copersucar apoiou Fernando Henrique quando ele era candidato a presidente, em 1994?

E eu era o presidente da Copersucar, apoiei e fui falar com o Fernando Henrique quando ele estava lá embaixo na pesquisa. Eu acreditava nele. Era uma opção. Tinha um programa mais sério. Depois ele judiou da gente, não é? Mas no final deu certo.

O Collor também fez uma coisa interessante: a Eco-92, um momento extraordinário para o Brasil. O Collor já estava entendendo o país. O último ministério dele era de alto nível. Mas havia o negócio da corrupção no governo, daquela turma do PC... Foi pena. A Eco-92 foi um momento importante para o Brasil. Eu acompanhei, na Eco-92, a primeira iniciativa no país quanto à reflexão sobre a mudança climática. Infelizmente, o *impeachment* do Collor parou tudo isso. Melhorou para a democracia, porque ninguém acreditava que iriam tirar um presidente, mas foi ruim para o Brasil. Tirou o brilho da Eco-92. Ele já estava acertando. Aí veio o Itamar. Fernando Henrique, como ministro da Fazenda do governo Itamar, foi muito bom, naquele período difícil. Eu estava na Copersucar e me envolvi com a política. Ele era articulado, fazia reuniões muito bem, chegava no ponto certo, debatia e dizia: "Nisso vocês têm razão. Vamos acertar isso." Foi excelente ministro. Coisa que não aconteceu depois, quando presidente da República, com os ministros dele. Eu o apoiei porque, além do Real, ele foi um bom ministro. Ele mesmo discutia tudo, ele mesmo fazia tudo. Gostei muito dele.

O senhor acha que os dois mandatos dele foram iguais? Ou um foi melhor que o outro?

O primeiro mandato foi duro para nós. Eu apoiei, mas os ministros dele não eram como ele, e a situação ficou muito difícil para a agricultura brasileira. Com o Pesa, isso foi se acertando.

Como foi a desvalorização do real em 1999 para vocês?

A desvalorização cambial deu um tranco, minha Nossa Senhora! Foi duro também.

O senhor saiu da Copersucar, foi para a Unica, União da Indústria de Cana-de-Açúcar, e nisso veio a desvalorização. Quais foram as principais políticas empreendidas pela Unica para tentar contornar as perdas advindas?

A Unica sempre procurou mostrar os dados, explicar e esclarecer a situação, dizer o que a gente podia fazer e o que não podia. Mantínhamos reuniões com o pessoal do Nordeste, de Minas, com todos, enfim. Os fornecedores estavam juntos também. Para acertar no preço da cana era difícil. Então, falávamos com todo mundo. Chegamos a fazer mutirões com os sindicatos dos trabalhadores, dos fornecedores e das indústrias, compartilhando o problema.

É interessante, porque o senhor está descrevendo os anos 1990 como anos muito difíceis para o agronegócio como um todo devido a diversas políticas econômicas, mas...

Houve a época brilhante, nos anos do Proálcool, mas, com a estratégia de usar os preços controlados para segurar a inflação, tivemos problemas seriíssimos.

Mas foi nessa época mais difícil que as empresas começam a investir em pesquisas em centros universitários. Como foi essa relação?
O problema é o seguinte: toda vez que você tem uma crise qualquer num setor, as primeiras coisas a serem cortadas pelas empresas em dificuldade são propaganda e pesquisa. Infelizmente, às vezes, há atrasos muito grandes. A pesquisa é uma coisa que tem de ser feita a longo prazo. Se você vai desenvolver uma variedade de cana, tem de fazer durante cinco anos, observar como ela se comporta com os cortes e em distintas situações. Se você manda embora o pesquisador, está perdendo anos e anos de trabalho, de inteligência.

Mas não foi exatamente nos anos 1990 que ocorreu essa maior ligação entre empresários e universidade?
Nos anos 1990 nós apoiamos, lá na Copersucar, a Uniemp, que é a união Universidade-Empresa. Eu acabei sendo presidente. Fizemos uma boa aproximação. E investimos muito. Eu fiz questão de investir no Centro Tecnológico Copersucar. Nos anos difíceis, nós diminuímos o aporte de recursos, mas não o fechamos. Continuamos a pesquisa principal – nisso fomos uma exceção. O Instituto Agronômico de Campinas parou, como ocorreu com outras organizações. Nós continuamos com o Centro Copersucar. A pesquisa é essencial!

E quanto à Embrapa?
A Embrapa nunca se meteu com açúcar e álcool, porque ela achava que isso estava na mão do IAA, e o Instituto tinha o

Planalsucar, um grande centro de pesquisa, que depois fechou. Não se esqueça que a Embrapa é vinculada ao Ministério da Agricultura, e o açúcar, ao Ministério da Indústria e Comércio. São dois mundos.

E quanto ao governo Lula? É interessante ter um governo que é de esquerda, mas que foi muito bom para o agronegócio.
A verdade é a seguinte: o setor de cana-de-açúcar é apoiado, no exterior, pelos verdes, pela esquerda. É agricultura e é ambientalmente correto. O pessoal de direita e seus governos são mais comprometidos com o petróleo. Quando eu estava na Copersucar, quando eu realmente estava na política, convidava os deputados e a Comissão de Energia a visitarem o Centro Tecnológico. Os mais entusiasmados eram o Aldo Rebelo e a turma do Partido Verde. Eles acreditam porque o setor dá emprego e é trabalho nacional. Então, os nacionalistas são fortes apoiadores da atividade. Fizemos alguns congressos e houve uma aproximação grande entre o PT e a Copersucar. O pessoal do partido entusiasmou-se muito conosco.

O senhor se lembra dos nomes que tinham proximidade com o seu setor?
Ah, o Palocci, o pessoal da esquerda, o Aldo Rebelo... Um pessoal que a gente conhecia e que sempre estava nos defendendo. Os trabalhadores da Petrobras também, porque nós somos brasileiros, somos verdes e agimos corretamente com o meio ambiente. Então começou a ligação com o PT, e o Lula passou a se interessar também pelo álcool. E, realmente, no governo ele sempre nos ouviu. Não fez canetada como o Fernando Henrique, que nem ouvia a gente e, de repente, lançava um decreto. Lula afirmou: "Eu vou sempre ouvir vocês. Posso discutir com vocês,

mas vou ouvir." Então, realmente, foi um governo que entendeu perfeitamente a questão internacional.

O senhor o apoiou na eleição?
 Acho que, na eleição, eu fiquei quieto. A gente não sabia se aquilo era discurso ou se realmente era para valer. Por que você já viu candidato antes da eleição? Eles falam o que você quer ouvir. Aliás, eu acho que é o marqueteiro que diz o que ele vai falar, não é? Mas, realmente, Lula fez um governo que nos apoiou muito. Foi inteligente e percebeu que era uma bandeira que podia ser vendida lá fora. A gente falava e ele realmente participava, ouvia muito. Em todos esses anos, apoiou a inserção internacional do álcool. Ele até brincava: "Sou garoto-propaganda de vocês, hein?" No final, como nós tínhamos tradicionalmente um bom relacionamento com os sindicatos e com os fornecedores, ele também captou isso muito bem. Fizemos vários acordos, como o pacto do trabalho.

Só um esclarecimento: o senhor disse que o seu setor é verde e é ambientalmente responsável, mas também se atribui à expansão do agronegócio uma parte do desmatamento.
 À cana, não. Quem entra primeiramente é o gado, porque chega na mata. Daí, os criadores cortam as árvores e plantam o colonião. Passados uns anos, sem adubo, esse capim deteriora, e aí derrubam mais floresta. É mais ou menos como o café, que não se adubava, veio lá do Rio de Janeiro, de Vassouras, entrou pelo vale do Paraíba e foi subindo. Só que tem uma coisa muito diferente em todas essas culturas: pode-se ir adiante e achar terras novas. A cana é diferente, pois ela tem de ficar num raio médio de 20 km da usina. Se a terra deteriorar ou se você não adubar, você para de produzir e não tem aonde ir. Na cultura da cana, é preciso

estar sempre adubando, repondo a terra e ir melhorando. A cana é estática e não pode ir adiante, porque ela precisa estar perto da indústria. A Usina Iracema está lá desde 1936.

Mas as diversas empresas de sua família trabalham também com outros tipos de agronegócio, além da cana-de-açúcar.

Houve uma época que nós abrimos uma fazenda na região do Matupá. Por quê? Porque o governo incentivava a ocupação. Uma parte do seu imposto de renda podia ser aplicado em programas na Região Amazônica. Você tinha de fazer um projeto, a ser aprovado pela Superintendência de Desenvolvimento da Amazônia, a Sudam, e aí era o seguinte: você podia desmatar até 50% da propriedade. Devia formar os pastos e dividir tudo, conforme o programa apresentado. Nós usamos o imposto de renda para fazer isso, compramos terra, desmatamos e realizamos toda a parte de divisão de pastos. Posteriormente, eu também formei uma fazenda lá e comecei a aprender.

Havia um problema: nesses projetos, nunca se falou em adubar ou em desenvolver pecuária agricultável. Todos os projetos do governo consistiam em abrir e plantar. Na verdade, se você não der dinheiro para esse pessoal entrar no lugar, adubar e fazer agricultura, esses sem-terra vão acabar com tudo. Vão que nem formiguinha, arrebentando tudo. Essa foi a minha experiência na fazenda. Aí, comecei a entender mais e a fazer agricultura e pastagem. Dá certo. Você não precisa aumentar nada. Na fazenda vizinha, que era de assentamento, ninguém lá ia obrigar a plantar árvore. O que eles faziam comigo? Eles vinham oferecer a árvore para fazer a cerca. Depois que acabavam com todas as árvores, vinham oferecer a fazenda para vender. Essa é a realidade que eu vi. No fim, só eu, que sou paulista, tinha 50% de floresta. No assentamento não tinha mais, e ninguém foi lá verificar.

Acho que faria muito bem o governo incentivar nossa independência, termos o nosso fertilizante, o nosso potássio e o nosso fósforo. O fato de a Vale entrar nisso é importante para o país. As nossas terras são fracas, precisam de fosfato e de calagem. Precisamos da agricultura e de uma política séria para o seu desenvolvimento.

Assistimos a um movimento que foi o da ida do agronegócio brasileiro para o exterior, o da internacionalização. Mas há outro processo também, porque, à medida que o Brasil passou a ser visto como uma área importante nesse setor, grupos estrangeiros passaram a investir também no país, comprando inclusive alguns grupos empresariais brasileiros. A Agroceres foi comprada pela Monsanto; a Manah pela Bunge... Há grupos estrangeiros comprando terras, também, no Brasil. Como o senhor vê esse processo?

Eu acho que a compra de terras por estrangeiros precisa ser observada. Não se esqueça que os Estados Unidos compraram o Alasca da Rússia e a Flórida da Espanha. Então, esse negócio de o governo chinês comprar terra não é bom, pois afeta a soberania nacional. Nós também temos o direito de comprar lá. Tudo eles não vão comprar, e muitos vão sair dessa brincadeira. Agora, a verdade é que é importante: se a maior produtora de álcool na França compra usinas aqui, e a França é um país que é contra o álcool brasileiro, eles vão ter interesse na produção de açúcar aqui. Não vão aguentar muito tempo o protecionismo francês. Acabarão sendo aliados nossos.

Sobre proibir que empresas estrangeiras comprem terras no Brasil, temos de pensar que existe uma troca. Para comprar empresas na Inglaterra, eles estudam bem antes de permitir. Depende de muitas variáveis. Há coisas que são estratégicas e outras que não são. É preciso avaliar, pois há aspectos positivos. Meu grupo aliou-se com a Petrobras, com a PBio, e achamos isso bom. Criamos uma nova companhia, a Nova Fronteira, junto com a Petrobras.

O senhor também tem uma joint venture com os japoneses.
Ah, nós temos, sim. Temos negócios de exportação de álcool fino, álcool de bebida, com eles. Eu não estou querendo que nós sejamos só exportadores de matéria-prima. Quero ver se eu desenvolvo produtos nossos. Estou lutando para desenvolver tecnologia brasileira. Como vice-presidente da Fiesp, tenho debatido isso. Falei sobre isso na Fundação Getulio Vargas também.

Nós estamos ficando de fora em eletrônica. Temos de desenvolver algumas coisas brasileiras, incluir tecnologia nas empresas de armamentos e de defesa. O Brasil é grande e precisa de P&D e de inteligência, senão vamos continuar a ser um grande exportador de minério e produtos agrícolas. Para que servem as nossas universidades? Nós temos de fomentar a nossa inteligência e nossa pesquisa. Estive no Simpósio de Engenharia Automotiva e abordei a engenharia brasileira. Contei do álcool e disse que o governo devia dar incentivo às empresas. Porque, hoje em dia, há as companhias antigas, como a GM, que têm centros de tecnologia. No entanto, muitas empresas que vêm aqui são apenas montadoras. Tenho debatido muito com o professor Bresser-Pereira sobre isso. Precisamos melhorar a nossa competitividade, e isso passa pelo avanço de muitos aspectos da nossa política industrial, como câmbio, logística e legislações tributárias.

Foi nesse contexto que o senhor abriu o capital da sua empresa. O que pesou para a abertura do capital?
Nós estamos num Brasil novo. Eu estava na Bolsa de Valores de São Paulo, quando vi dois senhores economistas conversando sobre fundos para aplicação em Bolsa. Perguntei quem eram eles.

Um era da CUT, e o outro, da Força Sindical. Aí eu disse: "O Brasil mudou, hein?" Eu me aproximei da Bolsa porque o nosso caminho é abrir o capital e um novo mercado, porque aí sim nós poderemos crescer, dando satisfação ao público. As experiências foram maravilhosas e estou muito contente. Fiz um projeto de profissionalização na empresa, com firmas de consultoria. Realizamos um trabalho grande: informatizamos totalmente a empresa, com um centro de controle compartilhado. Depois, incluímos a bonificação do grupo, em forma de governança corporativa. Treinamos isso porque você só se profissionaliza quando existe uma governança organizada. Foi uma mudança de cultura. Hoje, temos uma governança corporativa que permitiu sermos escolhidos pela Petrobras como parceiros. Certamente, isso aconteceu por causa desses trabalhos que nós estamos fazendo, com a abertura de capital, a transparência e as melhores práticas de mercado.

Estamos, também, abrindo novos campos de atividade no Japão com essa *joint venture*, e desenvolvendo outras coisas. Eu acho que há um grande caminho e uma imensa abertura para tudo isso.

Mas havia também uma ambição de colocar a São Martinho como uma grande usina de cana-de-açúcar no mundo?

A São Martinho é a maior usina do mundo em moagem. Oito milhões e meio de toneladas de cana é o que vamos moer esse ano. Temos um esquema de trabalho com a Rumo Logística e estamos discutindo isso com o conselho.

E como o etanol entra nessa história? Até agora falamos muito de açúcar e de álcool. E o etanol?

O etanol é com o Proálcool. Nós chegamos a ser o maior produtor de álcool. Aquela usina que temos em Goiás é só álcool.

Já compramos também um porto em São Simão para transportar o álcool pela hidrovia, na qual acredito muito. No entanto, esse tipo de empreendimento não é mais como no tempo em que o presidente Juscelino Kubitschek chamava o Sayão e dizia: "Vamos fazer uma estrada de Brasília até Belém. Eu tenho o dinheiro aqui. Já encomendei umas dez pás-carregadeiras, dez motoniveladoras e uns tratores. Daqui a 60 dias você começa a estrada." Hoje, há regras para licenciamento ambiental. É preciso envolver o Ibama, chamar arqueologista, paleontologista.

Boa parte dos empresários reclama mesmo desse conjunto de licenças que é preciso obter para fazer qualquer coisa, diz que isso atrapalha muito.

Houve uma evolução. Eu acho que tudo tem que ser feito racionalmente e pode levar um determinado tempo. Mas ficar dois anos para obter uma licença, aí já prejudica o país, não é?

Como é a sua relação com os outros setores da indústria paulista?

Estou na Fiesp para defender todos os setores. Há umas coisas das quais gosto mais, como essa questão com a universidade. Estou fazendo um grupo de trabalho junto com a USP. É muito importante a interligação entre a academia e a empresa. Estou trabalhando junto com o pró-reitor de pesquisa e um grupo grande. Acho que temos de manter essa ligação. Estou incentivando bastante a parceria com a GV para estudos econômicos, porque precisamos nos aprofundar nisso, trazer novidades. Não é só falar. Hoje, você tem de defender teses e estar muito bem embasado.

Estamos em outubro de 2010, véspera do segundo turno da eleição. O que o senhor espera do próximo governo?

Todo dia lemos, em todos os jornais, o que diz o pessoal: reforma tributária, reforma política e desburocratização. O atual governo começou e depois esqueceu um pouco de tudo isso. Na reforma tributária nós trabalhamos, mas estamos muito atrasados. Nesse aspecto, a Argentina e o Paraguai estão melhor que nós. É mais simples trabalhar. Para você abrir um negócio há menos impostos e não é necessário um contrato complexo. Fazer a declaração de imposto de renda é mais fácil. Aqui, muita coisa é complicada.

Como o senhor vê Marina Silva? O senhor a considera uma boa candidata, em termos do agronegócio?

A Marina tem algo muito bom. Quando assumi aqui, a primeira pessoa com quem conversamos foi ela, de quem gostei muito. Eu admiro a Marina. Ela é inteligente e simpática. Também acho a sua bandeira muito bacana. Para o nosso setor aqui, que é verde, acho que ela vai muito bem.

O senhor chegou a apoiar algum candidato na primeira fase da eleição?

Não, eu fiquei aqui na Fiesp. Paulo Skaf saiu porque era candidato a governador e a Federação não pode ter partidarismo. Paulo licenciou-se da Fiesp e do sindicato. Somos apartidários. Convidamos os candidatos para virem aqui expor suas ideias. Vamos fazer o Congresso da Indústria e convidar o vencedor para discutir conosco. Temos uma equipe preparando a programação do evento. Por outro lado, estamos preocupados com o câmbio, com a China e com a desindustrialização. Acho que, se não tomarmos cuidado, teremos uma ressaca grande e uma bomba aí na frente.

Uma bomba em que sentido?

O déficit está aumentando bastante e nós vamos começar a perder competitividade na indústria. Tem um estudo do Mendonça de Barros que afirma que, se o dólar cair a R$ 1,60, as *commodities* brasileiras não se salvam. No açúcar, nós éramos campeões, imbatíveis no mundo, com US$ 0,07. Não somos mais. Com a presente situação do nosso câmbio, a Austrália e a Tailândia já bateram a gente.

Acho que estamos vivendo em um mundo irreal: todo mundo contente; o dólar barato; o pessoal viaja, leva o cachorro, leva a sogra, e traz coisa de fora. Não podemos fazer como a Argentina, que começou com muita euforia, dolarizou a economia e, de repente, acabou com a indústria toda. Para consertar vai ser difícil.

Eu vejo a queixa dos industriais. E os nossos economistas da academia estão falando muito em estatísticas, pois a indústria brasileira está faturando bastante. Aí, você vai olhar de perto o que está acontecendo: estamos comprando os componentes eletrônicos na Coreia e aqui só estamos fazendo o casco. Não temos mais o conhecimento do núcleo. Você vê uma indústria montando celular, duas mil pessoas trabalhando. Vem tudo da Coreia, e as meninas estão lá juntando as peças. Virou CKD. Essas indústrias novas que vêm desse país são assim. Outro dia, o dólar subiu e o pessoal começou a falar: "Como é que nós vamos importar com esse câmbio? Como é que vamos importar o motor?" Acho isso um atraso, e estamos cada vez mais envolvidos. Isso vai explodir. Vejo perigo aí na frente. Diz o ex-ministro Delfim Netto: "Temos US$ 270 bilhões em reservas." Com essa volatilidade, se acontecer qualquer coisa, muda tudo e temos de enfrentar a situação. Não estou vendo um mar de rosas, não.

| EUGÊNIO STAUB

EUGÊNIO EMÍLIO STAUB nasceu no Rio de Janeiro em 1941, filho de pai suíço e mãe norte-americana. Em 1952, mudou-se com a família para São Paulo. Trabalhando desde os 14 anos na Staub, empresa de importação de componentes eletrônicos do pai, em 1961 ingressou no curso de administração da Eaesp/FGV. Logo a seguir, passou a ocupar o cargo de diretor comercial da Staub. Sua atuação foi essencial para a compra da Gradiente, entre os anos de 1969 e 1971, bem como para a pioneira transferência da planta industrial da empresa para a Zona Franca de Manaus, em 1972. Em 1979, assumiu a presidência da Gradiente, cargo que ocupa até os dias atuais.

Sua entrevista foi concedida a Américo Oscar Freire e Robert Norman Vivian Cajado Nicol em São Paulo, em 5 de setembro de 2007.

AGREGANDO CULTURAS

Li em algum lugar uma declaração sua dizendo que a Gradiente é uma espécie de fusão de duas culturas: a cultura suíça, que vinha de seu pai, uma cultura de disciplina, de trabalho etc., e uma cultura de "fundo de quintal", de criatividade. Gostaríamos que nos falasse um pouco dessa cultura suíça.

A cultura suíça era uma cultura rígida. Comecei a trabalhar com meu pai, que tinha uma empresa de importação, aos 14 anos, em 1956. Eu estava no ginásio e nunca mais parei de trabalhar.

Quando foi que seu pai veio da Suíça?

Meu pai veio da Suíça para o Rio de Janeiro em 1927, para passar três anos. Gostou tanto que nunca mais saiu de lá. Só em 1952 nós nos mudamos para São Paulo, 25 anos depois. Ele se dedicava à importação. Começou com autopeças, bicicletas, evoluiu para o ramo elétrico e, finalmente, para a eletrônica. Quando começou, em 1927, não existia eletrônica. A eletrônica só veio nos anos 50, e foi aí que eu comecei a trabalhar com ele. Me apaixonei pelo negócio e conheci toda a indústria.

Seu pai já veio para o Brasil casado?

Não. Casou depois de 12 anos no Rio. Casou com uma americana, que conheceu no navio em uma viagem de trabalho que fez. Ficou seis anos namorando e depois casou, em 1939. Nasci em 1941. Eles moravam em um apartamento em Santa Teresa. Foi lá que eu nasci.

Vocês conviviam com a colônia suíça?

Não, com a comunidade brasileira. Havia alguns suíços que meu pai conhecia, como alemães também, e americanos.

Mas não tínhamos uma integração na colônia suíça. Comecei a estudar na Escola Americana do Rio de Janeiro. A língua em casa, porque minha mãe era americana, passou a ser o inglês. Com isso o inglês ficou bem fluente, o que é muito útil.

Lembranças da infância, do Rio de Janeiro dos anos 1940?

Eu adoro o Rio de Janeiro, e uma das coisas mais marcantes, até hoje bem gravada na minha memória, é a vista que se tinha lá do apartamento de Santa Teresa. De um lado se via o Pão de Açúcar, e do outro lado, a Zona Norte. Havia uma grande obra lá, que era o Maracanã, inaugurado em 1950. Essa vista era maravilhosa. Uma coisa também marcante na época foi o fato de que, quando eu era muito pequeno, as vidraças do apartamento, por determinação das autoridades, tinham que ser fechadas por papelão preto. Temia-se que os submarinos alemães, que podiam estar na baía, pudessem enxergar. As próprias luminárias da avenida Atlântica, que não tinha a largura que tem hoje, tinham a parte voltada para o mar pintada de preto. Não sei se isso resolveu alguma coisa. Mas sei que o Silvestre foi o lugar dos meus primeiros anos. Ia-se a pé até onde era o bondinho do Corcovado. Era um lugar muito agradável, muito bonito.

Meu pai fez alguns movimentos importantes na vida. Um foi mudar da Suíça para o Brasil, que eu acho que foi uma boa coisa, e outro foi mudar do Rio para São Paulo. Depois de passar 25 anos no Rio, ele percebeu a importância econômica de São Paulo e nos mudamos para cá. São Paulo tinha então 2,7 milhões habitantes, e o Rio tinha um pouco menos. Quando mudamos para São Paulo, fui para uma escola brasileira, onde terminei o curso de admissão, depois fiz o ginásio e o colegial no Mackenzie, e depois fui para a GV. Mas a essa altura eu já trabalhava.

E por que começou a trabalhar tão cedo, com 14 anos?
Foi uma experiência durante as férias. Gostei tanto que emendei. Eu ia de manhã para o Mackenzie, de lá ia direto para o escritório do meu pai, voltava às sete da noite, jantava e fazia a lição de casa. Essa era a rotina.

Foi seu pai quem o obrigou a trabalhar, ou foi uma decisão sua?
Não, não. Foi uma decisão minha. Ele não me obrigou em nenhum momento. Pelo contrário, achava que era um excesso. Mas aceitou. Em São Paulo, nós viemos morar no chamado Alto da Boa Vista, perto de onde hoje é o Borba Gato. Era longe do Mackenzie. Eu ia de kombi. Meu pai resolveu comprar uma kombi, tinha motorista, ia para o trabalho na frente com o motorista, eu, meu irmão e minha irmã íamos atrás e descíamos no Mackenzie. Todos estudávamos lá. Era um trajeto de uns 30 minutos. Hoje levaria mais.

E como foi a chegada do menino carioca a São Paulo? Adaptou-se bem?
Olha, foi um choque, porque eu saí de uma escola americana para uma escola brasileira. O choque cultural foi menos do Rio para São Paulo do que de uma escola que tinha um ano letivo que começava em agosto para uma escola com o nosso sistema. A cultura dos alunos era diferente, na Escola Americana tinha muito gringo. Foi uma diferença grande, mas me adaptei rapidamente. Acho que a decisão do meu pai de me pôr em uma escola brasileira foi muito boa. Não foi uma decisão minha, eu tinha 10 anos, mas foi muito bom. Ele tomou algumas decisões importantes e boas na vida, para ele e para a família. Fez escolhas que foram decisivas.

Na Eaesp-FGV

E quanto à escolha da GV, ou seja, da Escola de Administração de Empresas de São Paulo, a Eaesp da Fundação Getulio Vargas?

A escolha da Eaesp foi uma coisa curiosa. Meu pai tinha muitos amigos estrangeiros, porque trabalhava com importação. Conversando uma vez com um deles, um americano, ele contou sobre o curso que tinha feito, de *business administration*, em Indianapolis, Indiana. Achei aquilo fascinante. O americano me mandou uns folhetos da universidade e eu disse: "Puxa, que coisa interessante! No Brasil não tem isso". Quando eu estava no último ano do colegial, apareceram uns garotos no Mackenzie com uns folhetos promovendo a Eaesp. A escola ficava na rua Martins Fontes e ocupava três andares em um prédio do Ministério do Trabalho. Fui lá ver como era, a instalação era precária, mas me apaixonei por aquela escola. Prestei vestibular e entrei. Nunca me arrependi. Entrei em 1961.

Como era o clima da escola?

Era extremamente liberal. Era uma escola muito pequena. Tinha quatro turmas de manhã e quatro à tarde, de 25 a 30 alunos. Estava instalada naqueles andares do prédio da Delegacia Regional do Trabalho, e no quarto andar havia o bar do Sr. Valoni. Era uma comunidade muito interessante, pequena e muito entrosada. O Centro Acadêmico era muito ativo. Eduardo Suplicy chegou a ser presidente. Ocorreu uma coisa curiosa comigo, porque na minha turma entrou, que eu saiba, a primeira menina da escola. Acabei me casando com ela quando estávamos no segundo ano. Estamos casados até hoje. Sempre brinco dizendo que ela fundou a ASA: Agarre o Seu Administrador... Ela não gosta que eu fale isso, mas estamos casados há 44 anos.

E os professores da época? Destacaria alguma figura importante na sua formação?

A escola tinha professores espetaculares. Uma coisa que me marcou muito foi a primeira aula que tive lá com o professor Carlos Malferrari, de "Administração 101". Havia muitos professores muito bons, como Oswaldo Fadigas Fontes Torres, de Estatística, Claude Machline, de Produção. Um que se destacava muito, e era o entusiasmo dos alunos, era o professor Ignácio da Silva Telles. Muita gente boa. Gustavo de Sá e Silva, do Marketing, Orlando Silva, do Marketing também. Enfim, foi um curso que adorei e fez uma diferença grande.

O senhor chegou a se envolver em questões de política estudantil nessa época?

Mais ou menos. Minha atuação foi mais a seguinte: em 1963, 1964, a remuneração dos professores era muito ruim. Os alunos, muito preocupados com isso, fizeram um grupo de trabalho dentro do Centro Acadêmico que eu coordenei. Entrevistei todos os professores e daí saiu um monte de fofocas, é claro. Geramos um relatório sobre como a Fundação pagava mal seus professores e ia perdê-los todos... Coisa de garoto. Os professores estavam estressados mesmo, mas acho que acabou não saindo nenhum. Eles só se queixavam. Agora, na parte política mesmo, não houve nada.

Apesar do Eduardo Suplicy?

O que aconteceu com o Eduardo foi que ele era presidente do Centro Acadêmico, e esse trabalho que nós fizemos e que eu coordenei era do partido de oposição a ele. Eduardo não queria que o trabalho prosperasse e assumiu o compromisso de que, se o trabalho fosse aprovado em assembleia, pediria demissão. Não só apresentamos o relatório, como o trabalho foi aprovado. Ele ficou uma semana pensando, pediu demissão e depois se reelegeu... Nunca deixei de ser amigo dele.

O problema naquela época era o seguinte: eu estudava de manhã, fazia CPOR, trabalhava à tarde, namorava, e depois casei. Tinha muitas vezes reunião do grupo de estudo à noite. Então, não havia tempo para fazer política. Sempre gostei muito de política, mas não me envolvi muito nessa parte, nem nunca me candidatei a cargo algum. Mas era um momento muito efervescente. Aliás, uma coisa que faz falta no Brasil, hoje, é essa participação da juventude no movimento político. Até hoje, grandes políticos que se formaram começaram sua carreira na área acadêmica, enquanto eram estudantes. É o caso do José Serra, que é o governador do estado. É o caso do José Dirceu. Foi o caso de muita gente. Muitas pessoas entraram na política através da política no centro acadêmico. Acho que foi a partir de 1945 que isso começou, e era muito interessante, muito pedagógico em termos de cidadania. Hoje não é assim, existe certa apatia da juventude em relação à questão política. Mas na época era uma coisa muito apaixonada. Nós assistíamos às palestras. Eu me lembro do Carlos Lacerda – que era uma pessoa muito controvertida – quando ele vinha a São Paulo. Ele nunca foi à GV, mas foi à Escola de Direito, e as turmas iam assistir. Nós participávamos muito. Tinha a direita, a extrema direita, que estava toda encarapitada no Mackenzie...

Às vezes havia conflitos com o Mackenzie...

Armados! Teve o conflito do Mackenzie com a Faculdade de Filosofia. Nunca participei disso. Mas o fato é que a estudantada era toda muito politizada. Lia editoriais de jornal, se interessava pelo que estava acontecendo. É uma coisa que hoje faz falta, a juventude se interessar mais cedo e aprender a fazer política.

O senhor falou em grupos de estudo. Vocês estudavam as disciplinas da Eaesp, ou outras coisas?

Estudávamos as disciplinas. Era uma prática da escola organizar grupos de estudo. Hoje é uma coisa comum, mas acho que a Eaesp foi precursora nisso. Tínhamos que estudar junto mesmo. Convivíamos, nos organizávamos em grupos. Eduardo e eu fazíamos parte de um grupo de cinco pessoas e estudávamos mesmo. Toda noite, ou três vezes por semana à noite, nós nos reuníamos para estudar, fazer trabalhos. Era uma coisa séria.

Além de Eduardo Suplicy, o senhor destacaria mais alguém entre seus colegas?

Teve o Roberto Noschese; teve um rapaz que depois foi um executivo de multinacional com muito sucesso, hoje está aposentado, Carlos Eduardo Rivadavia Lopes; Aguinaldo Pires Couto; Luis Roberto Vargas do Amaral. Esse era o nosso grupo de estudo.

Abílio Diniz era da sua classe?

Abílio se formou antes de eu entrar, foi de uma das primeiras turmas. Ele é da segunda turma, eu sou da sétima.

E o golpe de 1964? O senhor se lembra de alguma coisa? Algum impacto na própria escola?

Eu era recém-casado, tinha acabado de fazer o estágio do Exército, trabalhava, minha mulher já estava grávida da nossa primeira filha. Mas eu me lembro bem de todos os eventos. Fizemos assembleia no mesmo dia, muito apaixonados, 31 de março, 1º de abril. Enfim, havia muita participação e muita radicalização em torno disso. Mas era uma coisa boa. Independentemente de que lado você estava, era uma coisa muito boa.

A Gradiente: uma trajetória

Nessa época o senhor já estava começando sua vida profissional, não é?

Eu já trabalhava, mas aí já era mais sério, eu era diretor comercial na companhia do meu pai. Amadureci cedo. Conheci então os rapazes que fundaram a Gradiente, que eram estudantes de engenharia, e nos tornamos amigos. Nós fazíamos importações para eles. Logo depois de formado, ainda dentro da empresa do meu pai, que se chamava Staub – ele tinha posto o nome dele na empresa, e eu sempre quis tirar –, comecei uma indústria de componentes para televisão. Essa indústria prosperou, nós geramos caixa, e depois de cinco anos compramos a Gradiente. E mudamos tudo para Gradiente. Oficialmente isso aconteceu em 1971, mas começamos a trabalhar juntos no fim de 1969. Demorou para fazer a documentação, a negociação do contrato.

A Staub, na época, era quatro vezes o tamanho da Gradiente. O que aconteceu foi que a Gradiente foi fundada em outubro de 1964 e logo depois disso abriram-se as importações. Então, os concorrentes da Gradiente eram a Akai, a Samsung, a Teac, a Teknix, que depois virou Panasonic, a Sony. Era um páreo duro já naquela época. Durante os primeiros dez anos de Gradiente, competia-se com produtos importados. Em 1975, depois da primeira crise do petróleo, o governo brasileiro criou uma barreira alfandegária absurda para esses produtos e ficou só a produção nacional. A ideia era economizar divisas, porque o Brasil não tinha petróleo. Vivemos 10 anos com o mercado aberto, 15 anos com o mercado fechado, e aí veio o Collor, em 1990, e abriu. Durante esse processo, esse tempo todo, a indústria brasileira foi se mudando para Manaus. Nós somos uma empresa paulista, mas acabamos mudando a fábrica para Manaus, porque era a solução economicamente correta.

Como foi tomada a decisão de mudar a fábrica para Manaus? Seu pai ainda estava vivo nesse momento?

Estava. Meu pai, apesar de ser um suíço rígido, na hora em que começou a parte industrial – primeiro de componentes e depois da Gradiente –, delegou a maioria das decisões a mim. Sou muito grato a ele por isso. Eu o consultava, trocava ideias, ele era muito conservador, geralmente tinha restrições às minhas ideias, mas acabava apoiando. Toda essa atividade industrial de comprar a Gradiente, de mudar para Manaus, foram decisões que eu tomei, sempre o consultando. Mas ele me deu muito espaço. Nós compramos a Gradiente em 1970-1971, como disse, em 1972 tomamos conhecimento da Zona Franca de Manaus, fomos lá ver, e decidi começar uma fábrica lá.

De quando era a Zona Franca de Manaus?

Era de 1967, fim do governo Castello Branco. Era muito incipiente, tinha muita bandalheira. Mas fomos lá visitar, e chegamos à conclusão de que os incentivos fiscais valiam a pena. Era indispensável termos incentivos, porque senão não sobreviveríamos. Fomos uma das primeiras empresas a ir para Manaus. Mantivemos uma coexistência de nossas fábricas durante mais de 10 anos, até que, em 1985, terminamos de mudar. Mas as empresas estabelecidas, o *establishment* industrial – a Telefunken, a própria Semp, que ainda não era Semp Toshiba, a Philips – eram contra Manaus. Faziam uma guerra contra Manaus, mas algumas empresas foram para lá, como nós, como o Mathias Machline, da Sharp.

O senhor conversou com mais alguém, com outras empresas, sobre ir para a Zona Franca, ou foi uma decisão sua?
    Foi uma decisão individual. "Vamos enfrentar, vamos fazer uma fábrica-piloto". Alugamos um pequeno prédio no centro de Manaus e depois construímos um parque industrial ao longo dos anos. Acho que a resistência da indústria em ir para lá vinha do fato de que, de certa forma, era uma loucura. Se hoje é longe, imagina na época, quando não havia logística adequada, não havia nenhuma infraestrutura industrial nem de pessoal. Você levava as pessoas-chave de São Paulo.

Havia operários em Manaus? Engenheiros?
    Operários tinha, engenheiros, não. Não tinha nada. O que você tinha lá eram operárias, moças muito inteligentes, como são até hoje, de muito boa índole, mas desacostumadas ao jeito de trabalho. Se chovesse, elas não iam trabalhar. Cumprir horário não era um hábito, porque antes não havia atividade industrial. Não é que fossem indolentes, é que a cidade não tinha essa rigidez, boa ou má, da "civilização". Hoje Manaus é um centro de excelência. É um projeto industrial que deu certo. Apesar de as pessoas que não conhecem ainda fazerem restrições, de ainda haver muita oposição, quem conhece, reconhece naquilo um polo de desenvolvimento industrial que deu muito certo.

Não houve uma regressão com a Zona Franca de Manaus, em termos de apropriação de tecnologia estrangeira? No sentido de boa parte dos componentes eletrônicos vir de fora?
    Isso é uma outra história. Quando comecei a trabalhar com meu pai, com importação de componentes eletrônicos, estava-se implantando uma forte indústria brasileira de componentes. Cheguei então à conclusão de que o negócio do meu pai ia acabar,

porque tudo seria feito no Brasil. Já estava sendo feito no Brasil: havia um incentivo à nacionalização, e você tinha três, quatro, cinco fabricantes de cada componente. O nosso componente era um dos únicos que ainda não era feito aqui. Tomamos então a licença de uma empresa americana para fazer um seletor de canais para televisão baseado nesta visão: "Não se vai mais importar componentes". Isso foi verdade no fim dos anos 1960 e início dos 1970. Mas algumas coisas aconteceram no meio do caminho.

O advento da televisão a cores em 1972 fez uma ruptura tecnológica. Houve uma imobilidade. Havia mais de 100 empresas brasileiras fazendo televisão. Mais de 100. Eu sei, porque eu vendia peças para elas. Minha lista de clientes ia de A até Z: começava com a ABC Rádio e Televisão e terminava com Z, de Zilomag. O fato é que aconteceu essa ruptura com a mudança de tecnologia para a televisão a cores, e a Zona Franca de Manaus facilitava a importação de componentes. Algumas empresas brasileiras foram então para lá e se associaram. Foi o caso da Sociedade Eletro Mercantil Paulista, a Semp, que se associou à Toshiba para fazer televisão a cores em Manaus, foi o caso da Telefunken, da Philips. Todos acabaram indo para Manaus. No fim, só sobreviveu a indústria de Manaus.

O advento da televisão a cores e as possibilidades de importação em Manaus tiraram a perspectiva da indústria de componentes, o que foi uma pena. No início dos anos 1970, havia quase uma dúzia de fábricas japonesas que vieram para o Brasil. Os japoneses começaram a chegar com a Sharp, a Sony, a Sanyo, a própria Toshiba associada à Semp. E os fabricantes de componentes do Japão se implantaram aqui no Sul. Houve muita gente que se implantou aqui e acabou indo embora, porque não houve mais clima. Houve uma ruptura da política industrial e até hoje se busca o fio dessa meada. Mas hoje a realidade mundial é outra.

Quer dizer, esse barco foi perdido. No Brasil, esse processo foi acelerado por Manaus e pela televisão a cores.

O pessoal da área econômica do governo estava atento a esses fenômenos que estavam ocorrendo?
Sempre houve muita controvérsia dentro do governo. Havia aqueles que defendiam a Zona Franca de Manaus, como o Ministério do Interior e certos setores ditos modernos que buscavam a eficiência e não a nacionalização. Na realidade, a pá de cal, o encerramento desse ciclo de procurar o desenvolvimento da indústria de componentes ocorreu com o Collor, logo no início do governo, quando ele mudou a regra. Tornou a importação totalmente flexível, e aí a indústria de componentes não tinha mais como sobreviver.

Voltando à trajetória da Gradiente, em 1979 o senhor assumiu a presidência da empresa. Foi um período de incorporação de outras empresas, da Garrard, da Polyvox. Como foi esse processo? O senhor assumiu uma postura mais agressiva nesse momento?
Não fomos agressivos. Como eu disse, a partir dos anos 1970, meu pai me deu muita liberdade. Então, quando assumi a presidência, não houve uma mudança. Não nos tornamos uma empresa com agressividade. Em 1979 compramos a Garrard e a Polyvox, depois, em 1989, compramos a Telefunken, e mais recentemente compramos a Philco. A Gradiente foi construída através de aquisições, da Staub comprando a Gradiente e depois as outras empresas. Mas nunca foi planejado assim. Não era um plano estratégico: "Vamos comprar empresas!" Eram oportunidades que surgiam para aglutinar.

Qual foi o objetivo da compra da Philco?
O objetivo era trazer para dentro de casa uma segunda marca e mais a capacidade industrial em tecnologia de uma empresa

muito tradicional que tinha sido dos americanos. E realmente a compra da Philco agregou. Em seis meses nós integramos. Aqui neste prédio tem gente que veio da Philco – tem até alguns que vieram da Polyvox e da Telefunken. A engenharia se reforçou, e a fábrica em Manaus ficou centralizada na fábrica da Philco.

A ideia era ter outra marca?

A ideia também era ter outra marca, mas recentemente chegamos à conclusão de que, se nesse mercado competitivo tocar uma marca é difícil, duas é impossível...

E as negociações com a Nokia?

A Gradiente sempre teve uma percepção – não é só minha, é da equipe – de para onde está indo a tecnologia. Isso resultava de viajar, de ler, de acompanhar e conversar com muita gente de fora. Então, em 1992, 1993, nós percebemos que o telefone celular ia se tornar um grande negócio. Hoje é uma coisa tranquila, mas na época era muito discutido. Muita gente que não era do setor não acreditava. Um empresário até me disse na época: "Isso é uma bobagem. Ninguém vai usar." Tivemos a nossa percepção, fizemos uma prospecção e descobrimos uma pequena empresa desconhecida na Finlândia que parecia que ia para a frente. Em 1993 fizemos uma primeira parceria com a Nokia. Trouxemos a Nokia para o Brasil, e o negócio cresceu tanto, ficou tão absurdo o valor do negócio, que fizemos uma coisa que não se faz aqui normalmente: vendemos a nossa participação na fábrica para a Nokia.

O que foi um bom negócio.

Um excelente negócio. Por isso foi feito. Mas continuamos no mercado. Continuamos acreditando no celular. O celular está sendo a ponta de lança da convergência tecnológica. Disso se fala há mais de uma década: convergência tecnológica. O computador vai juntar com o televisor, vai juntar com o som, com o DVD. Isso está acontecendo e vai acontecer com a TV digital. Mas a ponta de lança da convergência tecnológica é o dispositivo manual. Nós já vimos isso acontecer. Quer dizer, o telefone, que foi feito para falar, virou um produto de altíssima tecnologia, com múltiplas funções: é câmera fotográfica, é tocador de música, é comunicador, acessa a internet, manda e-mails. Vai longe. E nós já dissemos isso 10 anos atrás: vai ser como o relógio de pulso, todo mundo vai ter o seu celular. Em alguns países já passou disso. Há países com cento e tantos por cento de penetração, pessoas com dois celulares. O Brasil teve um desenvolvimento surpreendente, são mais de 100 milhões de usuários em um país onde, na minha geração, o telefone era uma obsessão. Vocês são muito moços, não se lembram disso. Mas, para ligar do Rio para São Paulo, você tinha que acordar cedo, pedir a ligação para a telefonista e, se desse certo, você falava no fim da tarde. Então, o telefone virou um ícone! Uma linha de telefone se comprava a preço de ouro. Você botava na declaração de bens: "Sou dono do telefone de número tal".

Havia um mercado paralelo de telefones.

Havia todo um mercado paralelo de telefones, havia empresas que vendiam linhas telefônicas, havia classificados. Nesse mercado onde o telefone sempre foi um elemento escasso e tão desejado, a nossa percepção era de que, quando houvesse abundância, todo mundo ia querer ter um telefone. Independentemente disso, todo mundo precisa de telefone hoje. Hoje não se vive sem telefone celular. A empresa percebeu isso, entrou para a Nokia, depois teve que sair por três anos, voltou, e agora estamos tentando evoluir para essa percepção de que o telefone é um produto de convergência digital. É muito mais do que um aparelho para falar.

A Gradiente também tem interesse na área de computação?
A Gradiente sempre teve interesse nessa área. Ela foi pioneira nos anos 1980 com um produto chamado MSX, que era o computador que mais se vendia no país. A Sharp fazia e nós fazíamos. É uma história interessantíssima, que envolve um japonês colega de faculdade do Bill Gates. Nos anos 1980, o Bill Gates estava começando a Microsoft e propôs a ele fazer um sistema mais simplificado para estudantes, que passou a ser chamado de Microsoft X (MSX), produzido no Japão, em cima do DOS. Nós trouxemos esse computador para cá e depois não evoluímos para o PC. O PC ficou quase 20 anos na clandestinidade. Agora é que há uma indústria estruturada no país. Mas 70% do mercado eram contrabando. Não havia como participar. Nessa última oportunidade que houve agora, de entrar com o PC popular, com a legislação mais favorável e impostos menores, nós não entramos porque compramos a Philco. Mas certamente a Gradiente acredita na convergência, vai entrar na informática.

Notebook?
Estamos avaliando as oportunidades. Isso evolui tanto. A vantagem do meu ramo é que você tem bondes passando eternamente. Se você perde um bonde, vem outro... Então, estamos esperando o bonde certo para embarcar na informática. Mas vai acontecer. A integração dentro de casa do computador com o display, com os outros aparelhos de entretenimento, com o televisor mesmo, que é o centralizador, vai acontecer e vai haver oportunidades para entrarmos na modernidade.

A Gradiente ficaria na mesma situação, por exemplo, que a IBM, que em um determinado momento, em vez de apostar em software, continuou apostando no hardware?
Essa é uma boa questão. A Gradiente acredita muito em *software*, mas nunca conseguiu fazer nada com *software*. É uma

empresa com cabeça de *hardware*. A IBM hoje é diferente, é uma empresa de consultoria, mudou. Passou por maus pedaços, mas se reinventou. Mas nós somos bem diferentes da IBM. Somos mais parecidos com a Sony, com a Samsung, LG. Temos que encontrar o nosso caminho.

E quanto ao Instituto Genius?
    Isso foi uma decorrência da legislação sobre aplicação de receita. Você tem uma verba que tem que aplicar fora, e uma verba que pode aplicar internamente. A verba de fora você pode aplicar em um instituto existente, ou na criação de um instituto. Nós criamos. Por força da legislação, o Genius fica em Manaus, mas tem uma filial em São Paulo. Lá fazemos pesquisa, fazemos projetos, vendemos projetos para todas as áreas. São cento e poucos pesquisadores entre São Paulo e Manaus. Acho que uns 15% são PhD, muitos são mestres e outros são graduados em disciplinas de física, eletrônica etc.

Os projetos novos passam pelo Genius?
    Alguns. O Genius tem um grande cliente que é a Siemens, na Alemanha. Como o Genius e a Gradiente têm a mesma origem, talvez seja difícil – como acontece com alguns irmãos – trabalhar junto. Mas a Gradiente tem algumas coisas sobre as quais paga *royalties* para o Genius até hoje.

O Instituto Genius tem autonomia em termos de procurar parceiros? É uma empresa à parte?
    Tem total autonomia. É um instituto de pesquisas, tem uma formação jurídica à parte, um conselho à parte. Eu nem participo do conselho. São membros da comunidade acadêmica. Tem também um financeiro para manter as contas em or-

dem. Tem a sua própria vida. A relação com a Gradiente é de fornecedor e cliente.

Mas o grosso dos recursos continua vindo da Gradiente?
Até este ano, sim. Mas há muitos recursos de outras empresas. Hoje o Genius vende serviço. Tem recursos de projetos dedicados à tecnologia que vêm da Finep. Tem múltiplas receitas. Não é uma receita enorme. Acho que são uns 120 milhões por ano. É bastante.

POLÍTICA INDUSTRIAL E VISÃO ESTRATÉGICA

A seu ver, a Zona Franca de Manaus tem futuro, tem perspectiva?
Tem, ela está consolidada. Ela é hoje o mais importante polo de veículos de duas rodas. A MotoHonda, a Yamaha e outros estão lá. Ela tem toda a indústria eletrônica de consumo, tem um polo relojoeiro. É um polo consolidado, mas tem que evoluir. A vocação verdadeira de Manaus é uma coisa que eu acho que daqui a 20 ou 30 anos nós vamos verificar: é aproveitar a biodiversidade, o ambiente da floresta.

Tem havido alguma legislação nova, tem havido redução de incentivo às empresas?
A redução de incentivo estadual é que cada governo que chega tira um pouquinho. O desejo de alguns setores do governo é que haja o chamado adensamento da cadeia produtiva, o que significa ter mais conteúdo nacional. Mas isso hoje não é prático, e não por causa do Brasil, mas porque o mundo mudou. Enquanto as coisas mudavam aqui na área tecnológica – essas situações que eu descrevi, a nova tecnologia da televisão a cores, das telecomunicações, do celular –, e na área da legislação, com as mudanças

que o Collor introduziu, teve início uma mudança da geografia industrial do mundo, que está acontecendo inclusive no meu setor. Está em marcha, hoje, uma mudança grande da geografia industrial da Terra. Mais e mais fábricas são abertas na China. Alguém fez um levantamento: a cada 26 minutos uma fábrica é inaugurada na China, dia e noite. Isso ocorre em todos os setores, mas o nosso setor todo mudou para a China. Então, de certa forma, Manaus é uma exceção ainda mantida por incentivos de uma indústria que se concentrou na China. De um produto como o DVD, por exemplo, que é mais ou menos recente, 90 e tantos por cento da produção mundial são feitos na China. Portanto, tentar fazer uma política para produzir isso no Brasil não faz o menor sentido hoje.

Por outro lado, como a indústria eletrônica começou aqui nos anos 1950, ou até antes com o rádio, como temos ótima formação universitária, acadêmica, ótimos centros de pesquisa privados e públicos, como temos empresários no setor, o Brasil tem uma capacitação na indústria eletrônica que teria que ser aproveitada com políticas públicas. Não é exigir que o DVD seja nacionalizado, que a TV de LCD seja feita no país, porque nós não temos escala para fazer isso. O que nós podemos ter é uma indústria eletrônica mais sofisticada, mais próxima da inglesa, da francesa, da americana, aproveitando esse *know-how* que existe. Mas é preciso políticas públicas para estimular isso até com compras do Estado. Há condições de fazer revoluções importantes nas telecomunicações, na eletrônica para a saúde. Não se precisa de muito dinheiro, mas de uma coordenação do Estado. Esse seria o futuro da indústria eletrônica.

O atual governo é sensível a essas necessidades?

É sensível. O ministro da Saúde é sensível a isso, o ministro da Educação é sensível a isso. O problema desse governo e de todos é o problema de se articular. Em um assunto como esse, de política industrial e tecnológica, de indústria de ponta, você tem o próprio BNDES, que tem uma visão boa desse cenário, tem contribuído muito, você tem o Ministério de Desenvolvimento da Indústria e Comércio, que tem órgãos para isso, o Ministério de Ciência e Tecnologia, que tem órgãos para isso, o Ministério das Comunicações, que tem órgãos para isso, e a Casa Civil, que coordena isso. Então, você tem múltiplos órgãos, com as suas equipes e com ministros diferentes, que tinham que se articular para fazer uma coisa unificada. Há a Finep, que é um órgão importantíssimo com a sua estrutura, as suas políticas. Está tudo aí. Depois você tem as universidades, os centros de estudos e de pesquisa pública. Você tem muito recurso. Tem todos os fundos setoriais de tecnologia, desde o Verde Amarelo até o Funtel. Você tem recursos, muitos deles contingenciados, tem empresas, o segmento privado existe, mas falta uma articulação pública no sentido de dizer qual é o caminho e articular esses órgãos todos para trabalharem juntos. No caso da Saúde, além de todos os CTs, está aí o Ministério da Saúde, que tem um papel importante. Essa é a dificuldade do Brasil.

E há pressões contrárias também, certamente.

Sem dúvida. Nada contra as multinacionais – elas têm um papel importante –, mas o objetivo da multinacional e da sua administração é diferente do objetivo do país. Aí é que a gente se perde. O Brasil não tem mais clareza sobre as suas definições estratégicas, sobre o seu planejamento estratégico. O Brasil já teve isso. Getúlio Vargas tinha uma visão estratégica para o país. Fez o BNDES, fez a Petrobras, fez o CNPq. Depois veio Juscelino, que tinha um plano estratégico, os 50 anos em cinco, o Plano de Metas. Era um plano estratégico de curto prazo, para o mandato dele, mas sabia-se o que se desejava, e ele implementou. Depois vieram os governos militares com o I PND, que era um documento importante. Depois veio o II PND, com o ministro Reis Velloso. Eu tenho esses documentos até hoje. O III PND já não foi uma coisa séria, é um livro cheio de histórias. Foi no governo Figueiredo. Aí se perdeu essa visão estratégica. A partir de 1984, 1985, o objetivo estratégico do país era ligado a metas do Fundo Monetário Internacional, a metas de responsabilidade fiscal, de balanço de pagamentos. São muito importantes, não se discute, mas não podem ser as únicas metas do país. E todos nós ficamos burros. Quer dizer, o empresariado passou a discutir sobre quanto vai ser o índice do Selic, qual é o *overnight* de hoje, qual é a taxa de inflação, qual é o superávit do balanço de pagamentos. Nem se discutia superávit orçamentário, isso é uma coisa do segundo mandato do Fernando Henrique para a frente. Ficou tudo uma coisa muito de visão curta.

Falta resgatar uma visão estratégica para o país, porque aí as coisas ficam claras, fica claro o que fazer para garantir a longo prazo. A estratégia do país está nascendo das suas próprias vocações, o que não é errado, mas não é suficiente. O etanol é uma coisa que vem lá de trás, da Embrapa e da agilidade dos empresários. É algo que o Brasil tem, mas é preciso desenhar uma estratégia. A própria siderurgia que nasceu com Getúlio Vargas, a CSN, a Petrobras... Recentemente, eu vi que um jornal de São Paulo, em outubro de 1953, quando a Petrobras foi criada, publicou um editorial explicando que barbaridade era fazer a Petrobras, porque isso ia quebrar o país. Mas houve alguém com uma visão estratégica que, apesar da oposição da elite e de muita gente, chegou à conclusão de que tinha que fazer a Petrobras. Cinquenta anos depois, o Brasil é autossuficiente em petróleo, domina como ninguém a tecnologia de águas profundas. A Petrobras é uma empresa de porte internacional, que formou quadros... A Embraer é outro exemplo fantástico, porque, na realidade, foi um major do Exército, que depois virou brigadeiro-do-ar, Casemiro Montenegro Filho, cearense, que teve a visão de que o Brasil deveria ter tecnologia de aviação. Insistiu em começar a fazer isso. A história é conhecida. Ele começou na Escola do Exército, porque não havia Aeronáutica, depois ele conseguiu fazer um centro de pesquisa, formaram uma empresa, e hoje o Brasil tem a Embraer com tecnologia brasileira. O professor Zeferino Vaz, uma figura controvertida, mas que fez a Unicamp no subsolo de uma casa em Campinas, a própria Fundação Getulio Vargas, eram projetos de longo prazo. Hoje a gente não vê isso, e isso vai fazer falta para o país amanhã.

O empresariado, mais recentemente, não está se movimentando, pressionando por mudanças, em termos de reivindicar uma política industrial?

O Brasil sempre teve política industrial. Depois passou 15 anos discutindo se devia ter ou não. Aí se fez uma outra, no primeiro governo Lula, centrada em quatro linhas estratégicas, mas com uma horizontalidade impactando em outros setores. Mas não se implementou. Agora o ministro do Desenvolvimento está implementando uma nova política industrial, que é diferente da anterior. Em geral se discute muito política, e a implementação é complicada. Política industrial é uma parte do planejamento estratégico. Os países que estão dando certo – a China tem isso muito claro, o Japão já teve e continua tendo – sabem onde querem chegar, têm os seus objetivos. No Brasil, quem fazia muito esse papel de formação – hoje ainda existe, mas não tem o peso que tinha –, era a ESG, no Rio, que começou com uma visão sobre soberania nacional, mas tinha uma preocupação estratégica para o país.

Na eleição de 2002 o senhor apoiou Luiz Inácio Lula da Silva e chegou a dizer que era o único candidato que tinha uma visão de estadista. *Como o senhor avalia isso hoje em dia?*

O jornal foi que disse que eu afirmei que Lula era um estadista. Não foi isso. Eu disse que o Lula *poderia* ser um estadista. Hoje isso está comprovado. Ele é estadista! Aconteceu o seguinte: eu sempre via a elite – eu era parte disso – muito preocupada com o risco político. Voltando lá para trás, quando Getúlio Vargas foi eleito em 1950, uns amigos do meu pai que frequentavam a minha casa chegaram à conclusão de que o país estava perdido, porque o candidato da elite era o brigadeiro Eduardo Gomes, que ia salvar o país. Hoje se sabe que ele era até um pouco entreguista. Depois, em 1955, quando se elegeu o Juscelino, também havia a percepção de que seria um desastre, porque o candidato da elite era outro. Unanimidade nacional só aconteceu com o Jânio. Todo mundo achava que o Jânio ia ser a salvação do país, e deu no que deu. A partir de 1964, a grande preocupação, não só da elite brasileira, mas dos setores financeiros internacionais, era que, quando acabasse a ditadura, o país fosse à breca, porque a esquerda iria tomar conta. A ditadura foi feita justamente para evitar que a esquerda tomasse conta. Essa era a preocupação permanente, e esse era o preço que se pagava, o risco político que estava no risco Brasil. A partir de 1989, todas essas preocupações se concentraram em cima do Lula. Tanto que muita gente boa votou no Fernando Collor para o Lula não ser eleito. Depois Lula foi candidato de novo, veio Fernando Henrique... Mas o grande espectro era esse. Um empresário paulista disse que no dia em que o Lula fosse eleito, 800 mil empresários sairiam do país. Uma visão dramática e muito errada!

Eu, no ano 2001, casualmente dei uma entrevista e recebi um telefonema de uma pessoa que disse: "O Lula quer conhecê-lo". Eu tinha os mesmos preconceitos em relação ao Lula – não o conhecia – que todos desposavam. Fui conhecê-lo, fomos a um jantar na casa de um amigo – foi uma iniciativa do próprio Lula, que leu o tal artigo –, e nos demos muito bem. Vi o Lula como ele é, como todo mundo enxerga hoje. Depois perdemos contato e depois tivemos duas ou três oportunidades de nos encontrarmos. Eu me impressionei muito com o Lula. Quer você goste ou não, é uma pessoa inteligentíssima, de uma intuição fantástica, uma visão muito boa do que é e do que é que deve ser o país. Tinha feito aquelas caravanas todas, conhece o Brasil como ninguém. Tinha uma preocupação que todos nós tínhamos como estudantes da época de 1964, com a grande pobreza do país. Eu vi: "Puxa, o Lula não é esse bicho-papão, não vai acabar o país". Em certo momento, quando eu vi a radicalização do processo, decidi me manifestar a favor do Lula, que era uma coisa muito pouco comum para um empresário na época. Até sofri durante meses a rejeição dos meus amigos: "Você é louco!" Depois provou ser verdade que o Lula é uma pessoa equilibrada, que governa para o país todo. Qualquer governo pode ter crítica, e não entro nesse mérito. Mas não tenho nenhum arrependimento de ter apoiado o Lula. Acho que foi um bem para o país. Sumiu do radar brasileiro, pela primeira vez nos últimos 50 anos que eu vivi, o risco político. Não tem mais: "Se fulano for eleito, o que vai acontecer? Vai acabar?" Acabou isso. Houve um amadurecimento da democracia brasileira, e esse amadurecimento também foi promovido pela eleição do Lula e do PT, que tinha certa imagem e hoje é diferente. Enfim, houve, eu acho, um grande avanço na democracia brasileira com a eleição do Lula. Lula é um sucesso. Critiquem ou não, está fazendo um trabalho importante no sentido de minorar um pouco o problema da pobreza absoluta no país. Por isso ele foi feito presidente, como foi eleito agora de novo.

O senhor diria que é possível perceber no governo Lula uma visão de longo prazo, à semelhança de Getúlio e dos governos militares?

É difícil fazer uma avaliação, nos transportarmos 20, 30 anos para a frente, olharmos para trás e dizermos se as coisas que estão sendo feitas hoje têm impacto. Acho que na área social, certamente. Ele até pegou programas existentes, implantou com firmeza o Bolsa Família, por exemplo... Certamente isso gerou impacto. A preocupação com a educação... Mas não percebo – e não só no governo Lula, como no governo Fernando Henrique e no governo Sarney – essa visão estratégica de longo prazo. É difícil dizer: "Olha, não estão sendo feitas coisas fundamentais no país hoje". O que eu percebo e me angustia é que países como a própria China, como a Malásia e a Tailândia, têm uma visão estratégica e trabalham dia e noite para conseguir seu objetivo. Aqui, até porque Deus foi generoso com o país, é um pouco: "Vamos seguir com o que Deus nos deu". Nós, por exemplo, somos muito bons no suco de laranja, no açúcar, no etanol, na soja. Vamos aproveitar isso e otimizar isso! Mas estamos fazendo o suficiente? Porque a riqueza de um país é feita com setores de valor adicionado alto. Esses outros países, que não têm os recursos naturais que nós temos, estão se dedicando a fazer mais-valia e têm um processo de educação muito agressivo. É toda essa história: quanto vale uma tonelada de minério de ferro e quanto vale uma tonelada de semicondutores? Uma tonelada de semicondutores contém uma riqueza para o país que é distribuída à população. A tonelada de ferro tem sua riqueza, mas não é nem de longe comparável.

Retrospectivamente, seu setor considera que o Estado teve uma participação importante na sua evolução?

O Estado teve uma participação muito importante no setor através do processo de substituição de importações, principalmente no governo Geisel, no que era uma política de tecnologia de telecomunicações importantíssima, mas que se interrompeu. Nos anos 1970 se criou a Telebrás para começar a se endereçar a esse problema de escassez crônica de telefones. Organizou-se o CPqD, que era um centro de pesquisa em Campinas seguindo um modelo francês. Criou-se toda uma estrutura e uma geração de profissionais em telecomunicações. Começou-se a criar empresas brasileiras de telecomunicação. No governo Figueiredo isso começou a se perder e, com a privatização, se perdeu. Hoje o conceito é outro. A privatização eu não critico, ela é necessária. Mas a rigor hoje não há mais políticas públicas no sentido de prestigiar o produto nacional, a tecnologia nacional, como houve na China. A China criou do zero duas poderosíssimas empresas de telecomunicação de infraestrutura. Uma delas eu fui visitar, tem um centro de pesquisas que tem 10 mil cientistas. Além do próprio mercado interno, hoje eles competem e estão vendendo no Brasil. São produtos de mais-valia. Isso nós tínhamos e perdemos. Tínhamos uma política de nacionalização de produtos, de componentes. Os japoneses vieram para cá, se instalaram, como eu descrevi antes. Isso hoje não existe. Mas isso não é um problema do governo Lula, é uma coisa que morreu a partir dos anos 1990. O Brasil teve uma grande indústria naval, que acabou. Agora o governo Lula, com a iniciativa de fazer a Petrobras contratar a indústria naval, está fazendo a coisa certa. É importante isso. "Ah, é mais caro que o importado". É mais caro, mas são salários brasileiros que estão ali. Enfim, essa é uma questão ideológica, mas estava faltando um peso para o real interesse brasileiro.

Paulo Skaf

PAULO ANTOINE SKAF nasceu em São Paulo em 7 de agosto de 1955, filho de um imigrante libanês e de uma carioca, também descendente de libanês. Começou sua carreira nos anos 1970, quando conciliava o curso de administração de empresas na Universidade Mackenzie, o serviço militar e o trabalho na tecelagem do pai, a Skaf Indústria Têxtil Ltda. Em 1974 assumiu integralmente o trabalho na empresa do pai, deixando os estudos inconclusos. A partir daí, a tecelagem passou por um processo de modernização e verticalização da produção, tornando-se uma empresa de médio porte. No final da década de 1980, Skaf passou a ganhar notoriedade no mundo empresarial, aproximando-se das entidades de classe e chegando à presidência do Sindicato das Indústrias Têxteis de São Paulo (Sinditêxtil) e da Associação Brasileira de Indústria Têxtil (Abit). No final da década de 1990 reduziu sua atividade no setor têxtil e investiu no setor imobiliário. Em 2004 foi eleito presidente da Federação das Indústrias do Estado de São Paulo (Fiesp). Em 2009 filiou-se ao Partido Socialista Brasileiro (PSB) e em 2010 disputou as eleições para o governo de São Paulo.

Sua entrevista foi concedida em São Paulo em duas etapas: na primeira, a Paulo Gala, Paulo Fontes e Letícia Nedel, em 8 de junho de 2009; e na segunda, a Mario Grynzspan e Nelson Marconi, em 6 de julho de 2009.

Origens libaneses

Quando e onde o senhor nasceu, qual a história da sua família?
Nasci no dia 7 de agosto de 1955, na cidade de São Paulo. Meu pai é um imigrante libanês. Veio com 14 anos para o Brasil, junto com meu avô, e nunca mais voltou. Nunca teve a curiosidade de voltar à terra dele, até porque não era muito de viagem, não gostava de avião. Veio para cá e aqui se estabeleceu. Trabalhou inicialmente no comércio, depois na indústria. E casou com minha mãe, que era carioca. Meu pai se chama Antoine e minha mãe, falecida em 2001, Clotilde. Meu pai até comenta que, como ela morava no Rio, e ele em São Paulo, gastavam muito interurbano, e o casamento foi mais rápido... Eles se casaram em São Paulo e tiveram quatro filhos, três mulheres e um homem. Eu sou o caçula. Meu pai se naturalizou brasileiro, tem um carinho muito grande pelo Brasil e passou para nós esse carinho. Meus cunhados, casados com minhas irmãs, não coincidiram de serem descendentes de libaneses, são descendentes de italianos, brasileiros, enfim, e então a família se abrasileirou bastante. Até na língua. Muitas vezes, os filhos de imigrante aprendem a língua de origem. Nós não aprendemos o árabe, não. Meu pai falava sempre com minha mãe em português. E assim foi.

Quando seu pai veio para o Brasil? Nos anos 1930?
É. Ele nasceu em 1921, veio com 14 anos, portanto deve ter vindo em torno de 1935. Veio com o pai, depois as irmãs também vieram, e a família se mudou. Ele nasceu numa cidade do Líbano chamada Zahle, uma cidade importante. Mas há mais zahleu ou zahleota, que é o termo que se usa para quem nasce em Zahle, aqui no Brasil do que lá. Existe uma relação muito carinhosa com o Brasil. Há uma avenida principal, que cruza a cidade ao meio,

que se chama avenida Brasil. Eu também não estive em Zahle, mas sei dessa história da avenida. Isso representa o quanto eles gostam do Brasil.

O senhor saberia dizer exatamente por que seu avô veio para o Brasil?
Certamente, o que trouxe meu avô e o fez trazer a família foram as oportunidades. Naquela época o Líbano, um país pequeno, oferecia poucas oportunidades, e houve muita imigração de libaneses para o Brasil, como se fosse uma terra nova, uma terra de esperança, uma terra para construir o futuro. Sem dúvida, foi isso que trouxe não só meu avô, meu pai e as outras filhas, como a maior parte dos imigrantes italianos, portugueses, japoneses, que para cá vieram com a esperança da terra do futuro, da terra nova, enfim. E não erraram, porque o Brasil é um país maravilhoso.

Qual era a origem religiosa de seu avô?
Católica. Eram libaneses cristãos.

Seu avô e seu pai vieram direto para São Paulo? Tinham algum contato?
Vieram direto para São Paulo. Já tinham algum contato. Em São Paulo, meu pai trabalhou inicialmente no comércio de tecidos, depois na indústria de tecidos, e mais tarde acabou montando seu próprio negócio. E assim fez a vida dele.

E quanto à família de sua mãe, que era do Rio de Janeiro? Eles faziam o quê?
Na família da minha mãe, todos já faleceram. Eram minha mãe, uma irmã e dois irmãos. Minha avó era uruguaia, e meu avô também era libanês, da família Habeiche. É uma família tradicio-

nal no Líbano, que tem história de comandantes, de guerreiros, de xeiques. Aliás, meu avô tinha o título de xeique. Era de uma região do Líbano chamada June. Lá eles eram muito influentes. Minha mãe nasceu e morou no Rio de Janeiro até casar. O contato com meus dois tios e minha tia, irmãos dela, era bom, mas nunca foi muito intenso. Mas a família tinha a harmonia de todos. Minha mãe tinha bastante contato com a irmã, como é comum: sempre as irmãs são mais unidas.

Sua mãe era dona de casa?
    Era. Ela nunca trabalhou, não. Sempre foi totalmente dedicada à família, aos filhos, à casa. Até hoje muitas mulheres ficam dando atenção à família, mas naquela época era mais comum. Ela foi sempre de cuidar da família.
    Meu pai e minha mãe foram muito bons pais. Com eles eu aprendi o valor da família. Meu pai sempre deu muito valor à família, e isso foi um exemplo importante, o respeito à mulher e aos filhos, o amor pelos filhos. Sem dúvida nenhuma, não há nada que eu preze mais, de que eu goste mais do que meus filhos e minha mulher. E isso foi o exemplo do meu pai.

O senhor nasceu em que bairro de São Paulo? Onde passou a infância?
    Nasci na Pró-Matre. Até os cinco anos morei em Vila Mariana, na rua Estela, e a partir de 1960 moramos em Jardim América. Depois, quando me casei, me mudei para o Morumbi e morei na avenida Albert Einstein.

Na época em que o senhor nasceu, seu pai estava em que momento dos negócios dele?
    Quando eu nasci, em 1955, ele já tinha a tecelagem. Iniciou a tecelagem em 1945, era uma pequena empresa instalada

no bairro da Mooca. O setor têxtil sempre foi muito competitivo, muito difícil, e como as minhas irmãs, todas mais velhas, não se envolveram no negócio, a uma determinada altura ele começou a querer encerrar as atividades. Quando comecei a trabalhar, o negócio não estava grande, porque ele estava pensando em parar. Já trabalhava havia muitos anos, as filhas casaram e não se interessaram pelo assunto, eu também, quando era bem novo, quase fui seguir carreira militar... Cheguei a pensar nisso, com 14 anos de idade. Mas, depois, o destino me levou para outro lado. Minha relação com o Exército foi só o serviço obrigatório. Como eu tinha o colegial completo, fiz o CPOR durante um ano. E depois fiz um estágio em Lins, de 45 dias, porque, quando você faz o CPOR, sai aspirante a oficial; para ter a promoção a segundo-tenente, você tem que fazer o chamado estágio de instrução. Fui para a reserva como segundo-tenente de infantaria, que foi a arma que cursei no CPOR.

Do escotismo ao respeito ao meio ambiente

Antes disso, o senhor teve uma experiência no escotismo, não é?
Tive. Quando era moleque, eu estudava no Colégio Santo Américo, lá no Morumbi. Era semi-interno. E o colégio, além de atividades esportivas, tinha um grupo escoteiro. Eu participava desse grupo. Foi bastante interessante, porque conheci muitas coisas. Eu me lembro, por exemplo, que nós acampávamos em Iporanga, no Guarujá. Conheci aquela cachoeira e aquela praia, onde não havia nada, só beleza natural. Uma praia maravilhosa, aquele mar, aquela mata... Tinha muito borrachudo! A cachoeira era a coisa mais linda que há. Além desses acampamentos próximos a São Paulo, fazíamos viagens pelo Brasil. Então, eu diria até

que esse amor que eu tenho pelo Brasil, esse carinho que eu tenho por todas as regiões do Brasil, se iniciou naquele tempo, porque comecei a conhecer o país. Fazíamos aqueles chamados acampamentos móveis, viajávamos 5, 10 mil km de carro, em peruas, microônibus. Íamos para o Sul, íamos para o Norte, chegávamos aos locais, acampávamos e conhecíamos a cidade. Foi esse o meu primeiro contato. No tempo do escotismo, eu devia ter em torno de dez anos, alguma coisa assim, e tive a oportunidade de conhecer as belezas naturais.

Já havia na época aqueles congressos mundiais de escoteiros?
Confesso que não me lembro. O que eu gravei daquela época foram essas viagens, que serviram não só para conhecer o país, os costumes, as regiões, e desde muito cedo aprender a respeitar e gostar do Brasil, mas também para aprender a não ter mordomias, porque a gente acampava e dormia no chão. Eu sempre me lembro que, quando voltava para casa, dava valor a tudo, até a uma água na geladeira. Porque, muitas vezes, quando você estava acampado, para encher o cantil, tinha que andar um quilômetro ou dois, e a água muitas vezes estava um pouquinho quente. Já quando você abria a geladeira e punha no copo uma água geladinha para tomar, dava valor àquilo. A comida servidinha na mesa... Porque lá, muitas vezes, você tinha que cozinhar, tinha que lavar a marmita... Isso, para a formação, é muito bom. E também o contato com a natureza.

Desde muito cedo aprendi a respeitar a natureza, respeitar a mata, respeitar a cachoeira. Até hoje eu curto muito a natureza. Eu faço, por exemplo, *rafting*, essa descida de bote em rio, faço trilhas a cavalo no meio do mato, tomo banho de cachoeira no inverno, gosto de água gelada. Tudo isso, eu acho que vem um pouco daquela formação desde muito cedo. Depois, servindo no

CPOR, você também passa por um treinamento. E aí você ganha aquela formação, se adaptando a qualquer situação, com conforto, sem conforto. Porque a vida é assim. Você tem que estar preparado para as dificuldades. A vida não é fácil para ninguém. Acho que para uma criança nova, para um jovem, o escotismo é bastante importante. Sinto que para mim foi. Tenho boas lembranças. Tanto é que, depois, me casei, tenho cinco filhos, cinco meninos, todos eles estudaram no Colégio Santo Américo, e todos eles também acabaram frequentando o escotismo. O CPOR é que só o caçula fez.

Até hoje, como disse, eu curto muito a natureza. Eu, aqui, como presidente da Fiesp, já fui várias vezes para a Região Amazônica. Participei de movimentos, apoiei o movimento de preservação da Região Amazônica, criei aqui um Conselho Superior do Meio Ambiente, que não havia na Fiesp, convidei não só empresários especialistas, mas ambientalistas. Paulo Nogueira, que é um símbolo do ambientalista brasileiro, participa do nosso conselho. Porque nós queremos discutir a coisa com total transparência, com respeito ao meio ambiente. Acreditamos que o crescimento tem que ser sustentável. Esta semana, coincidentemente, é a semana do meio ambiente. Dia 11 agora, no feriado, estarei visitando os nossos pelotões de selva na fronteira da Amazônia a convite do ministro da Defesa. Estamos indo juntos. Já fui à Antártica visitar a estação da Marinha do Brasil, fui a plataformas de petróleo, fui visitar o Sivam, na Amazônia, a convite da Aeronáutica, visitei o Centro de Tecnologia das Forças Armadas. Enfim... Tudo isso faz parte, vamos dizer, daquilo que é natural, a gente curtir o país, respeitar o meio ambiente. É possível as coisas serem feitas com equilíbrio. Hoje, as empresas têm consciência de que cuidar do meio ambiente não é um ônus, é um bônus. É um bônus, porque, tendo um programa de produção mais limpa, você produz gastando menos energia, menos água, produz e exporta com mais facilidade. E isso é independente do principal, que é você estar preservando o seu planeta.

Sem dúvida nenhuma, no mundo, não há nada mais importante do que as pessoas. Então, é uma prioridade preservar o interesse delas. Por outro lado, preservando o interesse das pessoas, você tem que preservar o meio ambiente. Você tem que cuidar das oportunidades para as pessoas, do alimento, do desenvolvimento, tem que dar oportunidade de trabalho e emprego. Por isso é que tem que haver um equilíbrio. E há condição, sim. Eu posso dar um exemplo emblemático. Em Cubatão, que na memória de muitos ficou como aquela cidade só fumaça, só poluição – e houve isso mesmo, há 20 anos era assim –, a indústria investiu mais de US$ 1 bilhão na melhoria do ar, em filtro nas emissões e tal, e o resultado foi que aumentou a produção em 39%, e a poluição do ar foi reduzida em 99%. Então, imagine o que é possível fazer hoje com novos investimentos, com toda a tecnologia, com todos os cuidados. Eu defendo isso. E não defendo, em hipótese nenhuma, qualquer coisa que não vá ao encontro das pessoas e do país. Para se ir ao encontro do interesse do país, é preciso tratar tudo com equilíbrio. A questão ambiental e a questão do desenvolvimento, existem formas, sim, de você tratá-las de maneira coerente e correta.

NO SETOR TÊXTIL

Quando o senhor começou a estudar administração?

Estudei até 1973 no Colégio Santo Américo, em 1974 fiz vestibular para administração no Mackenzie e passei. Fiz o primeiro ano da faculdade à noite e o CPOR de dia. Mas já tinha começado a trabalhar também. Como disse, meu pai já estava querendo parar, a empresa estava pequena, não estava moderna, porque ele estava caminhando para desativar... E aí, quando comecei a trabalhar, misturei muita coisa, estudo, CPOR, e isso acabou me prejudicando um pouco. Tanto é que ingressei na faculdade, cursei alguns anos e não concluí, porque tinha essas atividades todas. E para coroar tudo isso, namorei um período curto, casei e logo em seguida tive cinco filhos.

Como eu, quando pego uma coisa, abraço, me envolvo, me envolvi muito no trabalho. Era uma empresa pequena, e você tinha que fazer de tudo: comprar, vender, produzir, olhar a qualidade. Tinha hora para começar, mas não para terminar. Quando terminei o CPOR, em 1975, eu já estava totalmente envolvido no trabalho. Desde aquela altura eu entendia que tudo tinha que ser mais moderno, e então fui lá, busquei um financiamento e troquei os teares. Assumi responsabilidades, e aí tinha que fazer a coisa acontecer, não podia correr o risco de não dar certo. Esse envolvimento acabou me ocupando muito. Como eu não tinha sócio, e meu pai já não estava com aquela paciência para ficar correndo muito atrás, era eu, praticamente, quem ficava com essa parte de compra, de venda, de produção, de produto. Aí, o que aconteceu? Cursei dois, três anos da faculdade, e tranquei matrícula. Você sabe como é. Na vida, você tem aquele momento de fazer aquela coisa. Quando você, naquele momento, diz que vai fazer depois, fica o depois, o depois, e aí o tempo passa.

O setor têxtil foi uma grande escola. Porque isso aconteceu em 1975, 1976, e eu fiquei ali durante 20 anos. Fiquei alguns anos junto com meu pai, e depois fizemos um acerto e fiquei só. E transformei uma pequena tecelagem numa empresa de porte médio e verticalizada. Passamos a ter preparação, tinturaria, estamparia, acabamento, coisa que não tínhamos. Verticalizamos a produção. Mudei para o interior de São Paulo, e fizemos uma fábrica totalmente moderna. Enfim, foram 20 anos de trabalho com grandes lições. Porque o setor têxtil é um setor altamente competitivo, nada é fácil, e você tem que estar atento. Quando comecei a trabalhar, fazia tecidos masculinos. Mercado muito difícil. Depois, fui para o feminino e aí montei a estamparia. Eu tinha muita dificuldade no começo, porque mandava beneficiar o tecido fora – eram as tinturarias que tingiam, e davam muita dor de cabeça, muito problema de qualidade, demora nas entregas. Isso me obrigou a ir verticalizando. Aí ficou uma unidade razoável, boa. Era uma empresa de porte médio, mas moderna. Fizemos uma imagem muito boa na estamparia, coleções muito bonitas. Eu viajava para a Europa, pegava as tendências, trazia, e tinha uma equipe de desenvolvimento muito forte. E buscava sempre tecnologia, quer dizer, equipamentos modernos, instalações, procedimentos. Por ser uma empresa de porte médio, eu sempre corria atrás de tudo, e estava sempre presente. Tinha uma equipe, mas, como em qualquer empresa de porte médio, ainda mais num setor difícil, você não tem condição de montar uma equipe que resolva tudo. Tem que estar muito presente. Foram anos de muito aprendizado. Porque você abre muito a cabeça, não está específico numa área. Está em todas as áreas, e sempre com muita competição. Aquilo, para a minha formação, foi muito bom.

Acontece também que desde muito cedo, desde o tempo do colégio, eu sempre gostei de coisas institucionais. No Colégio Santo Américo, por exemplo, havia clube de classe, e eu era presidente do clube de classe todos os anos; no CPOR, havia um grêmio, e fui presidente do grêmio. Sempre gostei desse lado um pouco político, institucional, sempre gostei de servir, de ter envolvimento em coisas maiores, em coisas públicas. Então, quando eu estava trabalhando no setor têxtil, num determinado momento, resolvi frequentar o sindicato.

Em que ano, exatamente, o senhor se aproximou do sindicato?
Quando foi a campanha do Collor e do Lula? Em 1989. Então, eu diria que foi em 1987, 1988...

Teve a ver com o processo da Constituinte?
Pode ser. Essas razões devem ter me levado a frequentar o sindicato. Porque eu estava afastado. Depois que comecei trabalhar, eu praticamente vivia para o trabalho e para a família. Eu com 28 anos, minha mulher com 23, nós tínhamos cinco filhos!

Mais desafiador do que o setor têxtil...
Era um na barriga, um no colo, um no carrinho, outro aqui, outro ali... O trabalho e a família tomavam conta. E também foi uma grande experiência ser pai de uma família grande. Mas tudo isso sempre é muita luta, muito trabalho; e a luta, o trabalho, o esforço aprimoram você constantemente. Quando as coisas são fáceis, vêm prontas, você não tem noção do que acontece para aquilo sair. Quando você faz, se esforça, é muito bom. E assim foi no trabalho, assim foi na família.

Mas aí, em 1988, eu resolvi ir ao sindicato, para tratar de assuntos ligados ao setor, e aquela mosquinha voltou a dar uma mordida. Eu gostava daquilo lá. Nós tínhamos o Sindicato da Indústria Têxtil e tínhamos a Associação Brasileira da Indústria Têxtil, e no ano seguinte eu acabei entrando na diretoria da associação. Depois, no mandato seguinte, eu já estava como vice-presidente do Sindicato da Indústria Têxtil. Havia mais de 30 anos que eles tinham o mesmo presidente na Abit, e então houve uma vontade, um movimento de renovação, e nesse movimento o meu nome surgiu. Acabei sendo eleito presidente da Abit, que depois passou a se chamar Associação Brasileira da Indústria Têxtil e de Confecção. Eu me esforcei muito para unir toda a cadeia têxtil. Havia rivalidade entre fiação, tecelagem e confecção, e uma das primeiras coisas que fiz foi exatamente unir tudo, trazendo o setor de confecção. Por isso, até mudou o nome da entidade.

Quando o senhor foi eleito presidente da Abit?
Foram seis anos de mandato. Terminou em 2004, seis anos para trás, 1998. Eu trabalhava muito, não tinha nem tempo. Como vice-presidente do sindicato, já tinha uma atividade forte, mas limitada, porque eu tinha uma empresa de porte médio que era preciso tocar. Quando foi em 1997, 1998, houve esse grande movimento de renovação na Abit, e eu também estava meio aborrecido na época, porque em 1995 houve aquela abertura abrupta do mercado, vieram aquelas importações, e os preços despencaram. Por outro lado, eu já estava sentindo aquele sabor, que estava dentro de mim, da questão institucional, política. Não política partidária, mas política empresarial, setorial. E aí, quando se juntaram essas coisas, eu tomei uma decisão e me reestruturei empresarialmente. Não vendi a empresa, mas vendi equipamentos. Tomei essa decisão, porque inclusive a situação estava se agravando, e eu não queria em hipótese nenhuma correr o risco de perder o controle, de deixar de cobrir os meus compromissos, que sempre foram cumpridos. Então achei que deveria pôr o pé no breque no lado empresarial e mudar a minha atividade, até porque, na atividade que eu tinha, eram 12, 13 horas por dia. Era carregar o piano nas costas. E eu vinha fazendo isso havia 20 anos. Depois desse tempo, eu estava com vontade de mudar a minha vida.

Redirecionei então o meu trabalho para a área imobiliária. Continuei a participar, sim, do setor têxtil, como participo até hoje, mas como acionista minoritário de empresas de porte maior, como membro de conselho de administração. Enfim, reestruturei minha vida empresarial para poder ter tempo e disponibilidade. Não deu para fazer isso de um dia para o outro, fui fazendo na velocidade que era possível. E consegui, a partir da eleição de 1998, começar a me direcionar para uma atividade mais institucional. Não larguei, absolutamente, a vida empresarial, estava lá, tinha reunião, estava vivendo aquele problema da microeconomia e tal. Estava tendo uma atividade empresarial, mas não uma atividade que exigisse aquela rotina que não deixava tempo para mais nada. E aí mergulhei na Abit. Era um trabalho voluntário, e certamente, materialmente, me prejudiquei.

O senhor não se desfez de sua empresa, continuou no setor têxtil, mas direcionou sua atividade para a área imobiliária... Como foi isso exatamente, que providências o senhor tomou?

Nós tínhamos várias divisões, como eu disse, de preparação, de tecelagem, de estamparia, e então me desfiz aos poucos dos equipamentos, até porque não é fácil, no setor têxtil, ter um comprador para uma empresa. Diferentemente de outros setores, em que muitas vezes, quando você tem intenção de vender, é fácil, no setor têxtil são raríssimos os casos em que você tem facilidade de vender uma empresa, mesmo que seja organizada. Acabei vendendo em fatias a parte das máquinas e instalações, e a parte imobiliária eu transformei numa atividade imobiliária, que tenho até hoje. Lógico que isso tudo foi feito da forma mais correta possível. Todas as pessoas que trabalhavam lá tiveram os direitos pagos rigorosamente, foram pagos fornecedores, bancos, enfim.

Foi simplesmente uma mudança de destino. Eu queria entrar na atividade mais imobiliária e ter uma participação na atividade têxtil, onde eu tinha uma experiência grande, mas de forma diferente. Até hoje, por exemplo, estou na Paramount, sou vice-presidente do conselho de administração. É uma empresa exemplar, uma empresa moderna, que investe, que, tudo que faz, faz com excelência, com qualidade. Nós temos fábrica em São Paulo, em Santa Isabel, no Rio Grande do Sul, a Pingouim, de tricô; fazíamos a parte de confecção Lacoste até o ano passado. Temos fios de acrílico, tecidos, esses super120, super150, para ternos. Sem dúvida nenhuma, hoje, a nossa casimira tem qualidade compatível com a da italiana. Você pega uma casimira nossa, feita no Brasil, e ela não deixa nada a desejar. Continuo atuando no setor têxtil, mas de uma forma que minha obrigação é participar das reuniões de conselho, que são mensais, e não mais ter qualquer tipo de rotina. E além disso tenho outras atividades fora do setor têxtil, mais na área de tecnologia, na área de construção, na área imobiliária.

Seu pai já tinha começado a investir no ramo imobiliário?
Não. Fui eu que comecei. Quer dizer, propriedades que eu comprei ao longo da vida, isso é uma coisa. Agora, a atividade de construir para alugar, isso foi pós-indústria. Foi mais para a década de 2000, já na virada do século. Hoje nós temos uma empresa que faz aquele sistema *build to suit*. Quando uma empresa tem interesse em um prédio, nós fazemos sob encomenda, construímos e alugamos. Essa é, hoje, a atividade imobiliária. Independente de ter imóveis, que, sim, ao longo da vida, sempre que pude, eu comprei.

DE PRESIDENTE DA ABIT A PRESIDENTE DA FIESP

O senhor disse que quando foi para a Abit se esforçou para integrar a cadeia produtiva na área da tecelagem, onde havia muito conflito. De onde veio essa ideia de integrar a cadeia produtiva?
A minha vida inteira, desde o tempo de moleque e de colégio, eu fui agregador. Essa é a minha natureza. Era por isso que eu

participava do clube de classe no Colégio Santo Américo, fui presidente durante muitos anos seguidos: porque era um agregador. Nenhum desagregador é escolhido pelas pessoas para representá-las. Logicamente, quando você vai para alguma missão, é fundamental que haja união. No caso do setor têxtil, a união era fundamental. Um dos problemas graves que nós tínhamos era que a cadeia era desunida. Está certo que existem os conflitos naturais na relação cliente-fornecedor, mas isso tem que ser menor do que a união de todos em prol do bem de todos. Isso é o detalhe, o conflito pontual. Mas na verdade o detalhe é que comandava na época, e as relações entre os diversos elos da cadeia eram muito abaladas. Algumas empresas, por exemplo, eram verticalizadas, faziam da fibra até o tecido, outras começavam com a tecelagem e iam até o tecido acabado, outras faziam malhas... Então a relação entre as fiações, que fabricavam o fio e forneciam às tecelagens e malharias, ou a relação das tecelagens com seus clientes confeccionistas eram muito cheias de atrito. Na época, a Abit representava toda a cadeia da indústria têxtil até o tecido, e outras entidades representavam a confecção. E havia rivalidade entre as entidades. Tudo isso era muito negativo. Então nós procuramos agregar.

Existiam conflitos regionais também? Ou os conflitos eram só entre os elos da cadeia?

Havia conflitos regionais. Eu presidia também o Sindicato da Indústria Têxtil de São Paulo, mas sempre procurava ter uma visão de país com equilíbrio de justiça. O que decidia não era a pressão maior ou o mais amigo, ou qualquer interesse pontual de quem quer que fosse, o que decidia era aquilo que seria melhor para o conjunto, aquilo que fosse mais coerente, que tivesse maior equilíbrio. Essas sempre foram as nossas decisões. Aprendi que aquele que quer agradar a todos não agrada a ninguém. Então, você tem que fazer o certo. E aí, você fazendo o certo sempre, aquele que é contrariado nos seus interesses num determinado momento, mas no momento seguinte não é contrariado, e, ao contrário, pode se sentir beneficiado, ele começa a respeitar: "poxa, o mais certo era aquilo mesmo". Todo mundo tem consciência. Se você decide pelo certo, pelo equilibrado, visando o interesse do conjunto, acaba conquistando o respeito de todos. E nós conseguimos fazer isso. Por isso é que os conflitos entre estados não existiam.

Ser presidente da Abit foi uma oportunidade, porque quando eu entrei a Abit era muito vista como São Paulo: a sede era em São Paulo, junto com o sindicato de São Paulo, era uma visão muito paulista. E durante o meu período como presidente da Abit, eu viajei muito mais para os estados do Brasil do que para o interior de São Paulo exatamente para cumprir a missão de transformar a Abit numa entidade nacional, vinculada a todos os cantos do Brasil. Mato Grosso, por exemplo, era um estado forte, que estava fazendo uma revolução na cotonicultura. Então, nós estávamos lá no Mato Grosso. Santa Catarina é muito importante na indústria têxtil, Minas Gerais é importante, Ceará é importante: nós estávamos lá. Sergipe tinha indústrias importantes – logicamente é um estado menor, e a sua indústria não tinha o porte da de São Paulo, ou do Ceará, ou de Santa Catarina, mas estive lá. Enfim, viajei para todos os cantos do Brasil onde tínhamos participação; alguns estados, por serem produtores de algodão, outros, por serem fortes na produção de tecido, outros, fortes na malha, outros, fortes em confecção. E fui agregando. Em todos esses estados, quando eu ia, fazíamos parceria da Abit com as federações de indústria, com os sindicatos locais. Então, realmente, houve uma evolução muito grande durante o período.

Isso é reconhecido pelas pessoas, e por isso eu me sinto no direito de falar porque ouvi das pessoas, não foi uma análise minha. O resultado, na época, foi que aqueles conflitos todos, todos diminuíram. Nunca você elimina. Mas a coisa ficou sob controle, com equilíbrio. E todo mundo, realmente, viu que a entidade tomava decisões baseadas no conjunto, no interesse maior de todos; sempre visando o interesse do país e da cadeia produtiva, e não o interesse do grupo a, b ou c.

Não havia mais a noção de que São Paulo iria impor os interesses paulistas para o resto da nação.

Não. Eu até quebrei um paradigma. Quando saí, apoiei um mineiro para ser o presidente da Abit. O presidente era sempre de São Paulo. Mas a Abit é uma entidade nacional! Não há nenhum problema em ter pessoas de Minas, do Ceará ou do Paraná ou do Rio Grande do Sul ou do Rio de Janeiro. Não caberia, numa entidade paulista, trazer alguém de outro estado para presidir. Mas nesse caso era uma entidade nacional. E eu lutei para que assim fosse, verdadeiramente.

O fato é que eu me envolvi muito na Abit. E o resultado desse envolvimento apareceu. Fizemos um trabalho estimulando o investimento no setor têxtil, a modernização, o aumento da exportação, a promoção da moda brasileira. E tudo isso teve resultados concretos. Dobrou a exportação: era de US$ 1 bilhão, passou para 2, houve um superávit comercial grande. Investimos bilhões na modernização, na cadeia produtiva toda. Na época, acho que foram 7 ou 8 bilhões. Um valor enorme. Houve uma grande revolução.

A produção de algodão, quando eu entrei na Abit, era de 300 mil toneladas, e o Brasil consumia 800 mil. A indústria e os cotonicultores também estavam afastados. Nós costuramos uma união entre eles. Convidei cotonicultores importantes a participar dos conselhos da nossa entidade. E, nessa união, a indústria chegou a criar um fundo. Pagava por tonelada de exportação e depositava nesse fundo para o desenvolvimento de novas sementes. Quando saí da Abit, a produção estava em quase um milhão de toneladas. Nós passamos a ser autossuficientes, e a exportação dobrou. Pusemos a Abit nos eventos de moda, até criamos o Prêmio Abit, que virou quase um Oscar da moda. E criamos uma série de eventos que estimulavam as empresas, demos atenção à inovação, à tecnologia. Enfim, foi feito um bom trabalho. E, talvez fruto desse bom trabalho, quando terminei o mandato lá, em 2004, era a época de eleição na Fiesp – tivemos essa coincidência –, e houve um movimento de muitos sindicatos da casa, muitas lideranças, me provocando a me envolver na sucessão da Fiesp.

Antes o senhor já tinha algum envolvimento na Fiesp?
Eu tinha algum envolvimento, sim. Quando entrou o presidente anterior, eu já estava na Abit, no Sinditêxtil, e tive alguma participação, fui um dos coordenadores da campanha. E aí fiquei como um dos vice-presidentes da Fiesp. Mas era um de diversos vice-presidentes. Como a Abit e o Sinditêxtil tinham um trabalho muito forte, aquilo me absorvia muito. Eu tinha uma participação na Fiesp, mas eram casos assim: quando havia, por exemplo, uma missão. Eu me lembro que na época nós criamos um grupo chamado Grafis – Grupo de Assuntos Fiscais, que eu coordenei para aquele primeiro Refis, parcelamento de passivos fiscais. Nós conseguimos aprovar o Refis. Ninguém acreditava que conseguiríamos. Eu defendia o princípio da capacidade contributiva da empresa para pagar o parcelamento. O que era isso? O percentual sobre o faturamento. Ninguém acreditava. Depois de um ano de trabalho, conseguimos aprovar o Refis. Aquele trabalho foi li-

derado, na época, pela Fiesp e pelo Grafis, e eu é que coordenei aquilo com algumas pessoas.

Enfim, quando chegou o momento da sucessão na Fiesp, o então presidente queria apoiar uma candidatura que seria da situação; e eu, além de estar sendo provocado a ser o candidato, ainda seria um candidato de oposição, o que na Fiesp não combina. Fiesp é mais situação do que oposição... Então, na verdade, quando eu saí para a campanha, tinha praticamente a máquina toda, a situação toda contra mim; os ex-presidentes vivos também apoiavam mais a situação. Mas, mesmo assim, ganhamos a presidência da Fiesp com 40% a mais de votos do que o nosso opositor. Nessa ocasião fomos eleitos para um primeiro mandato. E depois, em 2007, fomos reeleitos. Na primeira eleição, tivemos quase 60% dos votos; na reeleição, tivemos 99,5% na Fiesp e mais de 99% no Ciesp, que é o Centro das Indústrias. Estamos em 2009, e a eleição foi no final de 2007: para um segundo mandato na Fiesp e um primeiro mandato no Ciesp. Como presidente da Fiesp, também presido o Sesi e o Senai de São Paulo e o Instituto Roberto Simonsen.

O senhor mencionou que no fim dos anos 1990 houve um desejo de renovação no mundo empresarial. Sua própria trajetória é um exemplo forte desse processo de renovação. Afinal, o senhor era um representante da média empresa que chegou à presidência da Abit e da Fiesp. Poderia comentar um pouco isso?

Quando eu entrei no sindicato, o que se dizia na época era que quem mandava eram as fiações, que eram as grandes empresas. Havia lá produtores de fibras, do tipo Rhodia, que forneciam para as fiações, havia as fiações, e havia as tecelagens, as malharias e as tinturarias, as beneficiadoras. Depois nós ampliamos, pusemos a cotonicultura, pusemos a confecção, que é muito importante... Mas o que se dizia era que as fiações eram as maiores empresas, e que elas tinham o comando. E que o setor de tecelagem – eu, na época, era empresário de tecelagem – era o lado fraco, era o primo pobre da história. Então, na verdade, quando eu comecei a me articular, não foi muito fácil, porque, primeiro, havia o grupo que estava lá havia 30 e poucos anos, os mais antigos; depois havia as empresas grandes, que tinham uma ideia diferente, gostariam de pôr, talvez, um profissional delas; e havia as tecelagens. Eu fiz uma movimentação – e graças a Deus deu tudo certo – em que nós saímos todos unidos, com chapa única. Mas ninguém acreditava: "Poxa, o primo pobre, a tecelagem, ser o presidente do sindicato? O presidente da Associação Brasileira?" Parecia uma coisa impossível. Aliás, quase todas as vezes que eu entro em projetos, aparentemente, o projeto é meio impossível.

Acontece que eu respeito muito a história. Então, não só fui presidente, como aqueles empresários que inicialmente apoiavam outras ideias entraram em entendimento e depois de um ano de trabalho passaram a ser grandes apoiadores e grandes amigos, como são até hoje. Quando entrei na Fiesp, foram apoiadores de todo momento. O ex-presidente também foi um grande apoiador, porque, como disse, eu sempre respeito muito a história. Uma coisa é você inovar, transformar, buscar novos desafios; mas você tem que respeitar aquilo que aconteceu. Aqui na Fiesp foi a mesma coisa. Quando entrei aqui, não tinha o apoio do Luís Eulálio Bueno Vidigal, não tinha o apoio do Carlos Eduardo Moreira Ferreira. Hoje converso com eles. E propus também ao conselho de representantes – espontaneamente, não me pediram nada – que eles recebessem o título de presidentes eméritos. Não porque me apoiaram, porque não me apoiaram. É por respeito à história. Eu tenho essa característica. Na Abit foi assim, eu entrei, era uma coisa impossível, e deu tudo certo. Na Fiesp, eu era de um setor, o têxtil, que não tinha tanto peso lá dentro, eu não tinha uma tradição de pai, de avô, e então, parecia impossível. E nós ganhamos fortemente. No Ciesp, depois, o entendimento também tinha problemas, e houve uma total harmonia. Eu acredito bastante em destino. Acho que há certas coisas que não são planejadas. Uma das coisas que nem sempre você consegue planejar é a sua própria vida. Existe uma coisa chamada destino. A minha vida foi muito assim. Transformar uma pequena tecelagem numa empresa verticalizada, de porte médio, respeitada, como eu fiz, não foi fácil. Parecia impossível. Mas fiz, e aprendi muito. Também parecia impossível que um dia eu pudesse não estar envolvido na rotina de uma indústria como estive durante 20 anos, e fosse tratar de assuntos institucionais. De repente acontece. Você reestrutura a sua vida, continua empresário, mas de uma forma diferente, sem ter que carregar aquele piano 12, 13 horas por dia, e entra no trabalho institucional. Eu gostava disso, sempre esteve dentro de mim.

Parecia realmente impossível pegar o setor têxtil nos anos 1990 e recuperá-lo. Havia pouco investimento, o setor estava com equipamentos antiquados, a exportação era fraca, a moda brasileira não tinha espaço, tudo parecia ser uma missão impossível. Juntar o setor? Era guerra entre tecelagem e confecção, uma entidade ficava brigando com a outra. Mas em um, dois anos, aquilo estava unido, os investimentos embalaram, a exportação embalou, a moda, muita coisa boa aconteceu. Eu me lembro até que, uma vez, nós tínhamos marcado uma entrevista com Fernando Henrique, então presidente da República, e eu disse ao Andrea Matarazzo, que era seu secretário de Comunicação: "Andrea, eu queria levar uma representação viva do setor, desde o produtor de algodão até Gisele Bündchen." Um ou dois meses depois, nós fomos à audiência, 20 ou 30 pessoas, produtor de algodão, produtor de fibra sintética, e Gisele Bündchen. Trouxe ela de Nova York, e fomos juntos lá. Foi capa de jornal, revista para todo lado... A audiência era no Planalto, virou para o Alvorada, era de meia hora, virou de duas horas e meia. Passaram-se uns 60 dias, o Andrea me encontrou no aeroporto e disse: "Você não quer fazer uma outra reunião daquela?" Respondi: "Dá um tempinho..." Ele achou que eu dei dois telefonemas e juntei as estrelinhas de toda a cadeia produtiva...

Enfim, como estava dizendo, eu acredito muito em destino. Por que é que eu apareci na entidade têxtil naquele ano, e por que, às vésperas de haver uma mudança de diretoria, eu já tive um espaço? Com os anos passando, eu fui me envolvendo. Aí veio uma renovação, e fui a opção da renovação. Depois, terminei lá, casou com a eleição da Fiesp, o trabalho vinculou, e o destino me trouxe para cá. Você acha que há dez anos eu passava na Paulista e dizia: "Vou ser presidente da Fiesp, meu sonho é ser presidente"? Não. Estava distante. Presidente da Fiesp, para mim, era distante, eu achava que não conseguiria nem falar com ele. Mas as coisas acontecem, e de repente você está aqui. Eu acredito muito nisso. Acho que as coisas acontecem e nem sempre você controla. Você não tem o controle sobre a trajetória da sua própria vida, para coisas boas e ruins.

Estou muito feliz aqui. Gosto desse trabalho voluntário. Chego muito cedo, saio tarde, viajo, enfim. A gente tem um trabalho muito forte, em que se fala muito de juros e política econômica, de infraestrutura, de competitividade, de câmbio, de comércio exterior. Tudo isso é muito importante. Tanto é que eu abri muito a Fiesp. Hoje, nós temos seis mil voluntários. Coisa que nunca houve. Seis mil *voluntários*, que trabalham, assim como eu, voluntariamente aqui. Criamos conselhos superiores. Hoje vocês cruzaram com o Delfim Netto aqui na porta. Ele é presidente do

Conselho de Economia. Eu trouxe pessoas, quebrei a caixa blindada. A Fiesp tem que ser uma entidade onde se discuta o Brasil, se defenda o Brasil, se defenda os interesses do país. Isso eu dizia na minha campanha. Defender a indústria é defender o Brasil. Meu compromisso é com o meu país.

Quando criamos esses conselhos superiores das diversas temáticas, inovamos muito. Além das áreas de economia, competitividade, inovação, comércio exterior, trouxemos novidades. Por exemplo, o Conselho do Agronegócio, que o Roberto Rodrigues preside: são quase cem entidades representativas de toda a cadeia do agronegócio brasileiro. Criamos um Departamento de Defesa, resgatando a indústria de defesa do país. Inclusive trabalhando próximo ao governo, porque a indústria de defesa difere de outros setores, mexe com soberania, e então você tem que estar próximo das forças armadas. Tivemos uma posição forte em relação à compra de helicópteros recentemente, quando se estava negociando comprar helicópteros de transporte na Rússia em troca de *commodity*, em troca de carne. Você não negocia defesa em troca de *commodities*, você tem que trazer tecnologia. Tanto é que o negócio foi trocado para uma compra de 51 helicópteros que vão ser produzidos no Brasil, com tecnologia deles.

Projeto para o Brasil

Como empresário, como líder de uma entidade empresarial muito importante, o que o senhor pensa em termos de desenvolvimento para o país? Seria preciso termos um projeto mais claro? Falta um projeto para o Brasil? Como o senhor vê o papel do empresariado, da sua entidade, na definição desse projeto? E qual a sua visão pessoal, particular, do processo de desenvolvimento do país?

Considerando que há uma crise internacional, eu entendo que o momento exigiria duas agendas. Uma agenda de curto prazo para o enfrentamento da crise. Essa, aliás, é uma agenda que já deveria ter-se iniciado, porque nós temos cobrado isso desde os primeiros dias de outubro de 2008. A crise é generalizada? Não. Os setores que sentiram a crise no Brasil ou são setores exportadores ou são setores que dependem de crédito. No caso do setor exportador, é mais difícil tomar providências, considerando que os grandes mercados, Japão, Estados Unidos, Europa, enfim, entraram em dificuldade, estão demandando menos e vão demandar menos por um tempo; então, um prejuízo nas suas exportações você tem que encarar, porque vai haver. E você tem que minimizar esse prejuízo. E aí entra o fator câmbio. Obviamente, é preciso que o câmbio não comprometa a competitividade dos brasileiros. Entra o fator esforço exportador. Se vai haver um espaço menor, você tem que lutar mais para ocupar o seu espaço nesse espaço menor. Mas que vai haver uma queda, vai.

Só que a exportação representa 20% do bolo industrial; 80% da produção industrial são para o mercado interno e 20%, para a exportação. Então, se nós tivermos algum prejuízo na exportação, e vamos ter, nos outros 80% o segredo está no crédito, no custo do dinheiro e na carga tributária. O maior exemplo disso foi o que aconteceu com a cadeia automotiva. Em dezembro de 2008 o crédito sumiu, e o automóvel parou de vender. Despencou tudo. Quando em 2009 foi retomando o crédito para a cadeia automotiva para financiar os automóveis com prazo longo, com juros mais baixos e com a desoneração do IPI, não só foi retomada a venda de automóveis, como houve um incremento de mais de 40%. E não houve prejuízo para o governo, prejuízo que eu digo em relação à renúncia fiscal, porque a redução do IPI para zero foi em carros até mil cilindradas, enquanto os carros que estão acima disso tiveram uma redução parcial; como aumentou mais 40% e houve redução parcial, se recolheu muito mais imposto. Quer dizer, não houve prejuízo. Além disso, você teve crescimento no recolhimento do PIS, da Cofins e do ICMS. Então, se fizer essa conta, você vai ver que se deixou de arrecadar IPI para os automóveis até mil cilindradas, mas em compensação se arrecadou mais IPI naqueles acima de mil cilindradas e muito mais Cofins, PIS e ICMS. Portanto, foi uma medida correta.

E o crédito? A mesma coisa. A exemplo da indústria automotiva, crédito e juros mais baixos, ou juros baixos e desoneração tributária resultaram em incremento das vendas. O que foi feito para o automóvel também foi feito para a linha branca, para alguns produtos da construção civil, e deu o mesmo resultado, o que significa que deve ser estendido para outros setores. Começamos a bater nisso desde outubro de 2008, quando dificultou o crédito, dizendo que precisaríamos de crédito, de baixar os juros. Estávamos com uma Selic de 13,75. Altíssima. Quando a queda no nosso PIB foi a segunda maior do mundo. Nós estávamos crescendo1,7 no terceiro trimestre de 2008, e no último semestre fomos para −3,6. Uma queda de 5,3. A segunda maior do mundo. Então, realmente, naquele trimestre, seria muito bom que se tivesse reduzidos a taxa Selic, reduzido os *spreads* bancários, que aumentaram, e que se começassem algumas desonerações para aquelas cadeias mais importantes, empregadoras intensivas de mão de obra. Lamentavelmente, parece que algumas pessoas tinham dúvida se a crise estava chegando ou não, os juros não baixaram, o *spread* aumentou e não houve desonerações. E aí nós, realmente, tivemos um agravamento de outubro de 2008 até março de 2009. A partir do momento em que foi reativando o crédito, houve a desoneração dessas cadeias produtivas, e a partir de abril já se sentiu uma suave recuperação. Então, a receita, no curto prazo, para o enfrentamento da crise, principalmente no que diz respeito à questão do emprego, são esses três pontos: crédito, juros baixos e desoneração.

Isso, no curto prazo.
É. O Brasil teria condição de ter tomado essas medidas com bastante celeridade, até porque a nossa situação estava diferente de outras partes do mundo. Isso teve um custo. Enquanto muitos países tiveram crescimento a taxas altíssimas durante os últimos 15 anos, nós, não, tivemos um pequeno crescimento, sempre convivemos com juros muito elevados, com pouco crédito, com um sistema financeiro pouco alavancado, endividamento das empresas pequeno. Tudo isso pode ter nos dado um prejuízo durante 15 anos, no sentido de que poderíamos ter crescido mais, gerado mais empregos, mais riquezas. Por outro lado, no momento em que vem uma crise forte, ela te pega com mais solidez. O que é natural. É como uma empresa que está alavancada, endividada e investindo em equipamentos modernos, em mercados, em tudo, e uma outra que está gerando caixa. Se vem uma crise forte, aquela que não estava fazendo aquilo que teoricamente seria até correto, ou seja, investir, está mais sólida. Isso teve um custo para o Brasil. Então nós deveríamos aproveitar melhor, no sentido de ter tomado medidas desde o final de 2008, de ter reduzido significativamente a taxa Selic, de ter tomado providências para a redução do *spread* bancário. Afinal de contas, diferentemente de outros países, nós tínhamos juros muito altos, então tínhamos facilidade, tínhamos muito espaço para baixar. Diferentemente de outros países, nós tínhamos valores de compulsório depositados, compulsório à vista, até hoje estão lá, R$ 60 bilhões, sem remuneração, depositados.

Tudo isso nos dá condições realmente diferentes. No mundo, o setor financeiro estava uma bagunça. Aqui, não, o setor financeiro estava em ordem. Era só retomar o crédito. Lá era preciso arrumar o setor financeiro para depois retomar o crédito. Então nós poderíamos ter retomado. Tudo o que foi feito não foi errado, mas poderia ter sido feito com mais celeridade e mais intensidade. Nós estamos agora já no décimo mês de crise, e até hoje a taxa Selic tem os juros reais acima de 5%. Temos aí *spreads* de 20%, 30%, elevadíssimos para um ano em que se está projetando 4% de inflação. O crédito foi retomado, mas ainda muito insuficiente, principalmente para as micro e pequenas empresas. Durante um ano se falou do fundo garantidor, no nível do governo federal, e fundo de aval, no do governo estadual. Tanto um quanto outro, até a presente data, não foram operados. Nós temos cobrado. Porque, se já em épocas boas o setor financeiro cria muita dificuldade para dar crédito para a pequena e média empresa, imagine só em época de dificuldade. Temos que usar essas ferramentas: fundo garantidor, fundo de aval, redução da taxa Selic, redução do *spread* bancário e redução de impostos. Isso é o segredo para que a gente enfrente a crise. E há condição, sim. Como o próprio governo diz, temos munição. Mas temos que usar, porque já estamos no décimo mês de crise. Usou, tudo que fez foi certo; só que precisaria ter feito mais e com mais velocidade.

Agora, não adianta nós ficarmos só com a agenda contra a crise. Essa é necessária, mas insuficiente. Nós temos que ter uma agenda pós-crise. Para que o Brasil saia reposicionado da crise, quando ela passar, nós teremos que ter tido investimentos maciços na educação, na formação profissional, na inovação, na tecnologia, na infraestrutura. Aí vai fazer diferença. Quer dizer, passada a dificuldade, a fase de crise, quando tiver condição de retomar o crescimento, você tem que ter suas estradas em ordem, suas ferrovias em ordem, os portos, geração de energia; enfim, essas coisas que sempre podem limitar o crescimento. E o momento para nós investirmos em tudo isso é agora. Até porque esse investimento não só vai nos dar uma base para o pós-crise, mas também vai nos ajudar durante o período da crise, porque vai fomentar, gerar empregos e tal. Além disso, é preciso investimento na educação, na formação profissional. Até setembro de 2008, o Brasil vinha crescendo muito bem, projetando um crescimento até de 7%. Depois, a coisa caiu no último trimestre, e o crescimento ficou perto de 5%. Mas poderia ter sido 7%, se não tivesse havido a crise internacional. Dizia-se muito "ah, está faltando mão de obra formada no setor tal"... Então, agora, é a hora. Nós temos que formar.

Formar mão de obra.

É. Como eu disse, nós não só pregamos essas coisas, como fazemos. Eu, como presidente do Senai de São Paulo, já determinei. Nós aumentamos muito as nossas matrículas nos últimos anos. Desde que entrei aqui, houve um crescimento muito significativo. Em 2008 crescemos 27% em relação a 2007. E 2009, apesar de a atividade econômica estar mais fraca, de a pressão por curso para a formação de mão de obra estar menor, não interessa, é o momento para nós estimularmos a formação profissional. Pretendemos crescer, este ano, mais 20% em relação ao ano passado. Por quê? Porque as pessoas vão ter mais tempo. Já que precisam trabalhar menos, vão ter mais tempo. No momento em que é preciso muito trabalho, horas extras e tal, você tem menos tempo. Então, é este o ano em que você tem que investir. Este ano, a nossa meta é chegar, no Senai de São Paulo, a 1,5 milhão de matrículas em todos os cursos. Tanto naqueles cursos de aprendizagem, cursos técnicos, gratuitos, de dois anos, como naqueles cursos de curta duração que atendem à demanda, para a construção civil, para a indústria mecânica, elétrica. Ao todo, a nossa meta é chegar a 1,5 milhão de matrículas. Isso na formação profissional. Estamos também com 14 cursos superiores em tecnologia. Cursos diferentes, porque são verdadeiras fábricas. Uma escola do Senai é o aprender fazendo, você tem instalações, equipamentos e tal. No Sesi de São Paulo, eu implantei também há três anos o ensino médio, que nós não tínhamos. Só tínhamos o fundamental. Então implantamos o médio, e em tempo integral, com a criança o dia inteiro na escola recebendo educação, alimentação, saúde, praticando esportes, tendo atividades culturais, enfim, recebendo a formação de um cidadão. Durante o segundo e o terceiro ano do ensino médio no Sesi, o aluno também tem a oportunidade de cursar, paralelamente, o curso técnico do Senai. Tudo isso são novidades. Antes, as escolas do Sesi não comportavam isso. Era uma escola antiga, pequena, que tinha alunos de manhã e alunos à tarde. Quando você fala em deixar mil alunos o dia inteiro, é diferente, você dobra a necessidade de espaço, de salas de aula, tem que ter cozinha para fabricar os alimentos, tem que ter restaurante, tem que ter área para esporte. São outras escolas. E por isso é que nós estamos construindo perto de cem novas escolas no estado de São Paulo. E escolas moderníssimas. Para quê? Para podermos implantar o ensino em tempo integral para todas as 120 mil crianças que estudam no Sesi de São Paulo. Nós temos 120 mil crianças no ensino fundamental e médio, e 120 mil alunos nos cursos de jovens e adultos. São 240 mil alunos no Sesi. E 1,5 milhão de matrículas no Senai – aí não se trata de 1,5 milhão de alunos, porque um aluno pode fazer mais de um curso; então, se o aluno fizer dois cursos, você tem 700 mil alunos mais ou menos. Ao lado dessas cem novas escolas que estamos construindo, inauguramos recentemente um núcleo de tecnologia do setor couro-calçadista em Franca, que é referência mundial; inauguramos um núcleo de galvanoplastia em São Paulo, referência mundial.

Além disso, outro ponto importante é a oportunidade de empresas brasileiras – existem muitas que estão capitalizadas – comprarem ativos no exterior, de se internacionalizarem. Há empresas ou marcas do Primeiro Mundo que são conhecidas, que têm *know-how*, que têm estrutura, que têm mercado, e devido às dificuldades, à desvalorização dos ativos, este é um bom momento para nós estarmos atentos e eventualmente adquiri-las.

Enfim, esse conjunto de coisas, o investimento na formação profissional, o investimento na educação para os nossos jovens, o investimento na tecnologia e na inovação, na infraestrutura, para que a nossa base de infraestrutura esteja renovada, em condições adequadas para enfrentar um desenvolvimento sustentado, duradouro, para aproveitar oportunidades, ocupar territórios no exterior em vários setores, isso vai fazer com que, após a crise, o Brasil esteja reposicionado. Agora, se essas oportunidades não forem aproveitadas, se não houver investimento maciço nesses pontos todos, se nós sairmos da crise e nossa infraestrutura ainda estiver arcaica, se estivermos com limite de geração de energia, se estivermos com ferrovias ruins, portos limitados, enfim, se não estivermos aproveitando, adquirindo ou internacionalizando nossas empresas com oportunidades especiais, aí não tem razão de estarmos reposicionados. Nós temos que criar uma condição que nos reposicione.

Essas políticas de que o senhor está falando, de infraestrutura, educação etc., durante muito tempo, no Brasil, foram capitaneadas pelo Estado. Queríamos saber seu ponto de vista sobre até onde vai a participação do Estado nisso, até onde ela é interessante para as empresas. Que modelo o senhor acharia interessante para tentar resolver essas duas questões, infraestrutura e educação?

O modelo que eu acho interessante é aquele em que você faça o que tem de ser feito com excelência. Então, por exemplo, na infraestrutura, se o Estado não tem recursos e busca alternativas como concessões, PPPs, que criem condições para realizar os investimentos necessários, ótimo. Se o Estado tem recursos e ele próprio pode investir na infraestrutura, ótimo. É o exemplo da Petrobras. Você sabe que o PAC são investimentos estatais – leia-se, pesado aí, Petrobras –, privados e orçamento da União. O orçamento da União é um pedacinho: R$ 16 bilhões por ano, que, em quatro, cinco anos, são R$ 60, 70 bilhões, e não aqueles R$ 600 bilhões que são anunciados. Quer dizer, na verdade, a grande parte aí são estatais e privados. Tudo bem. Eu acho que o fundamental é que haja investimentos. O Brasil precisa ter investimentos. Se esses investimentos virão do orçamento da União diretamente, ótimo. Desde que aconteça. Porque o que você observa, se você pegar o orçamento da União, apesar de estarem lá previstos R$ 15 ou 16 bilhões, o que já é pouco, não se executa. Este ano, da maneira que está até o presente momento, você corre o risco de executar metade do orçamento. Está certo? O que é preciso é que esse dinheiro – este ano são R$ 20 bilhões, R$ 16 foi ano passado ou retrasado – seja realmente investido.

Para mim, eu acho que na infraestrutura todas as modalidades valem. O que é preciso é o país estar com a sua infraestrutura em ordem. Em relação à educação, a responsabilidade, até constitucional, é do Estado: o cidadão tem direito a saúde, educação e segurança. Hoje, você tem as três coisas debilitadas. A segurança pública é lamentável. Inicialmente, era só nos grandes centros. Hoje é ruim na capital de São Paulo, no interior de São Paulo, em estados do Sudeste, estados do Centro-Oeste, estados do Nordeste. Um dia desses, eu estava em Fortaleza, e vi pessoas andando cheias de seguranças. Uma coisa absurda você não se sentir seguro na sua cidade, no seu estado, no seu país. Não se sentir seguro na sua casa ou num ponto de ônibus, dentro de um ônibus, no seu carro ou no metrô. A questão da saúde também é complicada. Ouço falar muito em falta de recursos para a saúde. Acho até que se precisa de mais recursos. Mas o que se observa é que aqueles recursos destinados à saúde, em torno de R$ 50 bilhões, nunca são utilizados. Sempre são utilizados em torno de 80%, 85%. Então você tem um dinheiro lá, que está previsto, que podia usar, se tivesse gestão para usar, e não usa. Existe um estudo do Banco Mundial em que ele mostra que os hospitais que são administrados por governos, os hospitais públicos, têm um gasto de 5,4% a mais e uma produtividade quase 30% a menos. Então, quando você faz essa conta...

Isso se passa na saúde. E na educação também, lamentavelmente... Existem as exceções, lógico. Mas, como regra geral, as redes municipais, as redes estaduais, o ensino fundamental, também deixam muito a desejar. Veja que agora, além de nós fazermos diretamente, através do Sesi de São Paulo, esse trabalho de escolas de excelência, muitas, dezenas, milhares de empresas, hoje, adotam escolas próximas, e as escolas mudam de cara. Você pega lá uma escola pública, toda pichada, vai alguém lá, zela, dá um pouco de amor e carinho, e as coisas funcionam. Então, realmente, eu diria que o importante é que se faça com excelência. Eu entendo que o poder público tem essa missão, tem que estar envolvido na educação. Agora, não se pode dizer que educação é ter escola. Não interessa você ensinar. O que interessa é o aluno aprender. Você tem que ter a responsabilidade de saber que os alunos estão aprendendo, que o ambiente da escola é um bom ambiente, serve como uma lição para a vida para o jovem. E eu defendo muito o período integral. Não existe moleque de rua, existe moleque fora da escola. Quando ele está na escola, ele não está na rua. Se ele está dentro da escola, ele está lá estudando, está praticando esporte, está se alimentando, está tendo atividades culturais, está fazendo tudo aquilo que precisa ser feito. Aí ele chega em casa, final do dia, ainda faz lá alguma coisa que precisa, e vai dormir; no outro dia, ele está tendo formação o dia inteiro. Isso é que eu imagino que seja o ideal.

Os salários das escolas do Sesi são diferentes dos pagos na rede pública, que, em geral, são muito baixos?

Nós implantamos o ensino médio recentemente, e aí não temos problema, os professores estão com um salário, vamos dizer, atrativo. Eu sinto que nós temos alguma coisa no ensino fundamental. E estamos trabalhando em cima disso agora, com plano de carreira para o pessoal da atividade meio e também uma melhoria para os professores do ensino fundamental. E também estamos trabalhando para que o professor do Sesi não seja aquele que atua no Sesi *e* na rede pública, que tenha o Sesi como bico. Queremos que eles sejam professores em tempo integral do Sesi.

Estamos trabalhando nisso neste momento. Tudo isso é muita novidade: tempo integral, ensino médio, ensino articulado com curso técnico, ensino superior, plano de carreira, tudo isso tem dois, três anos que nós implantamos. Por isso é que eu digo: estou me esforçando para que até 2011 eu consiga ter essas arestas todas aparadas, e possamos estar em condições ideais. E se não conseguirmos tudo até 2011, não faz mal, mais um ano, enfim, mais dois anos... O importante é que está se fazendo na velocidade máxima possível.

O senhor está à frente do Sebrae também?

Não. Fui presidente do Sebrae, salvo engano, em 2005, 2006. Hoje sou do conselho. São 13 membros, e uma das cadeiras é nossa. Como estou com muita atividade, tenho um suplente, um companheiro meu, Carlos Eduardo Uchoa Fagundes, que me representa no conselho. O Sebrae tem foco prioritário na micro e pequena empresa e realiza um trabalho muito positivo também. Respeito muito o trabalho do Sebrae, é uma entidade que presta bons serviços e é muito positiva.

Para encerrar a entrevista, queríamos que o senhor falasse sobre a sua visão do quadro político nacional hoje, que é uma dimensão importante até para que esses projetos possam ser implementados.

A democracia é muito dinâmica. Então, sem dúvida, o cenário político hoje – estamos em junho de 2009 – está bastante conturbado com essa crise por que passam as casas legislativas, em especial o Senado Federal. Mas isso tudo faz parte da democracia. O que eu cobro de um homem público não é que ele seja Deus, porque as pessoas são seres humanos, podem ter falhas; mas o importante é que ele tenha aquelas qualidades básicas – a honestidade, a decência, a transparência, o zelo pela coisa pública. Isso, sim, é uma obrigação. Não queremos nem o extremo de sermos tolerantes com coisas erradas, nem o extremo de esperarmos um Deus perfeito. Aí se entra no campo da hipocrisia, de ficar pegando coisas insignificantes ou bobagens e potencializando. Temos que ter um equilíbrio. Agora, sem dúvida nenhuma, quando alguém decide ir para a causa pública, para uma carreira pública, política, é para se desprender dos seus interesses privados, é para cuidar do público, e não do privado. Quem entra no público para cuidar do privado não deveria nem ter entrado; é bom que saia do público.

Agora, nós não podemos misturar essa crise que envolve pessoas e até regulamentos com as próprias instituições. O Senado Federal faz parte da democracia brasileira. A Câmara dos Deputados é para ser respeitada. Enfim, os poderes. No Brasil, nós temos três poderes independentes, que têm que estar, todos eles, fortes e independentes: Legislativo, Executivo e Judiciário. Muitas vezes eu fico um pouco preocupado quando se fala do Senado como instituição. Não. O Senado como instituição, a sociedade preserva e merece todo respeito. Agora, regras que não são claras ou não são transparentes, ou não são corretas, precisam ser mudadas para se buscar a correção e a transparência; e as pessoas, se existem homens públicos que misturam público com privado, o que é preciso também é que, no momento que se decidem pelo público, se dediquem à questão pública. Isso em relação ao momento atual.

Nós teremos eleições no próximo ano. Costuma-se dizer que a política é como as nuvens, uma hora está o céu azul, outra hora fica encoberto, uma hora a nuvem que estava aqui vai para lá. Enfim, isso faz parte da política. E o importante é que as eleições do próximo ano, eleições majoritárias para presidente e vice-presidente da República, governadores de estado e vice-governadores, senadores, deputados, enfim, eleições gerais, transcorram com muita tranquilidade. Que o povo compareça às urnas e julgue. O melhor julgamento que o homem público recebe é na hora do voto.

Esta obra foi produzida nas
oficinas da Imos Gráfica e Editora na
cidade do Rio de Janeiro